"产教融合 MPAcc 教学智库实验平台建设"系列成果

"小班 + 案例"教学模式改革系列教材

◎ 邓彦　张军波　丛书主编

税务管理教学案例

SHUIWU GUANLI JIAOXUE ANLI

● 张源　刘志渊　谭三艳　唐丽　编著

华南理工大学出版社
SOUTH CHINA UNIVERSITY OF TECHNOLOGY PRESS
·广州·

内容简介

本系列教材案例均由广东工业大学管理学院案例开发中心开发完成，涵盖财务会计、财务管理、管理会计和审计等专业核心课程，以及高等学校会计、银行会计、财税管理、财务报表分析、内部控制与风险管理、资本运营、重组并购等专业课程。适用于 MBA（工商管理硕士）、MPAcc（会计硕士）、工程硕士、全日制研究生以及高年级本科学生案例研讨；可作为理论研究的参考书，供从事财务管理理论研究的专家学者以及企业管理咨询机构使用；同时也是了解中国企业管理实践的必读书，可供企业所有者和管理者参考借鉴。

本系列教材案例为中央财政支持地方高校发展专项资金项目“产教融合 MPAcc 教学智库实验平台建设”（项目编号：400170043）、广东省质量工程项目“基于协同创新视角下的会计教学模式改革研究”（项目编号：JGXM022）、广东工业大学校级质量工程项目“以社会需求为导向的会计学专业教学体系优化”（项目编号：261541418）、广东省哲学社会科学规划项目（GD16XGL53）阶段性成果之一。

图书在版编目（CIP）数据

税务管理教学案例/张源等编著．—广州：华南理工大学出版社，2018.7
ISBN 978－7－5623－5676－9

Ⅰ．①税…　Ⅱ．①张…　Ⅲ．①税收管理－案例－高等学校－教材　Ⅳ．①F810.42

中国版本图书馆 CIP 数据核字（2018）第 135305 号

税务管理教学案例
张源　刘志渊　谭三艳　唐丽　编著

出 版 人：卢家明
出版发行：华南理工大学出版社
（广州五山华南理工大学 17 号楼，邮编 510640）
http：//www.scutpress.com.cn　E-mail：scutc13@scut.edu.cn
营销部电话：020－87113487　87111048（传真）
责任编辑：吴兆强　邓荣任
印 刷 者：虎彩印艺股份有限公司
开　　本：787mm×1092mm　1/16　印张：13　字数：330 千
版　　次：2018 年 7 月第 1 版　2018 年 7 月第 1 次印刷
印　　数：1 ～ 1000 册
定　　价：39.80 元

“产教融合 MPAcc 教学智库实验平台建设”系列成果
“小班 + 案例”教学模式改革系列教材

序言

广东工业大学管理学院依托广东工业大学的工科优势，扎根我国社会经济转型的热土，以探索管理理论与实践前沿、服务地方社会经济发展为宗旨，持续为广东经济建设提供有力的人才支持、智力支持和决策支持，成为广东地区管理人才的重要培养基地以及广东经济管理的重要研究基地。目前，学院处于快速上升期，正努力建设成为拥有知名学科的高水平学院。

得益于广东省在国家改革开放和转型升级中的前沿地位，学院在学科建设、人才培养的过程中得以接触到大批具有“敢为天下先”精神的优秀企业家，他们在经营管理中遇到的问题颇具代表性、时代性，甚至超前性，他们在这些问题的处理上有宝贵的经验，也有刻骨的教训。他们个人的成长及其企业的发展历程对管理理论形成了很好的诠释、印证。将这些宝贵实践整理提炼形成案例，让更多管理学实践者、教育者和研究者学习、反思，使之发挥更大的作用是我们一直以来的心愿。

在广东省教育厅和学校的高度重视及大力支持下，广东工业大学管理学院一批知名教授和年轻博士组成企业管理案例开发小组，并正式立项撰写本系列教材案例集。项目团队凭借对管理学理论的独到见解和深入管理现场获得的翔实资料，提炼、撰写了100余个会计与财务案例，形成本套财会教学案例系列教材。案例主题既有战略管理、财务管理、财务会计等经典管理话题，又包括创新创业、并购重组、物流与供应链管理等具有时代特色和本土特色的热点话题，从借壳上市、并购重组、资本运营、合并报表、财务分析、税务管理、审计等角度，再现了企业家和管理者在财会实际工作中面临的典型情景、需要解决的典型问题和需要做出的典型决策，有助于读者更好地了解企业所面临的内外部环境的复杂性，认识有效管理者在新时代下所要具备的系统性和前瞻性思维。

本系列教材案例适用领域广泛，用于教学，有助于训练学生对实践的观察，深化其对管理理论、财务管理、财务会计的理解，提高其对问题的分析和解决能力；用于科研，有助于学者们捕捉具有转型期特色的管理现象、提炼管理问题、归纳新的管理规律；用于指导实践，有助于启发管理者思维、扩展视野，获得有借鉴性的管理措施。

德鲁克说：“有效管理者的自我发展，是组织发展的关键所在。”我们谨以此书奉献给有志于成为卓越管理者的商学院学生，对服务企业、服务社会负有责任的学者和教师，以及在管理一线探究有效解决问题途径的实践者。愿广大读者与我们一起推动财务管理理论与实务的发展！

广东工业大学管理学院（执行院长）

张德鹏 教授

2018年5月

前言

为进一步推动案例研究及案例教学的开展，开发出更多、更好、更适用于财会教育的高质量教学案例，提高人才培养质量，由广东工业大学承担的“产教融合 MPAcc 教学智库实验平台建设”项目启动了财会教学案例开发与评选的工作，旨在深化产教融合、校企合作，构建教学智库实验平台，引领学科发展，以学科发展支撑智库建设，促进专业教育决策科学化，为专业教学提供智力支持，培养高素质应用型高端会计人才。

本系列教材案例均由广东工业大学管理学院案例开发中心开发完成，涵盖财务会计、财务管理、管理会计和审计等专业核心课程，以及高等学校会计、银行会计、财税管理、财务报表分析、内部风险控制与管理、资本运营、重组并购等专业课程。项目组成员由具有管理实践经验的企业管理相关领域的教授、博士以及部分企业高管组成。案例均在团队成员深入企业调研、采编并与企业经营者或员工深度访谈的基础上完成。入选案例必须是没有进入国内外案例库、亦未发表过的原创案例。本次开发的案例同时进入广东工业大学管理学院案例库，也是“产教融合 MPAcc 教学智库实验平台建设”系列成果。

1. 案例开发的背景

中国经济实现了跨越式发展，而今成为世界第二大经济体，这其中蕴含的中国特色管理现象与问题同样吸引了全世界的目光。中国企业对于管理相关理论和方法从模糊到熟悉，并且逐渐在实践中予以应用和创新，为经济建设积累了宝贵的经验。

财会教学案例是对企业真实运作场景与管理活动的再现，展现出具有典型性的中国式情境、问题和经验。案例在管理学科领域的教学研究和人才培养中得到了广泛认可和重视，是将管理理论与实践相结合、培养应用型高级管理人才的有效手段。案例开发是接触中国企业真实情景的有效途径，是“实践—认识—再实践—再认识”的过程；案例的真实性、实战性可以帮助学生充当决策者的角色，提升学生处理问题的能力。案例教学能让学生深刻领会到理论在实践中的生命力，是缩短教学情境与职业工作情景的有效途径。可以说，离开案例，管理教育的目标就很难实现。

2. 案例的内容框架

本系列教材的编写以管理学涉及的主要内容为范围和框架，几乎涵盖了企业管理和财务管理的各个学科领域。内容涉及创新创业、企业战略管理、财务管理、成本管理、财务会计、税务管理、审计等方面。案例类型多样，既有描述性案例，又有决策性案例。所选案例客观展现了企业某种经营行为的背景、过程、结果和存在的问题，并不对企业的经营管理做出决策，亦无暗示或说明现有管理行为是否有效。案例后附有启发思考题和案例说明书，在教学中可用于专题或综合性的课堂讨论，为案例教学方法的实施提供了有效素材，加快了教学改革的进程。

3. 案例的鲜明特色

相较于众多的企业管理案例，本次开发的案例具有以下鲜明的特色：

第一，浓厚的本土特色。本书所选案例均来自国内上市公司，代表了依托本土资源、政策和技术特点兴起的不同类型的企业，对本土企业认识、解决管理问题具有直接的参考价值。但这并不影响案例的普适性，而恰恰提示广大管理者在决策时必须关注内外部环境的独特性，对于其他地区企业利用地缘特征、地方特色资源形成竞争优势亦具有借鉴作用。

第二，可靠、充实的信息。本书所有案例均由项目组成员在深入企业调研或认真采编上市公司公开数据，并对企业经营者或员工深度访谈的基础上完成，数据可靠、充实、深入。案例展示的不仅是管理事件的经过，也体现了管理者的思想过程，有利于读者嵌入情境，对管理问题形成更深层次的认知。

第三，新鲜的时代气息。本书对近年来的新兴行业给予了充分关注，包括房地产行业、电商行业、物流行业、旅游地产行业，同时也关注了处于转型升级中的传统企业。这些企业在新时代下面临的新挑战往往不能从既有的管理学理论中找到突破口，需要通过实践案例分析来找到解决方案，这样有利于读者进行开放的、发散的、多视角的思考，系统训练思维能力。

4. 案例的适用性

本系列教材案例可满足高等院校经济管理领域的多种教学与科研需求：适用于MBA（工商管理硕士）、MPAcc（会计硕士）、工程硕士、全日制研究生以及高年级本科学生案例研讨；可作为理论研究的参考书，供从事财务管理理论研究的专家学者以及企业管理咨询机构使用；同时也是了解中国企业管理实践的必读书，可供企业所有者和管理者参考借鉴。

在此，对各企业在案例开发过程中给予的信赖和支持表示衷心的感谢，如果没有各企业的慷慨协作，要顺利完成本次案例开发是不可能的。希望所开发的案例能给企业管理提供帮助，同时引导企业经营者对相关经营行为展开探索。

广东工业大学管理学院案例开发中心负责本案例系列教材的出版工作，在此向参与编辑和出版的所有工作人员表示衷心的感谢。

案例编写过程中参考了诸多学者的研究成果，由于篇幅限制，这里不再一一列出。

广东工业大学管理学院案例开发中心

广东工业大学产教融合 MPAcc 教学智库实验平台

2018 年 5 月

目录

案例 1

KD 地产税务管理：业财融合、智取未来*

---

* 1. 本案例由广东工业大学管理学院的张军波、梁海贤、苏媚、黄玥琳、朱伟豪、陈锦帆、唐丽及广东工程技术职业学院的郭建明等共同撰写，作者拥有著作权中的署名权、修改权、改编权。

2. 将本案例授权予广东工业大学产教融合 MPAcc 教学智库实验平台使用，广东工业大学产教融合 MPAcc 教学智库实验平台享有复制权、修改权、发表权、发行权、信息网络传播权、改编权、汇编权和翻译权。

3. 由于企业保密的要求，在本案例对有关名称、数据等做了必要的掩饰性处理。

4. 本案例只供课堂讨论之用，并无意暗示或说明某种管理行为是否有效。

[案例封面]

专业领域：财务管理

适用课程：《中国税制》

选用课程：适用于会计专业硕士、税务专业硕士《财务管理理论与实务》《税务管理》等相关课程的教学研讨。

编写目的：引导学员从产品战略的角度分析 KD 地产在供给侧改革以及营改增背景下面临的盈利能力以及产品结构等问题，以及如何通过改善供给端结构创造新需求，同时通过税收管理降低税负实现企业税后利润最大化。帮助学员熟悉产品战略的理论，掌握房地产企业业务中涉及的税种知识，结合本案例对房地产企业从产品出发的税收管理方案进行税筹前后的分析，对企业在税筹后实现的目标进行评价。

知 识 点：营改增；税收优惠政策；税制要素管理技术；定价策略

关 键 词：房地产企业；智能好房；税收管理

中文摘要：目前房地产行业正处于相对过剩、高库存量的状态，其主要原因是资源配置不合理，供需错位，供给结构老化。高库存不仅会阻碍我国房地产企业的健康发展，也会给中国经济增长造成极大负担。而去库存应着眼于调整供给结构，刺激消费者需求。根据市场调查，近几年消费者更青睐性价比高的商品以及人性化的服务，消费理念趋向于舒适化、智能化。本案例依托供给侧改革背景，描述了 KD 地产在新形势下以产品战略为切入点，通过开发智能好房、创新产品结构，充分发挥供给端对需求端的吸引和拉动力，同时合理利用税收政策设计税收管理方案，最终实现企业税后利润最大化目标的过程。旨在引导学员如何从产品战略出发利用税收政策进行税收管理方案的设计。

[案例正文]

一阵轻轻的敲门声响起，正坐在办公桌前翻看《解读供给侧改革》的叶总回过神来，抿了一口茶，回应一声“请进。”

“叶总，公司四月份的销售情况已经统计好了，这是销售部传过来的明细统计表，请您过目。”助理小梁双手呈上统计资料，眼神里闪过一丝担忧。

细心的叶总捕捉到助理的眼神波动，心中对这份报表的重视程度更深了。“好的，辛苦你了。”叶总接过报表，微微挥手示意助理先离开办公室。在听到关门声后，带着些许疑问和忧虑开始翻阅眼前的销售情况统计表，发现公司产品的销售量有所下降，公司的净利润也因此受到了一定的影响，再仔细对比表1－1中公司本年度前三个月的销售情况统计表，可看出销量呈现波动下降趋势。

表1－1　KD地产2017年1—4月销售情况统计表

时　间	销售面积（万m^2）	销售面积增速（%）	销售金额（亿元）	销售金额增速（%）
2017年1月	61.16	－5.63	81.30	－2.82
2017年2月	55.75	－8.85	76.20	－6.27
2017年3月	50.09	－10.15	73.60	－3.41
2017年4月	46.58	－7.01	71.30	－3.13

“销量下降是否表明我们的传统精装房已无法满足消费者需求？设计怎样的产品更能获得消费者的青睐？如何通过科学的市场调查、理念设计、营销设计、产品设计、产品开发、产品销售等全过程进行解析与税收规划？如何设计税收管理方案，为控制售价和增加销量赢得空间呢？……这一系列问题，叶总在脑海里苦苦思索着。

一、追本溯源，寻找出路

（一）房地产行业发展现状

近几年来，我国房地产业发展面临外部环境的三大挑战：一是高增长红利缩减的挑战，过去多年，中国房地产企业的迅速崛起离不开宏观经济的高速增长，但随着中国经济的转型升级，高增长的红利将逐渐缩减，房地产企业如何寻找新的发展空间，实现“再成长”，是一个全新的挑战。二是房地产产业转型升级的挑战，房地产市场的供需不平衡状况较以往有所改善，客户的购房选择要求也愈发多样，房地产企业需要根据供给关系以及客户需求的变化，从首套为主的需求中转变出来，转向以改善为主，实现企业转型升级。三是商业模式急剧变革的挑战，由于近年“智能家居”的新技术以及互联网的广泛应用，企业、客户、区域和产品结构分化加剧，未来房地产市场需求主体、竞争格局及供应模式、供应结构都会发生变化，房地产企业间竞争由单纯的规模、速度之争，转向企业专业和服务能力的竞争，如何在急剧变革的商业模式中求生存谋发展，是房地产企业面临的又一个挑战。

同时，外部环境也带来五大机遇，包括我国经济继续发展、消费需求不断升级、新型城镇化持续推进、经济社会全面深化改革、经济全球化不断扩展。房地产企业应该寻找新动力运用创新思维紧紧抓住外部宏观大环境所带来的机遇以实现长远发展。

（二）供给侧改革背景下房地产的发展机遇

叶总把目光落回到了桌上仍未合上的《解读供给侧改革》上，从书中她了解到，房地产市场一直处于低质量的高供给状态，近几年市场结构性过剩问题越来越突出，利好政策的效果越来越弱，房地产高库存风险日益明显。供给侧改革明确指出房地产企业要提高产品质量才能化解高库存的风险，促使房地产企业可持续发展。看到这里，叶总不禁有些忧虑："原来我们销量下降是高库存风险的表面现象，不容忽视啊。"

"十三五"期间，中国经济在"稳增长"和"调结构"平衡间一改以往"高增长"态势，经济增速逐步放缓，产业发展结构性矛盾日益凸显。对此，我国政府曾尝试从需求侧（即投资、出口、消费）的角度寻找解决方法，这虽然能使经济增速短期内迅速回升，但持续时间短、成效不明显。严峻的形势使社会各界经济学家以及高层领导人意识到只是从需求侧并不能从根源上解决经济问题，还要从供给侧去分析问题、采取措施。

2015 年习近平总书记首次提出用"供给侧改革"思路化解发展中遇到的新问题，强调要在适度扩大总需求的同时，着力加强供给侧结构性改革，解决长期性的供给体系和供给结构的完善优化问题，把化解房地产库存作为经济工作的任务之一。供给侧改革推动房地产业转型，鼓励房地产企业根据市场需求开发产品，这为化解房地产高库存提供了政策引导与支持，实现稳步发展。

（三）房地产供需分析

如图 1－1 所示，我国商品房待售面积逐年上涨，房地产行业正处于相对过剩的状态，其主要原因是资源配置不合理、供需错位、供给结构老化，这不仅会阻碍房地产市场的健康发展，也会阻碍中国经济增长。因此，化解房地产库存刻不容缓。但由于房地产行业的特殊性、不可移动和不可替代性，去库存难度高于其他商品，所以在供给侧改革的大背景下，房地产企业应调整供应结构，从卖方市场进入买方市场，从消费者的角度出发，真实深刻理解消费者的需求，通过创新产品进而发挥供给端对需求端的吸引力和拉动力，才能从根本上实现去库存目标。

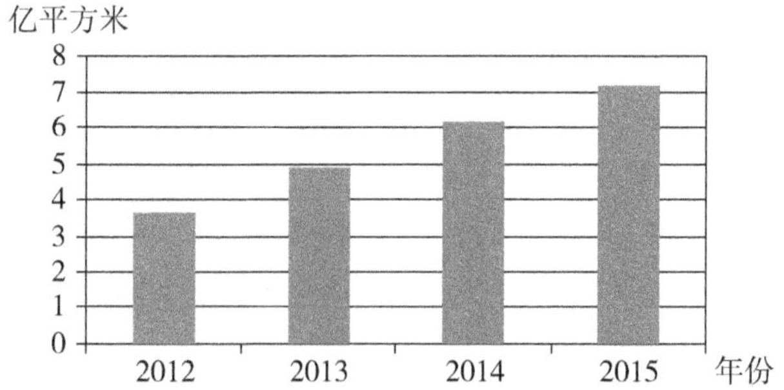

图 1－1　2012—2015 年商品房待售面积

（注：来源于中商情报局）

如图 1－2 所示，随着社会、经济水平的发展，居民的生活水平和消费能力有了很大提高，人们的生活方式和生活态度有了巨大的改变，对家居品质的追求也越来越高，注重家居生活的舒适化、智能化，对智能家居系统的需求也越来越强烈。

如图 1－3 所示，智能家居是以住宅为平台，基于物联网技术，由硬件（智能家电、智能硬件、安防控制设备、家具等）软件系统、云计算平台构成的一个家居生态圈，能实现人远程控制设备、设备间互联互通、设备自我学习等功能，并能通过收集、分析用户行为数据为用户提供个性化生活服务。智能家居的产品种类多样，涵盖家居生活中娱乐、安防、健康医疗等多个方面，为用户提供更为安全、舒适、节能、高效、便捷的人性化家居环境，而且使用成本较低，符合当下消费者的消费理念，越来越受到青睐。

①对智能家居感兴趣；
②对智能家居不感兴趣

图 1－2　关于智能家居对消费者的调查图

（注：来源于腾讯家电）

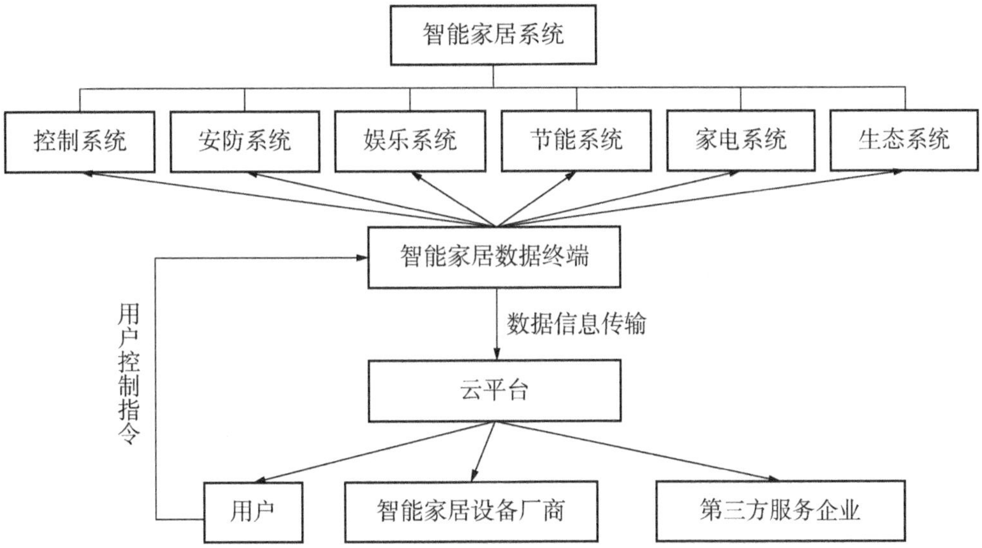

图 1－3　智能家居系统图

如图 1－4 所示，目前国内拥有 1 亿多潜在的智能家居客户，2015 年智能家居产值约为 450 亿元，到 2020 年有望达到 3 千多亿元。可见，智能家居的市场需求大，未来发展前景较好。在该形势下，企业应在科技的创新驱动下，立足消费者追求高品质、高智能生活的心理和需

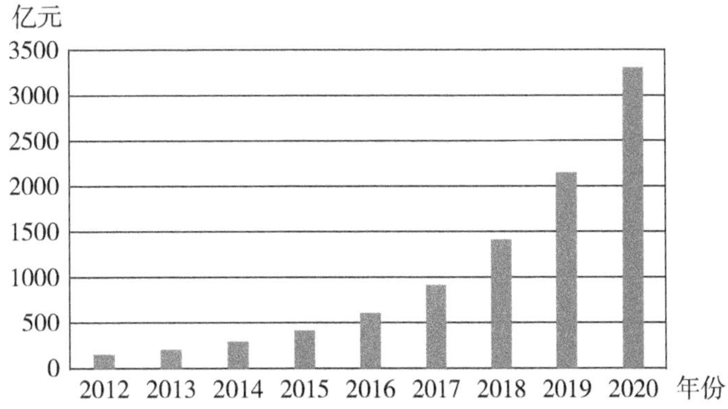

图 1－4　2012—2020 年智能家居市场规模增长趋势图

（注：来源于 2012—2020 年中国智能家居市场发展趋势及投资机会分析报告）

求，对企业产品进行结构调整，与智能家居厂商和平台服务型、消费电子型互联网企业进行紧密合作，推动智能家居融入住房整体装修，提升住房质量。智能家居精装房作为精装修房更高标准的一个体现，即将成为房地产发展的趋势。

（四）房地产行业税负分析

不同的房地产企业具有不同的经营模式，总体划分为销售物业模式和自营物业模式。销售物业模式通过土地购买、规划设计、组织施工、竣工验收、产品销售五个阶段，将开发完成的房地产移交给购房者，并一次性取得销售收入。房地产从前期准备阶段到交付使用阶段涉及众多的税种，在前期准备阶段涉及契税、城镇土地使用税、印花税、耕地占用税，在建设施工阶段涉及城镇土地使用税、印花税，在销售阶段涉及增值税、土地增值税、企业所得税、城镇土地使用税，在交付使用阶段涉及企业所得税、土地增值税、城镇土地使用税、印花税、房产税等税种。表 1 - 2、表 1 - 3 和表 1 - 4 以部分房地产代表企业为例分析房地产行业税负情况。

表 1 - 2　2014—2016 年万科税负情况

项　目	年　份		
	2016	2015	2014
营业收入	2 404.77 亿元	1 955.49 亿元	1 463.88 亿元
税金及附加	219.79 亿元	179.80 亿元	131.67 亿元
	66.84%	69.60%	68.82%
所得税	109.03 亿元	78.53 亿元	59.65 亿元
	33.16%	30.40%	31.18%
总额	328.82 亿元	258.33 亿元	191.32 亿元
税负率	13.67%	13.21%	13.07%

表 1 - 3　2014—2016 年幸福基业税负情况

项　目	年　份		
	2016	2015	2014
营业收入	538.21 亿元	383.35 亿元	268.86 亿元
税金及附加	31.35 亿元	27.09 亿元	18.67 亿元
	52.76%	58.01%	59.74%
所得税	28.07 亿元	19.61 亿元	12.58 亿元
	47.24%	41.99%	40.26%
总额	59.42 亿元	46.7 亿元	31.25 亿元
税负率	11.04%	12.18%	11.62%

表1－4　2014—2016年阳光城税负情况

项　目	年　份		
	2016年	2015年	2014年
营业收入	195.98亿元	223.8亿元	138.94亿元
税金及附加	12.47亿元	21.08亿元	12.76亿元
	66.72%	77.05%	69.61%
所得税	6.22亿元	6.28亿元	5.57亿元
	33.28%	22.95%	30.39%
总额	18.69亿元	27.36亿元	18.33亿元
税负率	9.54%	12.23%	13.19%

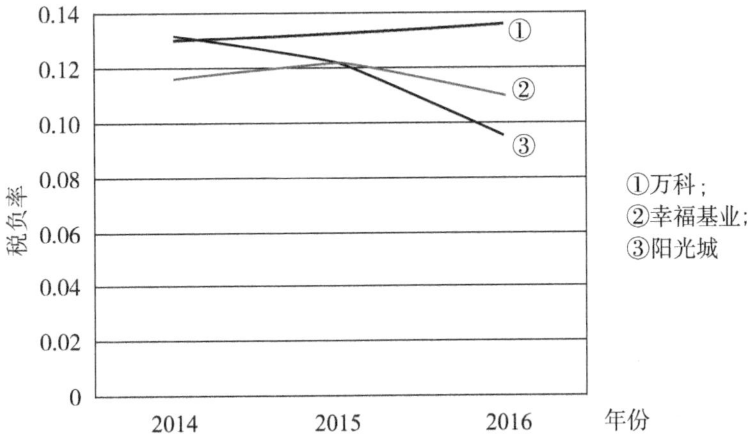

图1－5　三家房地产代表企业2014—2016年税负率变化情况

根据表1－2、表1－3、表1－4和图1－5，在这三年中，受国家政策调控及企业税收管理的影响，幸福基业和阳光城的税负率均有微降，但从这三家企业连续三年的税负率来看，总税负率平均仍高达12.19%，其中，企业所得税占比最大，平均占34.54%。虽然三家企业的收入有所提高，但由于受“营改增”的影响，计入税金及附加的税种税费占比有一定程度的下降，因此增值税也是企业税负中占比较大的税种，需要房地产企业运用税收管理合理降低税负，提高税后利润。

二、KD地产的自我介绍

（一）基本情况

KD地产股份有限公司成立于1992年，注册资金达8亿多元人民币，于2003年在香港联交所主板上市，并荣登市值最高公司之一。集团集房地产设计、开发、工程监理、销售、物业管理、房地产中介等业务为一体，拥有国家住建部颁发的一级开发资质、甲级设计资质、甲级工程监理资质、一级物业管理资质及一级房地产中介资质，是中国综合实力最强的房地产企业之一。

（二）发展历程

KD 地产成立于 1992 年，致力于房地产开发，以“助力城市改造，建设智能社区”为发展方向和理念。1998 年，在珠三角 M 市完成了大型旧厂改造项目，总面积超过 280 万平方米。2000 年，进军北京，一举揽下东三环内占地面积 40 万平方米、总建筑面积达 160 万平方米的旗舰项目，并将其打造成为北京 CBD 商务圈。2003 年，正式开发珠三角 M 市 CBD 项目，同年赴港上市，布局全国。2004 年，全面进入广州、北京、上海等 12 个核心城市和地区，完成开发面积超过 1 300 万平方米，基本实现全国化战略布局。2006 年，启动企业资源计划（ERP），实行科学规范化管理，节约管理成本。2007 年，开始在全国范围内大力推行 ERP 系统，充分整合地产企业产品、资金、员工、信息等内部资源和客户、供应商、合作伙伴、投资者等外部资源信息，以系统化的管理思想，为企业发展决策提供更详尽的科学依据，如图 1－6 所示。

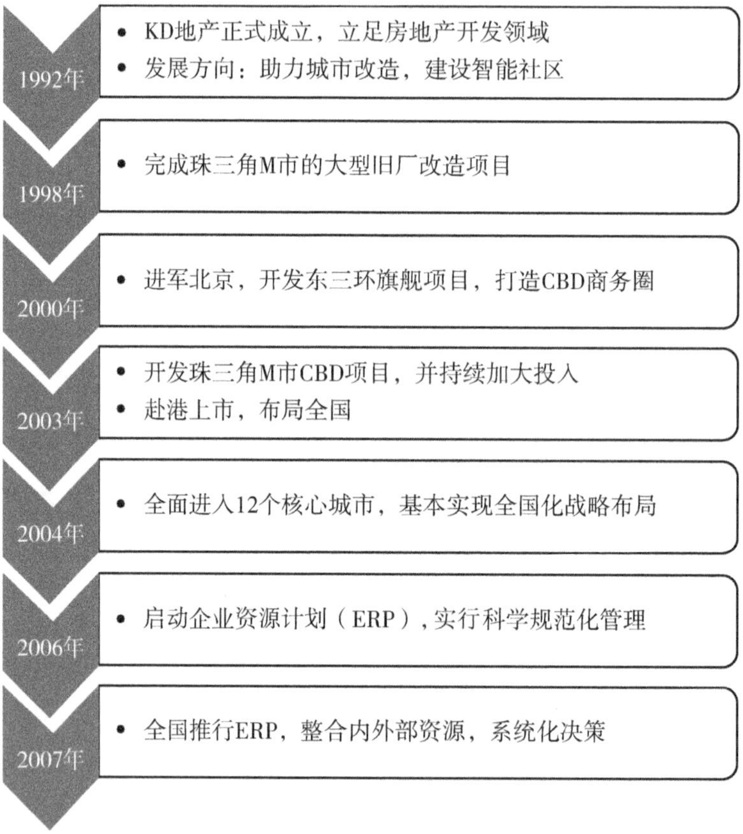

图 1－6　KD 地产发展历程简图

（三）旗下项目

KD 地产单项建筑面积超过 50 万平方米的主要建筑项目分别是：KD 十号、太原 KD

城、广州KD城。

KD十号位于北京市CBD核心板块，国际化程度高。它采用低密度方式规划布局，风格以奢华现代为主，建筑体共包括2栋板式小高层以及16席合院。板式小高层以220～280平方米平层为主力设计，户型南北通透、格局方正，并且配有超大露台及凸窗；合院则主要以低密度联排为主，户型面积为400～480平方米，配有双层挑高客厅、超大南向露台及古典气息浓厚的私家庭院。

太原KD城位于杏花岭区胜利东街与建设北路交口，其中规划建设用地面积1 584亩①，总建筑面积211万平方米，总投资预计100多亿元人民币。该地块是到目前为止KD地产在北方地区各城市开发规模最大的项目，项目集中打造配套完善的东南亚风情园林社区。项目整体分七期开发，不仅配置学校、幼儿园、大型购物商场、综合超市及餐饮娱乐等生活必需配套设施，还规划有主题会所、星级酒店和高档写字楼，力图打造龙城北部具有高尚生活品质的城中之城。

广州KD城坐落于广州白云区平沙地段，位于机场高速公路平沙站出口处。该项目地块东邻新机场快速干线，西靠广花公路，是新机场沿线首个大型综合性楼盘，项目由机场高速到东山越秀仅需25分钟车程，项目至白云新机场仅需15分钟车程。项目分两期开发，首期建筑面积达34万平方米。项目设有占地近9万平方米的体育公园和大型欧式水景园林。

KD地产除了代表性的建筑产品，还追求多元化发展。KD地产于2017年收购多家酒店，开发商业综合体；建设环球商品贸易港，开启“互联网+”商贸地产版图，提升品牌知名度和影响力；进军养老地产和医疗健康等产业，携手加州大学洛杉矶分校医疗中心创办新型国际医院，将为广州华南区域提供具备国际水准的医疗服务，促进国民医疗健康服务体系多元化发展。

近几年市场需求的变化和消费理念的更新，KD地产制定了新的产品战略：以首套为主的传统精装房转向以改善为主的智能好房。

（四）组织架构

KD地产的管理和组织采用一体化开发模式，组织架构如图1-7所示。

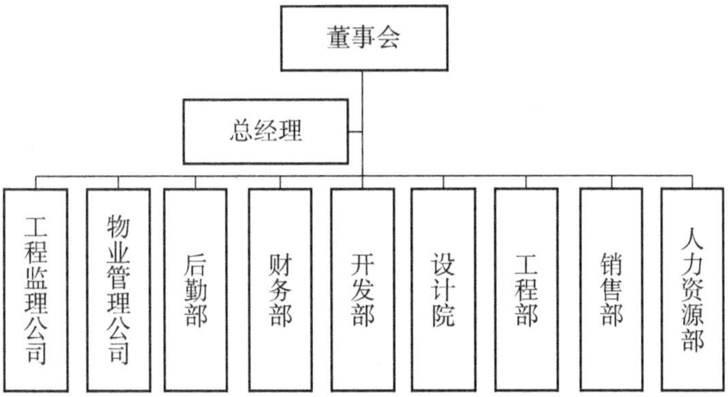

图1-7　KD地产组织架构图

① 1亩=666.7平方米。

（五）税负状况

通过对表1-5、图1-8及图1-9计算分析可以发现：KD地产的土地增值税税负率和企业所得税税负率2014—2015年呈上升趋势，2015—2016年税负率有所降低。

表1-5　KD地产企业2014—2016年土地增值税税负率和所得税税负率

年　份	2014	2015	2016
营业收入（亿元）	350.30	447.50	543.01
企业所得税（亿元）	36.50	48.80	48.00
土地增值税（亿元）	12.90	25.40	22.40
土地增值税税负率（%）	3.68	5.68	4.13
企业所得税税负率（%）	10.42	10.91	8.84

说明：①土地增值税税负率＝土地增值税/营业收入；
②企业所得税税负率＝企业所得税/营业收入。

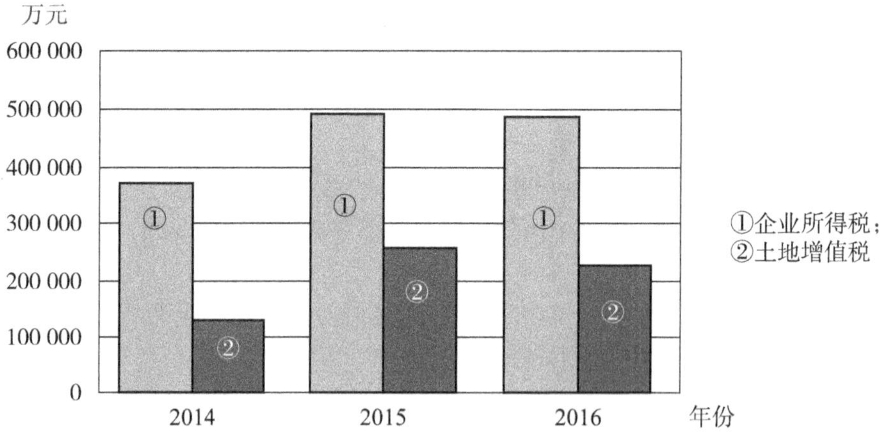

图1-8　KD地产2014—2016年企业所得税和土地增值税税额比较表

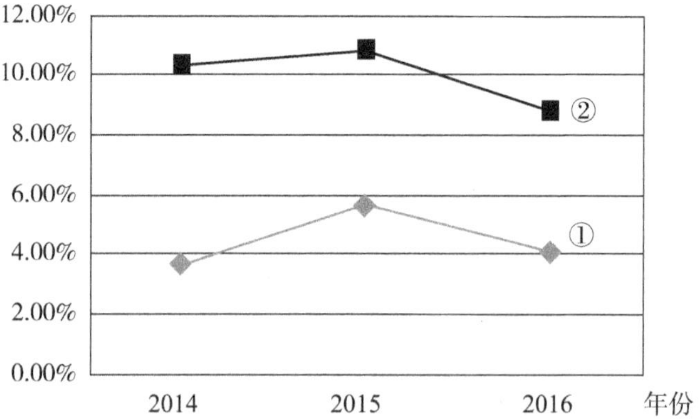

图1-9　KD地产2014—2016年企业所得税税负率和土地增值税税负率比较表

（六）财务状况

1. 企业盈利能力分析

总资产盈利能力是指企业赚取利润的能力，是企业财务能力的集中体现，是综合分析企业实力和发展前景的重要指标。

（1）报酬率 = 净利润/平均资产总额

如图 1 - 10 所示，KD 地产在 2014—2016 年度，资产报酬率呈下降趋势，说明企业资产利用效率降低，应加强创新能力，提升产品结构升级，加强经营管理水平，降低公司费用率。

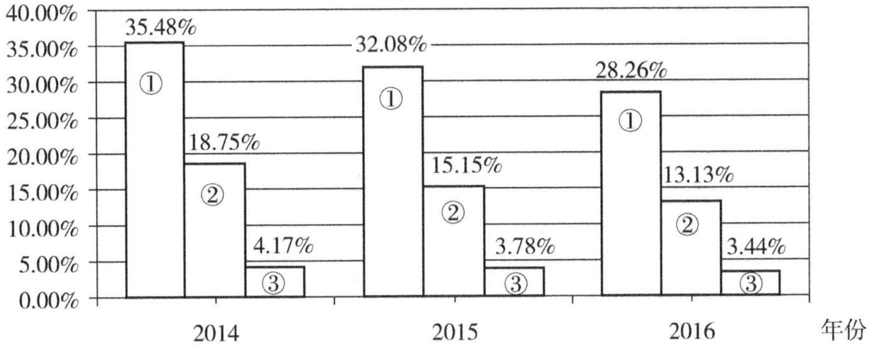

①营业毛利率；②营业净利率；③总资产报酬率

图 1 - 10　2014—2016 年 KD 地产盈利能力情况

（2）营业净利率 = 净利润/营业收入

如图 1 - 10 所示，KD 地产 2014—2016 年三年间的营业净利率逐年下降，而营业收入额逐年上升，销售成本也逐年上升。

（3）营业毛利率 = 营业毛利额/主营业务收入

如图 1 - 10 所示，营业毛利率是反映企业每一元营业收入中含有多少毛利额。KD 地产 2016 年的毛利额比前两年有较大幅度下降，说明其盈利能力有所下降，需开源节流保障盈利空间。

2. 企业偿债能力分析

从图 1 - 11 看出，KD 地产近三年短期偿债能力较强。从流动比率的变动上看，保持在 1 : 1 到 1 : 2 之间，表明企业资产变现能力越大，流动性强，偿债能力稳定。由于存货在资产中占比较大，因此速动比率与流动比率相差较大。

3. 企业运营能力分析

通过对 KD 地产资产运用效率的计算，分析企业的经营管理和资金运营能力。

如图 1 - 12 所示，各项资产周转率呈现上升趋势，其中流动资产周转率是指在特定时期内，产品销售收入与流动资产平均余额之间的比例关系，它反映企业一定时期内流动资产的周转次数和周转天数。由于企业流动资产流动性大，变现能力强，是流动负债偿还的直接来源。KD 地产这三年的流动资产周转率虽然稳定，但仍处于较低水平，可以通过提

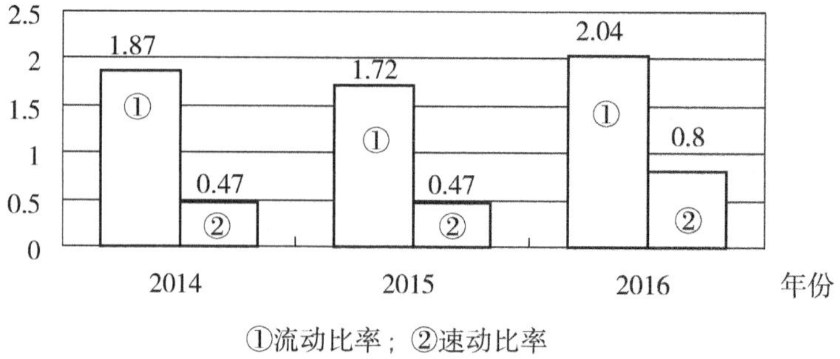

图 1－11　2014—2016 年 KD 地产流动比率、速动比率变动图

注：流动比率＝流动资产/流动负债；
速动比率＝（流动资产－存货）/流动负债。

升品牌影响力、去库存以及多元化融资等渠道增加资产周转率。

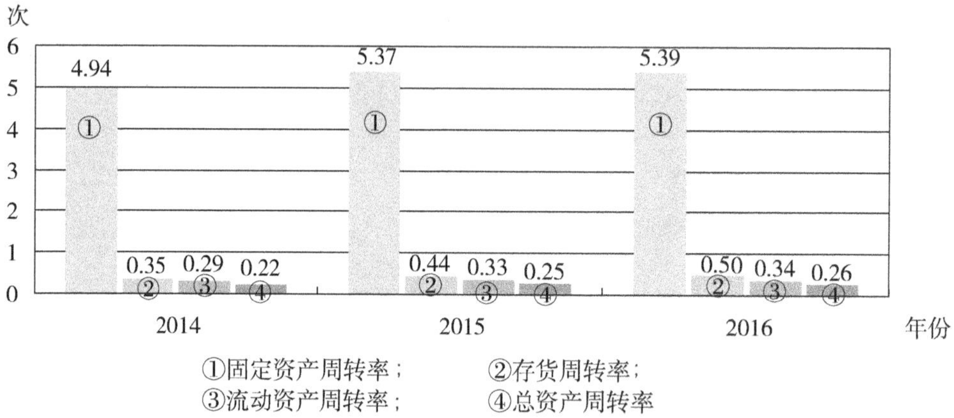

图 1－12　2014—2016 年 KD 地产营运能力指标变动趋势分析图

三、项目发展，税筹保障

（一）税筹依据

“营改增”是供给侧改革的重要内容之一，对房地产企业影响重大，KD 地产对此给予了高度的重视。财务部的苏经理凝视着电脑深思：房地产行业实施营改增，实行差额征税，可抵扣进项税额的引入肯定会对各种税种的税负产生影响。那可抵扣进项税额度的变化会对哪种税种的影响最大呢？为了深入分析营改增对税种的影响，苏经理做出以下假设：

①营改增前后房地产开发企业的含税收入总额和含税成本总额是一样的；

②营改增后房地产开发企业适用税率由营业税税率 5% 改成增值税税率 11%；

③营改增后房地产开发企业所有可抵扣进项税额对应的成本都可作为开发成本在土地增值税前加计扣除。

尽管从表面上看增值税率11%比营业税率5%多6%，但由于营业税属于价内税，而增值税属于价外税，口径不一致，不具有可比性，所以还需要统一口径，按照下述计算方法将增值税率转换成价内税负率后才可以和营业税率作对比。

增值税价内税负率=增值税率÷（1+增值税率）=11%÷（1+11%）=9.91%

由于增值税实缴税额等于销项减进项，为了便于不同房地产开发企业作对比，假设进项收入比即可抵扣进项税额占售房收入的比例为4%，则营改增后，考虑附加税费影响的直接税负率：

=（增值税价内税负率－进项收入比－营业税率）×（1+12%）

=（9.91%－4%－5%）×（1+12%）

=1.02%

即当进项收入比为4%时，直接税负率为1.02%。

同理当进项收入比为不同取值时，可得到表1－6。

表1－6　进项收入比的变动对直接税负率的影响

进项收入比	0%	1%	3%	5%	7%	9%	11%	63.50%
直接税负率	5.50%	4.38%	2.14%	－0.10%	－2.34%	－4.58%	－6.82%	－65.62%

从图1－13中可以看出，营改增对房地产开发企业直接税负率影响与进项收入比的关系是一条向下的直线，即随着进项收入比的增加，营改增对直接税负率的影响从增加税负逐渐变为降低税负。

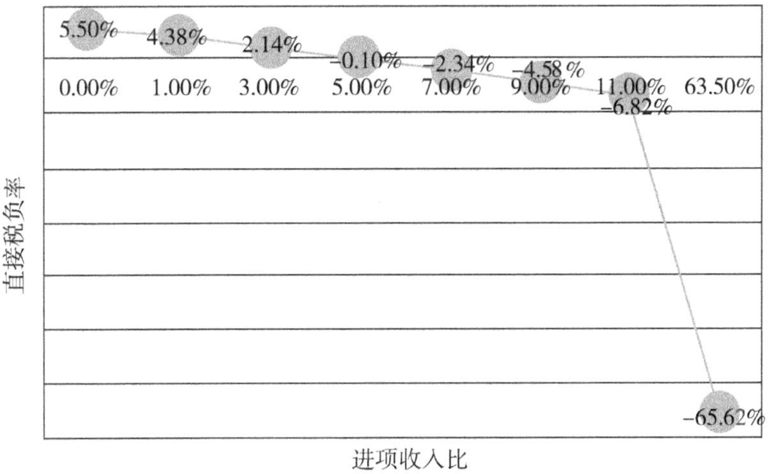

图1－13　进项收入比的变动对直接税负率的影响

营改增除了会对直接税负率产生影响外，还可能对其他税种产生影响，包括土地增值税和企业所得税。从前面计算可知，当进项收入比为4%时，直接税负率为1.02%。此时，扣除直接税负后的收入减少1.02%，同时扣除进项税后的成本也减少4%，则该两项变化对土地增值税税负率的影响：

= [收入 - 成本 × (1 +30%)] ×30%

= [-1.02% - (-4%) × (1 +30%)] ×30%

=1.25%

即当进项收入比为4%时，土地增值税税负率为1.25%。

同理当进项收入比为不同取值时，可得到表1-7。

表1-7　进项收入比的变化对土地增值税税负率的影响

进项收入比	0%	1%	3%	5%	7%	9%	11%	63.50%
土地增值税负率	-1.65%	-0.92%	0.53%	1.98%	3.43%	4.88%	6.34%	44.50%

从图1-14中可以看出，营改增对房地产开发企业土地增值税税负率的影响与进项收入比的关系是一条向上的直线，即随着进项收入比的增加，营改增对土地增值税税负率的影响从降低税负逐渐变为增加税负。

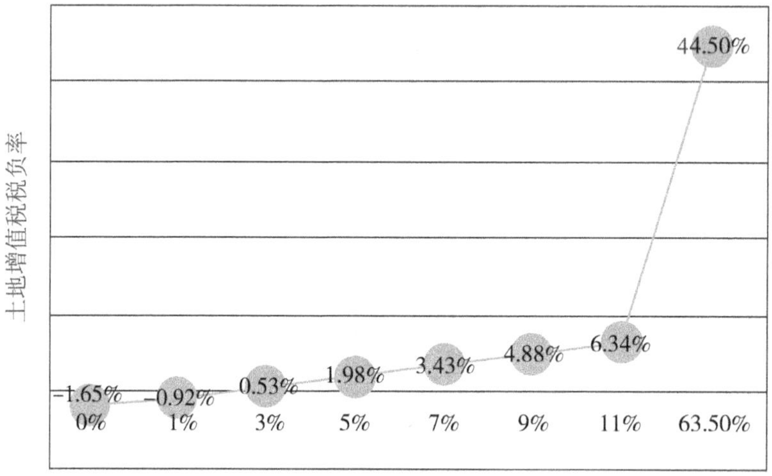

图1-14　进项收入比的变化对土地增值税税负率的影响

营改增对企业所得税的影响，除了需要考虑前面提到的直接税负率后收入和扣除进项税后成本变化外，还需要考虑土地增值税税负率的变化。从前面计算我们知道，当进项收入比为4%时，直接税负率为1.02%。此时，扣除直接税负后的收入减少1.02%，扣除进项税后的成本减少4%，土地增值税税负率为1.25%，由此导致企业所得税变化：

= (收入 - 成本 - 土地增值税) ×25%

= (-1.02% - (-4%) -1.25%) ×25%

=0.43%

即当进项收入比为4%时，企业所得税增加0.43%。

同理，当进项收入比为不同取值时，可得到表1-8。

表1－8　进项收入比的变化对企业所得税税负率的影响

进项收入比	0%	1%	3%	5%	7%	9%	11%	63.50%
企业所得税税负率	-0.96%	-0.61%	0.08%	0.78%	1.48%	2.17%	2.87%	21.14%

从图1－15中可以看出，营改增对房地产开发企业所得税影响与进项收入比的关系是正比关系，即随着进项收入比的增加，营改增对企业所得税税负率的影响从降低税负逐渐变为增加税负。

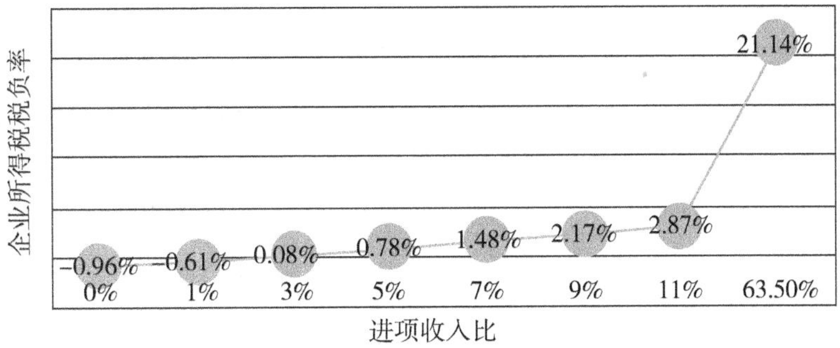

图1－15　进项收入的变化对企业所得税税负率的影响

综合前面营改增对房地产开发企业直接税负、土地增值税、企业所得税的影响，当进项收入比为4%时，营改增对房地产开发企业整体税负率影响：

＝直接税负率＋土地增值税税负率＋企业所得税税负率

＝1.02%＋1.25%＋0.43%

＝2.7%

同理，当进项收入比为不同取值时，可得到表1－9。

表1－9　进项收入变化对房地产开发企业整体税负率的影响

进项收入比	0%	1%	3%	5%	7%	9%	11%	63.50%
整体税负率	2.89%	2.84%	2.75%	2.66%	2.57%	2.48%	2.39%	0.01%

从图1－16中可以看出，营改增对房地产开发企业整体税负率影响与进项收入比的关系是一条向下的直线，即随着进项收入比的增加，营改增对整体税负率逐渐降低。当进项收入比为0%时，企业整体税负率增加2.89%；当进项收入比为63.50%时，营改增对企业整体税负率几乎没有影响。但是对于实际的房地产开发企业来说，目前增值税率最高为17%，并且成本收入率相对不高的情况下，可能取得的可抵扣进项税额占售房收入的百分比很难超过10%，进项收入比根本不可能达到63.50%。

根据前面的计算分析，苏经理认为在现实情况下，营改增不可能降低房地产开发企业税负，营改增后将会增加土地增值税税负从而增加企业所得税税负，使房地产开发企业的整体税负增加2%～3%。因此在推广智能好房的同时要着重对土地增值税进行税筹，降低税负，提高税后利润。

苏经理将公司推广智能好房的流程分为前期准备阶段、建设施工阶段、销售阶段、交

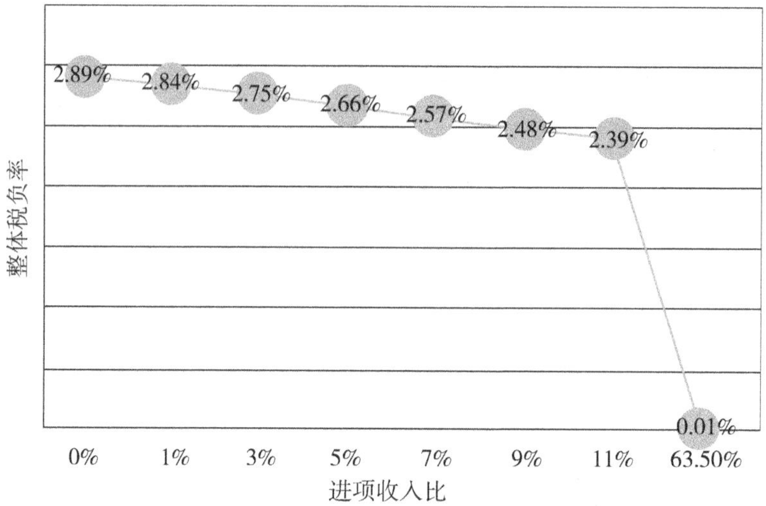

图 1－16　进项收入变化对房地产开发企业整体税负率的影响

付使用阶段，通过仔细分析得出整个流程涉及的税种有：契税、城镇土地使用税、印花税、耕地占用税、增值税、土地增值税、企业所得税、房产税、附加税等。那如何在推广过程中对销售阶段和交付使用阶段涉及的土地增值税进行税筹呢？

顾名思义，土地增值税的计税依据就是转让土地产生的增值额。苏经理萌生了一个想法：土地增值税按增值税率实施四级累进税率，是否可以通过控制土地增值税率来降低税率？如果根据“纳税人建造普通标准住宅出售，增值额未超过扣除金额 20% 的，免征土地增值税”这一税法规定，将智能好房通过合理定价把增值税率控制在 20% 以下，那么免征土地增值税对降低整体税负意义重大。

（二）税筹方案

苏经理根据具体项目从公司的产品战略出发，以控制土地增值率为手段做出了两个方案：一是针对没有安装智能家居系统的传统精装房，二是针对安装智能家居系统的智能好房。通过对比两个方案不同土地增值额对税后利润的影响，验证利用智能好房控制土地增值率这一税筹手段的可行性。

具体项目：2017 年，位于广州市萝岗区的 KD 时代花园预计于 4 月底推出全新 76～98 m^2 精装二至三房，销售面积共 139 073 m^2。KD 时代花园支付取得土地所有权所支付的成本为 5 400 万元，该地区政府规定的教育费附加税为 3%，城建税为 7%。因该项目符合当地政府规定的普通标准住宅的标准，故根据税收优惠政策设计相关管理方案（见表 1－10）。

方案一：没有安装智能家居系统的传统精装房

企业销售未将家居智能化的精装房时，开发商初步定价为 16 500 元/m^2，预计销售房屋总金额为 229 470. 45 万元，投入项目开发成本为 125 165. 7 万元。

方案二：安装智能家居系统的智能好房

项目开发成本增加为 140 000 万元，根据相关税收政策调整其定价为 19 300 元/m^2，预计销售总收入为 268 330. 97 万元。

表1-10　管理过程中两种方案比较

	方案一	方案二
销售单价	16 500 元/m^2	19 300 元/m^2
销售收入	229 470.45 万元	268 330.97 万元
相关税收优惠政策	《国家税务总局关于房地产开发企业土地增值税清算管理有关问题的通知》（国税发〔2006〕187号）第四条第（四）款规定："房地产开发企业销售已装修的房屋，其装修费用可以计入房地产开发成本，作为土地增值税的扣除项目。" 《中华人民共和国土地增值税暂行条例实施细则》（财法字〔1995〕6号）第七条规定："对从事房地产开发的纳税人可按取得土地使用权所支付的金额和开发土地的成本、费用计算的金额之和，加计20%的扣除。""财务费用中的利息支出，凡不能按转让房地产项目计算分摊利息支出或不能提供金融机构证明的，房地产开发费用按取得土地使用权所支付的金额和开发土地的成本、费用计算的金额之和的10%以内计算扣除。" 《中华人民共和国土地增值税暂行条例》和《中华人民共和国土地增值税暂行条例实施细则》规定："纳税人建造普通标准住宅出售，增值额未超过扣除金额20%的，免征土地增值税。"	
土地增值税可扣除项目	（1）取得土地所有权所支付的成本为5 400万元； （2）开发成本为125 165.7万元； （3）开发费用为（5 400+125 165.7）×10%=13 056.57（万元）； （4）扣除的相关税费为2 638.92万元； （5）其他扣除项目为(5 400+125 165.7)×20%=26 113.14（万元） 可扣除的成本合计为172 374.33万元	（1）取得土地所有权所支付的成本为5 400万元； （2）开发成本为140 000万元； （3）开发费用为（5 400+140 000）×10%=14 540（万元）； （4）扣除的相关税费为3 085.81万元； （5）其他扣除项目为（5 400+140 000）×20%=29 080（万元） 扣除的成本合计为192 105.81万元
增值额与可扣除额的比例	（229 470.45－172 374.33）/172 374.33=33.12%	（268 330.97－192 105.81）/192 105.81=39.68%
应缴纳的土地增值税	(229 470.45－172 374.33)×30%=17 128.84（万元）	0

	方案一	方案二
销售收入	229 470.45 万元	268 330.97 万元
取得土地所有权所支付的成本	5 400 万元	5 400 万元
开发成本	125 165.7 万元	140 000 万元
印花税	114.74 万元	134.17 万元
城建税、教育费附加	2 524.18 万元	2 951.64 万元

续上表

	方案一	方案二
增值税	25 241.75 万元	29 516.41 万元
土地增值税	17 128.84 万元	0
应纳税所得额	53 895.25 万元	90 328.76 万元
所得税	13 473.81 万元	22 582.19 万元
税后净利润	40 421.43 万元	67 746.57 万元
项目整体税负率	25.49%	20.57%
项目所得税税负率	5.87%	8.41%
净产值税负率	59.13%	44.89%

分析表 1－10 可知，企业进行家居智能化后，开发成本的增加导致土地增值税可扣除项目金额的增加，此时通过合理定价让土地增值率处于 20% 的临界点，予以免交土地增值税，使得项目税负由之前的 55 844.40 万元降低为 520 98.60 万元，共降低了 3 298.91 万元，同时税后净利润由 40 421.43 万元增加至 67 746.57 万元，共增加了 27 325.14 万元，税收效果明显，如图 1－17 所示。

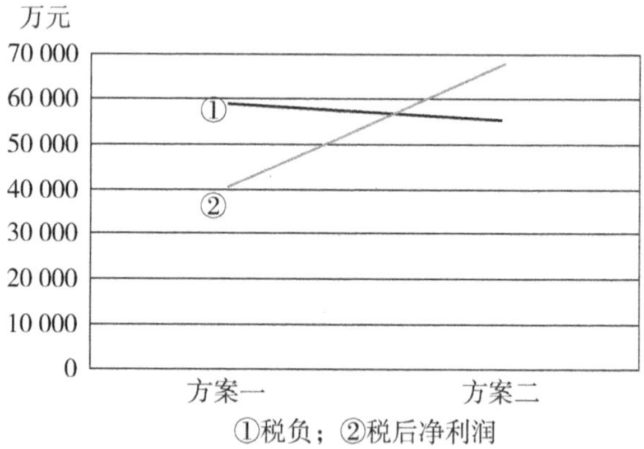

图 1－17　税收效果分析图

通过以上苏经理制作方案的分析，叶总有了新的发现：对该项目进行税收管理后，项目的税负明显降低，同时税后净利润涨幅明显，整体税负率由 25.49% 下降至 20.57%，所得税税负率涨幅微小，净产值税负率由 59.13% 下降至 44.89%，税负结构更加合理，税收管理效果显著，更有利于该项目的长期发展。因此，叶总针对目前一、二线城市限购限贷，三、四线城市存货库存量大的现象，提出应根据开发项目的具体情况同时以相关税收政策为导向，充分利用税收优惠政策，进行恰当合理的税收管理，获得真正的税收利益，达到减少库存的目的，最终实现企业利润最大化。

四、顺应改革，实现飞跃

在社会主义市场经济下，企业的发展脱离不了政策的指导，房地产企业也不例外。企业应该在供给侧改革政策的指导下去库存，打造有效供给服务，刺激市场需求，拉动国民经济。KD 地产为解决销量下降的问题，通过市场调查发现绝大部分消费者对智能好房更感兴趣，传统的精装房已经无法满足他们的需求，开发智能好房势在必行。

KD 地产在顺应供给侧改革，结合科技开发推广智能好房的过程中，遇到了产品设计不够人性化、成本过高等问题。为此，KD 地产设计出配套的营销策略并抓住了“营改增”的机遇，设计税收管理方案，实现了合理避税，降低了智能好房的附加成本，为控制售价和增加销量赢得了空间。销量的增加助力KD地产拓展智能好房的新市场，实现企业净利润的飞跃，增强企业竞争力，为KD地产落实企业战略，实现长期发展目标奠定基础。

五、乘风破浪，展望未来

在供给侧的大环境下，房地产企业面临着高库存的挑战，但挑战亦是另一种机遇。智能好房产品战略方案的成功出炉，不仅为KD地产化解高库存风险提供有效的方法，还提高了公司管理层对税筹的重视程度，为公司发展积累了新经验。

对此，叶总认为公司可以借鉴由产品战略设计的税筹方案，在产业战略和产融战略上寻找新的税筹突破点，比如在产业战略中，设立供应链管理公司，获取合法足额的增值税进项专用发票抵扣销项税；在产融战略中，拓宽融资渠道，利用房地产投资信托基金（REITs）获取项目开发所需的资金，同时降低融资成本，为产品战略和产业战略提供资金支持和保障。

想到这里，叶总站在公司高层的露台上自信地眺望远方，她相信KD地产一定能乘风破浪，迎接更美好的明天！

六、讨论问题

1. 结合财务与业务，分析KD地产存在什么问题？
2. 从产品战略的角度看，KD地产制定产品战略的依据是什么？
3. KD地产开发智能好房各个运作流程具体涉及哪些税种？
4. KD地产以产品战略为出发点建立税筹体系的依据是什么？
5. 市场、战略和税收管理三者间存在什么联系？

七、参考资料

1. 万科2014—2016年度审计报告。
2. 幸福基业2014—2016年度审计报告。
3. 阳光城2014—2016年度审计报告。
4. KD公司2014—2016年度审计报告。
5. 2016年营改增实施细则。

[案例说明书]

一、本案例需要解决的关键问题

本案例需要解决的关键问题：引导学员从产品战略的角度分析 KD 地产在供给侧改革以及营改增背景下面临的盈利能力、产品结构等问题，并且如何通过改善供给端结构创造新需求，同时通过税收管理降低税负实现企业税后利润最大化。帮助学员熟悉产品战略的理论，掌握房地产企业业务中涉及的税种知识，结合本案例对房地产企业从产品出发的税收管理方案进行税筹前后的分析，对企业在税筹后实现的目标进行评价。

二、案例讨论的准备工作

为实现本案例的教学目标，在案例讨论前学员应通过新闻了解供给侧改革的政策背景，通过阅读税制改革指导文件了解营改增背景、熟读房地产行业相关材料报告了解行业背景，以及浏览预发给学员的 KD 地产资料了解企业运营概况。

（一）政策背景

2011 年以后，中国经济进入潜在增长率“下台阶”的新阶段，供给体系存在以下 6 个问题：中低端产品过剩；高端产品不足；传统产业产能过剩；结构性的有效供给不足；房地产库存严重；地方政府债务风险累积。为解决新阶段中我国经济社会出现的重大问题，实现动力机制转换与优化、激发微观经济主体潜力、释放新需求、解放生产力，需要进行供给侧改革。供给侧改革以“优化供给结构提高供给效率”为核心，落实价格管控，其关键是要从引导新供给创造新需求、从新供给经济周期出发优化产业结构、从放松三大供给约束恢复经济活力、从解除对五大财富源泉的供给抑制提高经济增长率。

（二）营改增背景以及影响

从 2011 年开始，各地开始执行中央关于“营改增”的试点方案。2016 年 5 月 1 日，“营改增”纳税政策在全国范围内实行，适用范围从以往的交通运输业和部分现代产业扩大到建筑业、房地产业、金融业和生活服务业。实行“营改增”后，有效避免了第三产业在流转环节重复征税，降低了企业经营成本，缓解了企业的税负压力。

政府按照“营改增”税收政策征税，有利于规范市场制度，提高市场管理水平，带动各个产业良性协调发展，激发市场活力和竞争力。

（三）房地产行业背景

供给侧改革背景下，我国房地产业面临着三大外部环境挑战，分别是：高增长红利缩减、产业转型升级、商业模式急剧变革。同时，外部环境也带来五大机遇：我国经济继续发展、消费需求不断升级、新型城镇化继续推进、经济社会全面深化改革、经济全球化不断扩展。就供给端而言，房地产行业高库存、高成本的问题较为突出，去库存、升级产业结构、降低成本成为房地产行业产业结构调整升级的关键。

（四）公司背景

KD 地产在一线城市新增的土地储备成本增加，销售毛利率和销售利润率有下降趋势。而随着智能家居的流行，KD 地产为适应市场新需求，将精装修、智能化升级融入新产品战略规划。综合宏观经济环境以及自身发展现状，对于现阶段的 KD 地产来说，去库存应该从产品战略出发，推动智能好房发展，在增加销售收入的同时降低土地持有成本及建筑成本，减轻税负，提升企业利润。

三、案例的拓展延伸

除了以产品战略为出发点，还可以从什么角度设计税筹方案？

KD 地产的战略布局包括产业战略、产品战略、产融战略。除了以产品战略为基础建立税筹体系，还可以将税筹贯穿于产业战略和产融战略中。

（一）首先是产业战略

在 KD 地产的企业管理中，供应链管理以尽可能低的成本实现最高的服务满意度。因此，在供给侧的大环境下，KD 地产应该顺应国家政策改革潮流，继续完善供应链，提高供应链的管理水平来降低成本、提高产品质量，以达到去库存的目的，促进自身持续健康发展的同时拉动国家经济的增长（见图 1－18）。

KD 地产的开发项目众多，地域分布较广，日常生产经营所需物资总量较大。采购作为增值税抵扣的重要环节，可以通过设立专门的供应链采购运输公司，获取合法的运输进项抵扣发票，对其进行系统的管理，使税负进行内部转嫁，实现在产业链上总体降低税负，提高税后利润。

1. 根据利润最大化原则，把批量采购到的材料进行一定利润加成卖给其他子公司

将集中采购的物资加成一定比例利润后出售给集团及各成员企业，通过提高开发成本、调节土地增值率使其符合土地增值税计算的“临界点”，进行有目的的税收管理。此外，将利润在产业链上合理分配以实现集团利润最大化。

2. 获取合法的增值税抵扣发票

增值税环境下，当期应纳增值税按照“当期销项税额－当期进项税额”计算得出，增值税税负高低主要取决于进项税额的大小。因此，KD 地产能否足额获取合法的增值税专用发票，将直接决定增值税税负的高低。供应链管理公司所提供的运输服务不仅可以合理安排运输，降低运输风险，还可保证运输进项抵扣发票的获取，降低成本。

3. 利用土地增值率的临界点

土地增值税实行四级超率累进税率，因而可通过适当控制土地增值率和利用土地增值率的临界点，对土地增值税进行纳税管理。KD 地产设立供应链管理公司，赋予采购和运输职能，并在采购环节进行适当的纳税管理，降低土地增值率以达到降低税负、提升利润的目的（见表 1－11）。

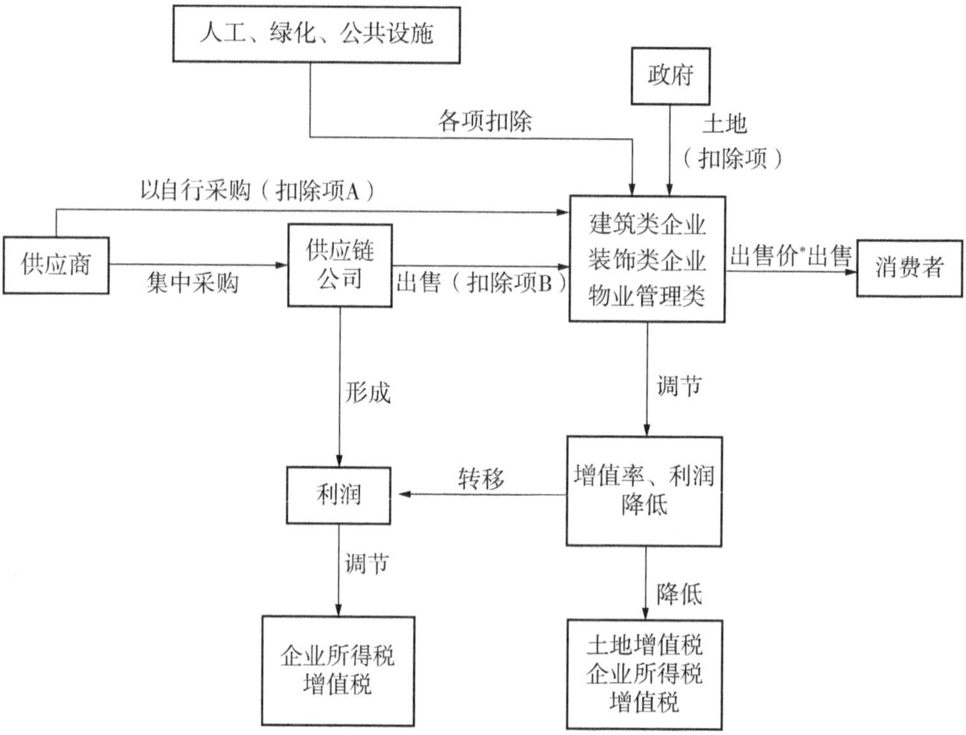

图 1－18　供应链方案税筹思路图

表 1－11　土地增值税税率表

档次	级　距	税率	速算扣除系数	税额计算公式	说　明
1	增值额未超过扣除项目金额 50% 的部分	30%	0%	增值额 30%	扣除项目指取得土地使用权所支付的金额，开发土地的成本、费用，新建房及配套设施的成本、费用或旧房及建筑物的评估价格，与转让房地产有关的税金，财政部规定的其他扣除项目
2	增值额超过扣除项目金额 50%，未超过 100% 的部分	40%	5%	增值额 40% －扣除项目金额 5%	
3	增值额超过扣除项目金额 100%，未超过 200% 的部分	50%	15%	增值额 50% －扣除项目金额 15%	
4	增值额超过扣除项目金额 200% 的部分	60%	35%	增值额 60% －扣除项目金额 35%	

（二）其次是产融战略

房地产企业的资产负债率偏高，融资成本高，为适应供给侧改革的去杠杆，房地产企业需要扩宽融资渠道，降低融资成本。产融结合为 KD 地产提供了参股或控股金融机构的多个可选择方向：KD 地产通过参股持股商业银行、投资证券公司、产业基金与风险投资基金、信托投资公司等产融结合融资方式，可以使金融机构成为自己企业集团的一部分，实现资金外部循环内部化，提高企业整体协同效应。在融资时，KD 地产可根据自身财务状况，与参股金融机构谈判、优化融资条款，实现对融资成本的有效控制，达到节省对外交易成本支出、增加企业集团内部利润的目的。与传统融资方式相比，产融结合在降低企业融资成本上的作用更为突出，具有明显的优越性。

四、教学组织方式

（一）问题清单及提问顺序、资料发放顺序

本案例讨论题目依次为：

1. 结合财务与业务，分析 KD 地产存在什么问题？
2. 从产品战略的角度看，KD 地产制定产品战略的依据是什么？
3. KD 地产开发智能好房各个运作流程具体涉及哪些税种？
4. KD 地产以产品战略为出发点建立税筹体系的依据是什么？
5. 市场、战略和税收管理三者间存在什么联系？

（二）课时分配

本案例可以按照如下的课堂计划进行分析和讨论，仅供参考，可根据授课具体情况调整时间或略去其中某一部分。整个案例课的课堂时间控制在 90—120 分钟。

本案例拟采用小组 PPT 展示的教学方式：

内　容	主持人	时　间	说　明
课前准备	教师		提前发放资料和给每组学员分配问题清单，请各组学员在课前完成阅读、思考和制作小组 PPT
讨论问题 1	分组展示	15 分钟	组长展示 PPT，教师点评并补充
讨论问题 2	分组展示	15 分钟	组长展示 PPT，教师点评并补充
讨论问题 3	分组展示	15 分钟	组长展示 PPT，教师点评并补充
讨论问题 4	分组展示	15 分钟	组长展示 PPT，教师点评并补充
讨论问题 5	分组展示	15 分钟	组长展示 PPT，教师点评并补充
课后计划	学员		以本案例为基础，参考国内外其他同行业公司，思考在战略方面除了产品战略还有什么税筹依据

（三）讨论方式

本案例拟采用小组展示 PPT 的讨论方式。

（四）课堂讨论总结

课堂讨论总结的关键是：根据小组发言与辩论情况，进行归纳总结，教师就学员的展示情况进行点评，就如何运用理论知识去解决实际问题提出建议，并引导学员对案例后续发展做出展望，且在课后继续跟踪最新进展。

案例 2

高人“医筹”：AD 制药集团税收成本控制分析*

* 1. 本案例由广东工业大学管理学院的张源、蔡晓涵、梁惘惘、刘群芳、宋泽宇等共同撰写，作者拥有著作权中的署名权、修改权、改编权。
2. 将本案例授权予广东工业大学产教融合 MPAcc 教学智库实验平台使用，广东工业大学产教融合 MPAcc 教学智库实验平台享有复制权、修改权、发表权、发行权、信息网络传播权、改编权、汇编权和翻译权。
3. 由于企业保密的要求，在本案例对有关名称、数据等做了必要的掩饰性处理。
4. 本案例只供课堂讨论之用，并无意暗示或说明某种管理行为是否有效。

[案例封面]

专业领域方向：财务管理

适用课程：《财税管理》《税法》

选用课程：《高级税务筹划》《中国税制研究》

编写目的：税收成本控制的存在和发展为纳税人节税提供了合法渠道，有助于优化企业产业结构和投资方向。企业生产经营活动如何进行税收成本控制，效果如何，这是纳税人所需要考虑的问题。本案例对 AD 制药集团生产经营财务现状进行分析，并对其税收成本控制的客观实践进行梳理，以期得到相应的启示。案例编写目的在于让学生通过案例了解相关的税法、税收成本及税收筹划知识，掌握企业财务活动中涉税控制管理的技能，提高学生的理论分析及实践应用能力。

知 识 点：结算中心；“资金池”；资金环保资金

关 键 词：税收成本控制；制药集团；金税三期

中文摘要：本案例在“两票制”、金税三期和十九大报告的医药行业大背景下，以 AD 制药集团的所得税税负率及财务现状为切入点，通过比较看出 AD 制药集团所得税税负率在同行业中相对较低，原因是什么？本案例结合 AD 制药集团涉税环节链中的筹资、投资、经营三大活动过程，系统分析 AD 制药集团的资金池和环保专项资金与税务成本的逻辑关系，以及税收成本控制的实践操作。通过比较 AD 制药集团税收成本控制前后的税负变化，揭示医药行业整个经济活动的特点和规律，并总结适合医药企业的税收成本控制方案。

[案例正文]

一、行业背景

（一）“两票制”政策

2017 年 1 月，国务院医改办会同国家卫生计生委等 8 部门联合下发的一份通知明确，综合医改试点省（区、市）和公立医院改革试点城市的公立医疗机构要率先推行药品采购“两票制”，“两票制”即药品从药厂卖到一级经销商开一次发票，经销商卖到医院再开一次发票，以“两票”替代目前常见的七票、八票，减少流通环节的层层盘剥，每个品种的一级经销商不得超过 2 个。并且国家鼓励其他地区执行“两票制”，以期进一步降低药品虚高价格，减轻群众用药的负担。在此背景下，医药制造企业的营业收入极大可能会降低，因而，企业只有将底价转高开，别无选择。底价全面转高开后，增加的税费如何分摊及降低？传统营销模式下的大量佣金如何兑付、如何解决可以抵扣的合法合规的票据？如此看来，企业想在竞争激烈的市场中生存，进行税收成本控制，合法、合理地降低税费是最好的选择。两票制前后对比如图 2－1 所示。

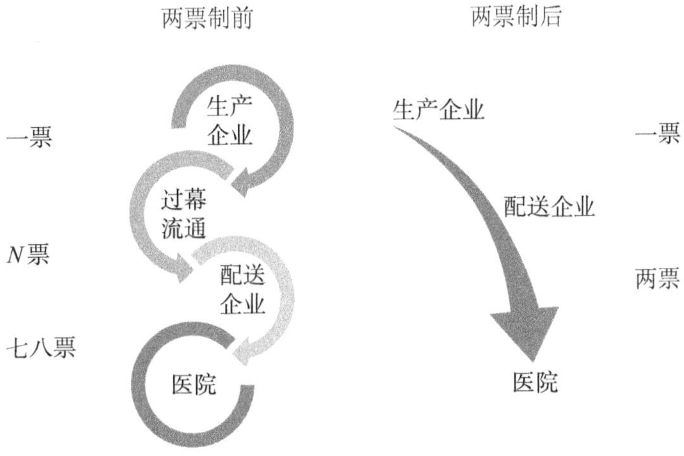

图 2－1　两票制改革前后对比图

如图 2－1 所示：在推行“两票制”改革前，医药流通行业普遍存在“过票”“挂靠”等行为，一些医药工业企业低开药品出厂发票价格，通过违法过票公司高开税票后流入终端市场，由于税率不同，过票公司通过高开税票偷税获得的利润与上下游厂家分利润，形成了整个医药流通行业灰色“利益链条”。“两票制”的实施，从根本上减少了药品流通过程中的环节，通过“药品生产企业到流通企业开一次发票，流通企业到医疗机构开一次发票”的制度保障，使过票公司再无生存空间，实现了流通行业的“扁平化”。

“两票制”对商业公司也产生了重要影响：分销业务迅速萎缩，小商业公司由于无上游资源，无下游网络而被淘汰，财务能力的资源共享程度更高等。两票制对商业环境的影响，总结为：强者愈强，弱者消亡。

（二）十九大报告

随着人口老龄化的上升，人们的保健意识逐渐增强，国家对医疗健康事业也愈发重视。十九大报告中明确指出：国家必须坚持中西医并重，传承发展中医药事业，支持社会办医，发展健康产业；积极应对人口老龄化，构建养老、孝老、敬老政策体系和社会环境，推进医养结合，加快老龄事业和产业发展。由此可见，中央积极支持中医药事业，对医药制造企业来说，中医药产业发展将再次迎来黄金时期。同时，随着医养结合的快速推进，大健康领域已经成为新时代下医药企业双轮驱动的又一个发力点与主战场。

（三）金税三期

金税三期是为了有效防止不法分子利用伪造、倒卖、盗窃、虚开专用发票等手段进行偷、骗、逃国家税款的违法犯罪活动，国家决定在纸质专用发票物理防伪的基础上，引入现代化技术手段强化增值税征收管理。其总体目标就是要建立“一个平台、两级处理、三个覆盖、四个系统”。一个平台指包含网络硬件和基础软件的统一的技术基础平台；两级处理指依托统一的技术平台，逐步实现数据信息在总局和省局集中处理；三个覆盖指应用内容逐步覆盖所有税种，覆盖所有工作环节，覆盖国地税局并与相关部门联网；四个系统指通过业务重组、优化和规范，逐步形成一个以征管业务系统为主，包括行政管理、外部信息和决策支持在内的四大应用系统软件。在如此严苛的环境下，企业更应该去挖掘出能够合理避税的方案来减轻其负担，因而企业进行税收成本控制显得尤为重要。行业背景与税收成本控制的关系如图 2－2 所示。

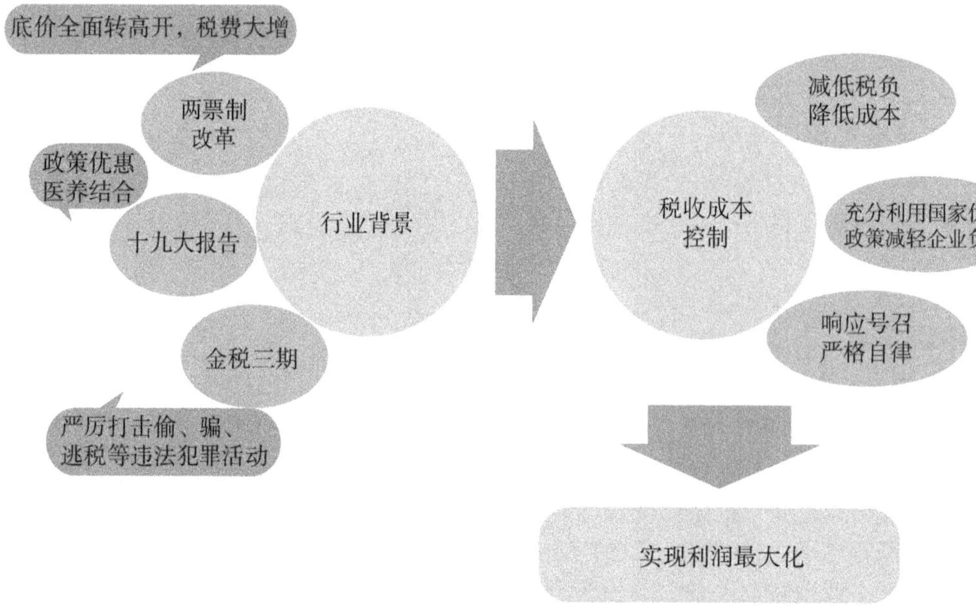

图 2－2　行业背景与税收成本控制关系图

二、公司背景

（一）公司介绍

AD 制药集团主要从事中成药、生物化学药研发、制造和销售，同时在食品、养殖、种植等领域积极探索，成为立足医药业并建立了以“产业＋金融”双轮驱动模式快速发展的控股型集团上市公司。股票市值、税后利润在吉林省上市公司均排前列，资产质量在同业中名列前茅。

近年来，AD 制药集团聚焦医药产业，通过合并多家企业加大投资整合力度，发挥集聚优势，同时，它立足医药主业，生产安全可靠产品。

目前，公司拥有种植、养殖基地，并建立了“公司 + 标准化基地 + 特许农户”的产业链经营模式，后逐步发展成为“资源共享、管理科学、持续发展”的集医药产业、金融产业为一体的控股型集团上市公司。

“AD”商标 1999 年被国家工商总局认定为中国驰名商标，集团也连续六年成为“中国 500 最具价值品牌”，并获得多项国家级奖项。在 2017 年公布的“医药行业最赚钱企业排行榜”中，AD 制药集团名列前茅，占据了全国行业排名第 8 位，实现了 16.66 亿元的净利润。

AD 制药集团是如何在医药行业中站稳脚跟的?

（二）财务分析

1. 负债能力

评价企业负债能力主要是看速动比率和流动比率。如表 2 - 1 所示，AD 制药集团近五年的速动比率大致保持在 2.5 ～ 3.3，说明企业的短期偿债能力较强。通常影响速动比率可信度的重要因素是应收账款的变现能力。所以，在评价速动比率时，还应分析应收账款的质量。然而，保守速动比率 = （现金 + 短期证券 + 应收账款净额） ÷ 流动负债 × 100%，去掉其他一些可能与当前现金流量无关的项目（如待摊费用）和影响速动比率可信性的重要因素项目办信誉不高的客户的应收款净额，对比以上两组数据，如表 2 - 1 所示，从本案例可以看出速动比率与保守速动比率几乎相同，可以看出 AD 制药集团的客户信誉好，应收账款收回的可能性大，即公司变现能力强。

表 2 - 1　AD 制药集团负债能力指标

年　份	2012	2013	2014	2015	2016
速动比率	3.13	3.24	3.32	1.41	2.49
保守速动比率	2.32	2.47	3.31	1.41	2.49

注：数据来源于 AD 制药集团年度报告。

2. 盈利能力

从 AD 制药集团盈利能力指标表 2 - 2 可以看出，AD 制药集团成本费用净利率从 2012—2016 年呈现总体上升的趋势，说明该企业为获取报酬而付出的代价越小，企业盈利能力越强。需要注意的是，这里的成本费用包括了营业成本、期间费用、营业税金及附加和所得税费用。这在一定程度上反映了该企业能很好地做到成本控制和税收控制。

2012—2016 年该公司的销售毛利率逐年缓慢上升，销售毛利率越大，说明企业在营业收入净额中营业成本所占比重越低，企业通过销售获取利润的能力越强。

表 2－2　AD 制药集团盈利能力指标

年　　份	2012	2013	2014	2015	2016
成本费用净利率	0. 49	0. 57	0. 49	1. 25	0. 68
销售毛利率	0. 65	0. 65	0. 68	0. 69	0. 71

注：数据来源于 AD 制药集团年度报告。

3. 成长能力

由表 2－3 和图 2－3 分析营业总收入变动原因。

该公司 2012 年营业总收入为 1 445 463 170. 08 元，再到 2016 年营业总收入为 2 736 697 077. 39 元，公司的营业收入同比虽然增长不多，但是总体增长趋势是上升的。究其原因，主要是公司处于整合阶段，公司转变战略，全心全意致力于医药和食品行业，公司业务不断向多元化方向发展。

如表 2－3 所示，2012—2016 年本公司的每股净资产逐年上升，意味着 AD 制药集团公司的财富越来越雄厚，创造利润的能力不断上升，增强了股东对公司发展前景的信心。2012—2016 年 AD 制药集团营业总收入和净利润变动如图 2－3 所示。

表 2－3　AD 制药集团成长能力指标

年　份	2012	2013	2014	2015	2016
营业总收入（元）	1 445 463 170. 08	1 956 861 171. 05	2 240 099 344. 17	2 334 760 837. 13	2 736 697 077. 39
营业收入同比增长率(%)	26. 22	35. 38	14. 47	4. 23	17. 22
净利润（元）	649 870 626. 41	1 062 202 104. 66	1 410 692 545. 80	2 601 829 430. 98	1 655 841 449. 78
净利润同比增长率（%）	－67. 77	63. 44	33. 24	83. 85	－35. 75
每股净资产（元/股）	10. 94	11. 91	14. 07	19. 43	20. 84
净资产收益率（%）	6. 92	10. 47	11. 96	17. 33	9. 43

注：数据来源于 AD 制药集团年度报告。

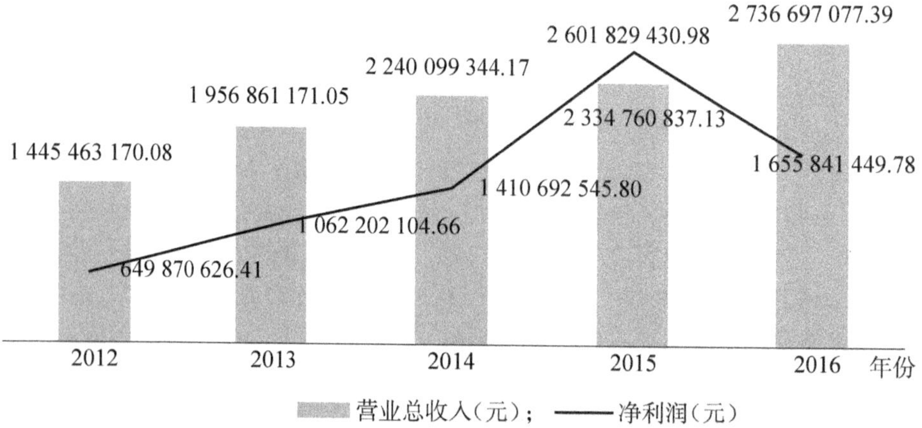

图 2－3　2012—2016 年 AD 制药集团营业总收入和净利润变动图

注：数据来源于 AD 制药集团年度报告。

4. 税负分析

AD 制药集团近几年各项税费的占比情况如图 2－4 所示。该企业的增值税和企业所得税在缴纳的税费中占比相对较多。故在税收成本控制中最应该注意这两大税种的情况。

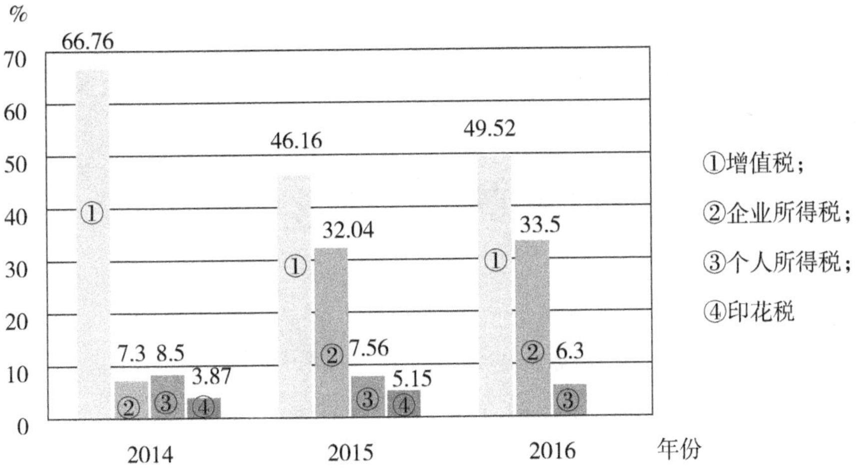

图 2－4 2014—2016 年 AD 制药集团主要税种占比情况图

注：数据来源于 AD 制药集团年度报告。

通过计算 2015 年、2016 年以及 2017 年上半年度的各主要制药企业的所得税税负率，如表 2－4 所示，从本案例可以看出：AD 制药集团的所得税税负率明显低于同行业其他企业的所得税税负水平。

表 2－4 AD 制药集团所得税税负与同行业对比表

时 间	企业名称	所得税税费（元）	利润总额（元）	所得税税负率（%）
2017 年 1—6 月	AD 制药集团	38 201 203.54	949 196 987.65	4.02
	云南白药	263 305 924.25	1 818 363 784.32	14.48
	双鹭药业	34 380 077.05	263 670 906.13	13.04
	江中药业	34 600 622.61	245 047 682.04	14.12
	仁和药业	60 397 599.22	258 713 629.40	23.35
2016 年度	AD 制药集团	84 244 896.62	1 740 086 346.40	4.84
	云南白药	466 615 846.45	3 397 505 449.53	13.73
	双鹭药业	79 976 969.88	527 362 500.56	15.17
	江中药业	63 826 407.40	443 586 442.27	14.39
	仁和药业	128 072 622.73	558 864 389.42	22.92
2015 年度	AD 制药集团	68 481 892.83	2 670 311 323.81	2.56
	云南白药	459 754 073.56	3 215 335 183.66	14.30
	双鹭药业	91 528 032.51	668 745 160.61	13.69
	江中药业	72 120 152.84	440 140 261.07	16.39
	仁和药业	136 651 084.93	572 239 832.53	23.88

注：数据来源于 AD 制药集团年度报告。

在同行业对比中（见表2－11），本案例选择了同行内税负较高的仁和药业，通过对比两家公司2012年至2016年营业总收入和净利润可以看出：仁和药业的营业总收入基本上都高于AD制药集团，但是AD制药的净利润都高于仁和药业，主要是仁和药业的税费远高于AD制药集团，其中2015年所得税费用仁和药业就是AD制药集团的近2倍（136 651 084.93÷68 481 892.83＝1.995）。由此可以看出，AD制药集团在税收成本控制方面采用的方法是很适合该企业的。

三、AD制药集团税收成本控制

（一）涉税环节链

经过上面的分析，AD制药集团虽然在营业收入方面没有同行业仁和药业高，但是AD制药集团净利润远高于仁和药业。这说明在整个涉税环节链中AD制药集团的节税方式选择是很适合该企业的，所以本案例选择从该企业的筹资活动、投资活动、经营活动出发，分析每个环节AD制药集团选择的税收成本控制方案以及该方案的税收风险和给企业带来的经济效益。

如图2－5所示，在筹集资金方面，AD制药集团主要筹集方式有政府补助、向商业银行借款、短期抵押贷款、融资租赁以及发行债券，站在企业集团角度，考虑到其子公司的筹资方式是向投行和银行借款，一般一年内就会归还借款，而且母公司的闲置资金较大，建议AD制药集团建立“资金池”模式，同时又进一步比较设立结算中心与财务公司涉及的税种以及各种税目的计算。在投资活动方面，主要关注AD制药集团在直接投资中税收成本控制空间较大的企业组织形式和研发活动两个方面，并对这两个方面进行详细分析，其中主要涉及企业所得税的节税处理。在经营活动方面，主要探究采购、生产、广告宣传以及销售活动的税收成本控制，其中采购环节涉及供应商的选择和增值税的计算，通过分析比较选择特许农户作为供应商；在广告宣传方面，由于超过年销售收入的12%，不得在本年抵扣，所以建议AD制药集团事前提取环保资金，从而在企业所得税方面起到节税的作用。

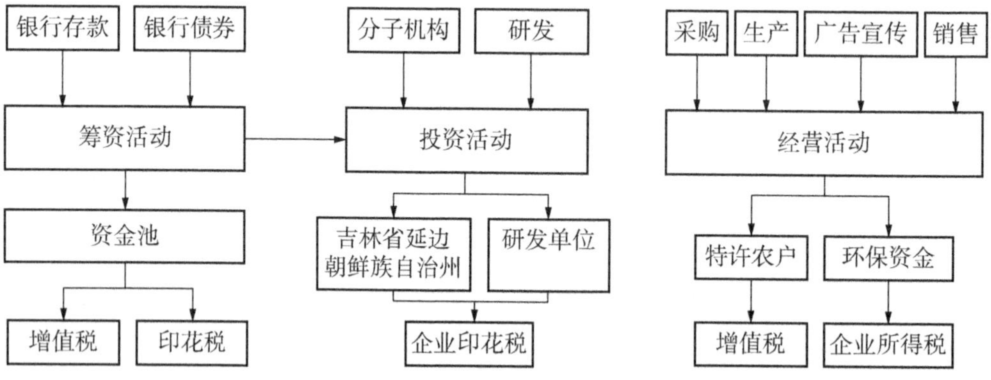

图2－5　AD制药集团筹资、投资、经营活动过程中所涉及的税种

（二）筹资活动的税收成本控制

AD制药集团主要的资金来源——政府补助、短期借款和短期抵押贷款。子公司主要是向投行和银行借款，一般一年内就会归还借款。从AD制药集团的年度报表可以看出，AD制药集团的短期借款科目下的短期借款金额占总资产比例较大，其中大部分是子公司向其各地银行的短期借款、短期抵押贷款等，而且母公司的闲置资金较大。所以AD制药集团可以尝试建立“资金池”模式，借助银行的平台为子公司筹资，同时实现各种短期借款利息的税前抵扣。

1. 税收成本控制的方案——“资金池”

所谓“资金池”就是现金的总库。这一管理模式的提出最早源于跨国公司和国际银行的共同探讨，在这一模式中，可以对跨国公司的总资金进行调动，在一定程度上能够保证其现金的流动性。这一模式中主要涉及的业务包括：成员单位上存空闲余额、成员企业之间的短期透支、成员企业之间委托性的借贷以及成员企业向集团总部的上存、下借分别计息等。通常情况下，集团中会成立专门的“结算中心”，以统一管理集团资金。结算中心一般设立在集团母公司，属于财务部门的一部分，其主要工作对象是各成员企业内部的现金业务，主要工作方式是网上银行的统计与结算。采用“资金池”模式的企业需要与银行之间签订相关的协议，即该企业需要在银行设立专门的账户，采用收支两条线的方式进行财务管理。在结算中心，对于将空闲资金上存的子公司，结算中心将按照同时期银行的活期利率存款进行利息的支付，同样对于使用结算中心资金的子公司，也是按照同时期银行的贷款利率进行贷款利息的收取。这就使得结算中心的管理由收、支两线同时进行，一边是“资金池”内所存现金在银行与所拨付公司之间存在利差，另一边则是使用池内资金的公司上交的利息。

2. “资金池”的涉税情况分析

“结算中心”管理模式可能会涉及以下税种和税收风险：

（1）增值税

在集团结算中心模式下，目前税法对集团公司中上存资金的公司取得存款利息收入是否缴纳增值税尚没有明文规定，但从征税角度出发，大部分税务机关都倾向于将其作为金融保险的一种，应按“金融保险业”税目征收增值税的观点，相反企业多为自身利益考虑，并没有按时对收入所得缴纳增值税，导致税企之间产生争议，对企业而言，就形成了一块税务风险。具体的涉税风险如表2－5所示。

（2）印花税

按照《印花税暂行条例》的规定，应当缴纳印花税的合同范围具体包括银行在内的金融组织及其他非银行金融机构与借款人所签订的协议。集团公司内各子公司不属于金融机构，无需缴纳印花税。具体的涉税风险如表2－5所示。

（3）支付利息在企业所得税税前扣除的限制

根据相关税法规定，如果非金融企业之间进行贷款，其中按照没有超过同期金融企业之间的借贷利率进行计息的部分，其金额可以在企业所得税税前列支。按照这一规定，在“资金池”这一管理模式中，进行贷款的子公司，其利息支出如果没有高于金融企业同时期同一类型的借贷利率计算的利息，那么这一部分的金额可以扣除。具体的涉税风险如表

2－5 所示。

表 2－5　设立结算中心与财务公司涉税风险对比表

涉税项目	税率	集团结算中心	财务公司
增值税（针对存款公司）	6%	存在争议	无
印花税	0.5‰	无	有
税前扣除限额		不得超过金融企业同期同类利率计算的金额	可全额扣除

3. “资金池”具体的税收成本控制方案

“资金池”的管理模式可以提高集团内各成员公司资金的使用效率，但通过以上对结算中心模式下“资金池”业务涉税情况的分析可以看出，AD 制药集团若设立结算中心采用“资金池”的方式统筹集团资金的使用，将在增值税、企业所得税税前扣除限额等方面面临税收风险，规避以上风险有两个可行方案：

方案一：设立“结算中心”

“结算中心”采用统借统还的方式是当集团内成员公司需要借款时，由集团母公司先向金融机构借款，那些从金融机构借来的资金，都是首先根据各成员公司的需求，发放给它们使用，然后对使用贷款的公司，依据金融机构的利率进行利息的收取。

以 2016 年 7 月初为例，AD 制药集团向集团内其他子公司借出贷款约 16 000 万元，年利率为 4.8%（不低于银行同期贷款利率），2016 年底共收到借款利息 384 万元，相应地，缴纳了增值税 384×6%＝23.04（万元），城市建设税及教育费附加税 23.04×（7%＋3%）＝2.304（万元），印花税 16 000×0.5‰×1÷2＝4（万元），AD 制药集团收到利息后到税局申请代开发票，子公司可以凭借正式发票入账并将支付利息在企业所得税前扣除。但通过统筹规划，若 2016 年 7 月初 AD 制药集团采用“资金池——结算中心”模式，首先由 AD 制药集团统一向银行借款 16 000 万元，再将借款发放给需要的子公司使用，并以银行利率对其进行收息，则，2016 年 AD 制药集团仅需缴纳其与银行签订借款合同的印花税 4 万元，收取子公司利息时无需再缴纳增值税和营业税金及附加，这样，一年可为集团公司节约税款 23.04＋2.304＝25.344（万元）。

方案二：设立财务公司

财务公司的主要业务就是金融，其成立经过了中国相关监测部门的批准，其存在就是为加大企业的技术开发力度、拓展产品销售渠道提供资金贷款，在其提供的服务中，中长期的金融业务作为主力军的姿态而存在。在这一部门运作的过程中，同“资金池”一样，采用收、支两线并进的管理模式。

虽然财务公司需要缴纳印花税，但在其他涉税项目上风险低于集团结算中心。然而，成立专门的财务公司的条件远比成立一般公司的条件严苛，例如：注册资本不能少于 8 亿元，核算的成员单位资产总额必须高于 50 亿元等，门槛高且程序复杂，成立后要受到银监会的监管，经营中需要大量具有专业知识和金融行业从业经验丰富的人员，其所得还需要缴纳企业所得税等，不但运作成本高，且 AD 制药集团短期内无法达到所要求的条件，因此，就现状而言，成立财务公司对于 AD 制药集团是不现实的。

综上所述，方案一为最适方案，就是在企业内部设立结算中心，并且采用“统借统还”方法来减少企业的税款25.344万元。

（三）投资活动的税收成本控制

企业进行投资活动的目的是为了在未来获得收益或者使资金能够增值，以维持企业的生存或增强企业实力，给企业带来价值的提升。按其方式可将投资分为直接投资和间接投资，直接投资的形式包括对新设、并购、分立企业以及固定资产、无形资产等的投资，而间接投资主要指对股票、债券等的投资。直接投资可以通过取得被投资企业部分或全部管理控制权使投资企业拥有被投资企业在技术、管理经验、市场、人力等方面的优势资源，增强其核心竞争力，因此，本文在对AD制药集团投资活动进行税收成本控制时，主要关注AD制药集团在直接投资中税收成本控制空间较大的企业组织形式和研发活动两个方面，并对这两个方面进行详细分析。

1. AD制药集团内成员公司组织形式的税收成本控制

AD制药集团大部分子公司是设立在吉林省，主要从事医药研发等高新技术开发。

（1）税收成本控制方案——主要利用“西部大开发”政策

如图2-6所示，AD制药集团各个子公司大部分适用的所得税税率是25%，其次是15%的所得税税率。其中所得税税率为15%的子公司绝大部分是符合财政部、海关总署、国家税务总局关于深入实施西部大开发战略有关税收政策（财税〔2011〕58号）文件的规定。财税〔2011〕58号文件提到湖南省湘西土家族苗族自治州、湖北省恩施土家族苗族自治州、吉林省延边朝鲜族自治州，可以比照西部地区的税收政策执行。子公司有些分布在敦化市、安图市和延吉市，这几个城市都属于吉林省延边朝鲜族自治州，都享受西部大开发政策。

（2）税收成本控制方案的效果

方案一：AD制药集团将旗下的一家生态制药厂设立在吉林省延边市，年销售收入为6 000万元，可享受西部大开发政策。应缴纳企业所得税 = 6 000 × 15% = 900（万元）。

方案二：AD制药集团直接将旗下的一家生态制药厂设立在北京市，年销售收入为6 000万元。应缴纳企业所得税 = 6 000 × 25% = 1 500（万元）。

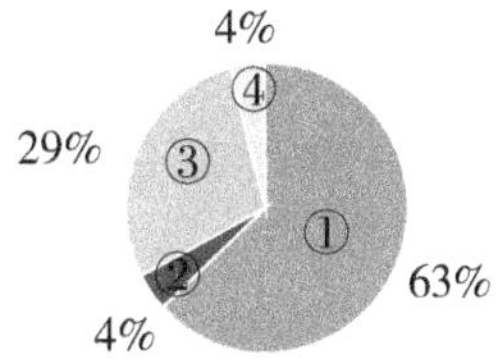

①25%；②16.50%；③15%；④免税

图2-6　不同税负情况下的子公司实际执行税率占比图

注：数据来源于AD制药集团年度报告。

相比之下，设立在吉林省延边市可减少的企业所得税 = 1 500 - 900 = 600（万元）。这也就是AD制药集团将子公司设立在吉林省延边市的原因，一方面是地理优势：当地的环境和土壤很适合药材的培养，另一方面是响应国家西部大开发的政策，也得到相应的税收优惠。虽然申请享受西部大开发15%的优惠税率的环节复杂、审批手续较多，但是对于企业长远的发展有战略性意义。

2. 研发活动的税收成本控制

AD制药集团在研发方面，持续加大资金投放力度，与北京大学、山东大学、长春中医药大学及吉林省药检所、上海药检所等行业协会学会、科研院所密切合作并设立研发单位，对公司主导产品及优选产品进行深入研究，不断提升产品质量标准。

根据企业所得税法实施条例第九十五条规定，企业所得税法第三十条第（一）项称：

企业为开发新技术、新产品、新工艺发生的研究开发费用，按下列规定加计扣除：

第一，未形成无形资产计入当期损益的，在按照规定据实扣除的基础上，按照研究开发费用的50%加计扣除。

第二，形成无形资产的，按照无形资产成本的150%摊销。

第三，对于资本化的研发支出，其准予扣除的部分为按直线法计量的摊销费用，且其摊销年限应超过10年（包含10年）；

第四，对于费用化部分，若加计扣除后产生赤字国家允许进行弥补，该弥补期限为5年。

（1）税收成本控制方案——设立研发单位或研发公司

方案一：AD制药集团与高校合作设立研发单位（研发部门）

AD制药集团与高校合作设立研发单位，2016年该企业全年研究开发费用1 000万元，当年税前利润180 000万元，已全部计入当期损益，没有其他纳税调整。有关税务处理为：按税法规定，未形成无形资产计入当期损益的，在按照规定据实扣除的基础上，按照研究开发费用的50%加计扣除；故本案例中还加计扣除500万元，2016年AD制药集团公司应交企业所得税（180 000 - 500）×15% =26 925（万元）。

方案二：AD制药集团成立一家全资的高新技术企业或软件企业A公司。

AD制药集团成立一家全资的高新技术企业或软件企业A公司，不考虑成立新公司新增的管理费用，由于A公司亏损，不需缴纳企业所得税，享受不到企业所得税的税收优惠。将研发部门独立出来后，AD制药集团的税前利润依然为180 000（万元），应交企业所得税180 000×15% =27 000（万元）。两家公司合计应交企业所得税27 000万元。

由此可见，在不考虑其他因素的前提下，AD制药集团设立研发单位更节税，少交27 000 - 26 925 =75（万元）。

（2）税收成本控制方案效益

采用与高校合作设立研发单位的方式，不仅在一定程度上减轻了企业所得税税负，而且可以吸纳高校人才，促进产品研发，并且在高校中提升自己的品牌知名度，为企业以后的长远发展奠定坚实的基础。

（四）经营活动

1. 采购

采购环节是企业税收成本的高发环节之一，对于医药制造企业来说，材料采购成本一般不得超过总成本的70%。据有关数据表明，企业利润要想增加到5% ～10%，那么采购成本得节省1%。采购环节管理也应该引起企业的足够重视，提高企业对它的管理水平，不仅可以降低成本、规避风险，还能为企业筹划资金的支付时间，减轻资金压力，因此将管理——尤其是税务管理渗透到企业的每个部门、每项业务显得格外重要。

如表2 -6所示，AD制药集团材料采购成本占营业成本65%左右。该公司在中药材采购方面，公司投资建设长白山道地药材、北药种植基地、中药饮片北药加工基地及梅花鹿规范化养殖示范基地，建立了“公司 + 标准化基地 + 特许农户”的产业链经营模式，在为企业可持续发展提供原料保障的同时，有利地带动了梅花鹿饲养产业和药材种植业的发展，实现了公司、基地、农户三者之间紧密的合作关系，以农业产业化、规模化带动边疆贫穷少数民族地区经济发展。

表2－6　AD制药集团各成本占营业成本比重表

行业分类	项目	2016年		2015年		同比增长（%）
		金额（元）	占营业成本比重（%）	金额（元）	占营业成本比重（%）	
医药	直接材料	491 815 120.92	66.65	425 472 805.69	64.51	15.59
医药	直接人工	59 491 261.18	8.06	49 703 403.56	7.54	19.69
医药	燃料及动力	39 137 844.54	5.31	37 235 389.21	5.65	5.11
医药	制造费用	147 467 455.36	19.98	147 178 501.56	22.30	0.20
医药	小计	737 911 682.00	100.00	659 590 100.02	100.00	11.87

注：数据来源于AD制药集团年度报告。

（1）税收成本控制方案——农产品供应商的选择

农产品供应商同样可分为三种：一般纳税人、小规模纳税人和农产品生产者。其中，一般纳税人可以开具增值税专用发票，小规模纳税人开具增值税普通发票以及农产品生产者由采购企业代开农产品收购发票。根据《营业税改征增值税试点实施办法》（财税〔2016〕36号）文件的第二十五条规定，下列进项税额准予从销项税额中抵扣：购进农产品，除取得增值税专用发票或者海关进口增值税专用缴款书外，按照农产品收购发票或者销售发票上注明的农产品买价和13%的扣除率计算的进项税额。从2017年7月1日起，将增值税税率由四档减至17%、11%和6%三档，取消13%这一档税率；将农产品、天然气等增值税税率从13%降至11%。

以采购100 000元（含税价）的农产品为例，有以下两种税收成本控制方案。

方案一：如果AD制药集团是从农户或小规模纳税人处购进农产品，则

可抵扣进项税额＝100 000×11%＝11 000（元）

方案二：如果AD制药集团是从一般纳税人那里购进农产品，则

可抵扣进项税额＝100 000÷1.11×11%＝99 09.91（元）

明显可见，在采购价相同的前提下，直接从农户处采购中药材可以抵扣的进项税额要高于从一般纳税人处采购的，可节省税额＝11 000－9 909.91＝1 090.09（元）。所以，AD制药集团应尽量向农户或小规模纳税人采购农产品。

（2）税收风险分析

在向农户采购时，由于农户的农产品采购发票是由采购方代开，且发票持有人也是农产品的采购人，结算方式又多为现金，很多企业会利用自己开具发票的便利，高开收购金额或虚开采购发票，增加抵扣的进项税额，因此，农产品采购发票一直是税务机关关注和检查的重点事项。为规避税务风险，AD制药集团在选择农户作为农产品的供应商之前，需确认农户的身份，取得其身份证明或村委会的证明材料，从采购到入库的过程中做到手续齐全，待款项支付给农户后财务部门才能根据相关凭证开具发票，并且事后做好农产品采购台账的备查工作。

2. 广告宣传费

医药产品更新速度和传统行业相比更为频繁，新产品的频繁推出会导致老产品快速进入衰退期，因此新产品在投放市场时需要通过广告的信息传递功能来引导消费者对新产品的认知并提高其购买欲。这种引导型的产品广告支出较之传统产品的广告费支出要更大。广告营销对于药业集团具有重要的意义，特别是从当前国内医药行业的现状来看，营销费用中广告费用的大量支出构成了企业销售成本的重要组成部分。随着市场竞争程度的激烈加剧，广告费用占到当年销售收入的比例将会随之增加。如表2－7所示，AD制药集团近三年广告宣传费不断增加。故AD制药集团可以在广告费方面进行税收成本控制。

表2－7　2014—2016年AD制药集团广告宣传费表

年　　份	2016	2015	2014
广告宣传费（元）	338 332 116.08	288 648 769.84	227 353 448.45

注：数据来源于AD制药集团年度报告。

（1）税收成本控制方案——提取环保专项资金

假设2017年度AD制药集团预计销售费用中广告费用支出为4.32亿元，而预计当年的主营业务收入为28亿元。

方案一：直接抵扣广告费

按照我国所得税税前扣除标准的规定，企业所得税汇算清缴时只能在28×15%＝4.2（亿元）以内进行扣除，超过部分不能在所得税税前进行扣除。

方案二：将广告费转为环保专项资金

AD制药集团在平时的财务核算过程中，不妨事前计划当年广告支出的金额，对预计超过销售额的部分按照逐月提取并计入相应的环保专项资金账户内，在进行年度应纳税所得额计算时，进行税前扣除。

按照我国所得税税前扣除标准的规定，企业所得税汇算清缴时只能在28×15%＝4.2（亿元）以内进行扣除，超过部分不能在所得税税前进行扣除。在进行财务预算时集团财务不妨对广告费进行纳税筹划，将超出的4.32－4.2＝0.12（亿元）进行12个月的分摊，即每个月提取0.12÷12＝0.01（亿元）的环保基金。按照0.12×15%＝0.018（亿元）来计算，AD制药集团当年可减少缴纳企业所得税1 800万元。

（2）税收成本控制效益

采取广告费转为环保专项资金的原因：一是超出部分的广告支出可以环保资金的形式进行税前扣除，降低药业集团的纳税成本；二是通过环境保护和生态保护活动树立药业集团的公司形象和品牌形象，形成医药健康卫士和环保生态卫士形象的有机结合，这比单纯进行医药产品的营销效果更能赢得客户的信任和尊重。

3. 固定资产折旧

固定资产是生产型企业在生产经营活动中不可或缺的一项生产要素，其类别包括房屋建筑物、机器设备、办公设备、运输工具等，企业持有固定资产一般是为了生产商品对外销售、对外提供劳务服务以取得劳务收入、租赁取得租金收入等，而不是为了销售，使用期限一般在一年以上，因此，固定资产的价值需要在使用期限内摊销，通过将摊销金额计入成本费用形成产品价值的一部分，最终通过产品销售实现收入又再以现金的方式流回到企业。

一般企业采用的税收成本控制方法包括降低固定资产预计净残值以提高年折旧额、在税法规定的最低折旧年限内尽可能地减少折旧年限以及采用加速折旧的方式提前抵税来少缴纳企业所得税等，其中加速折旧的筹划方法运用最为普遍，但是AD制药集团采用年限平均法（如表2-8所示），下文将针对该筹划方法来进行具体分析。

表2-8　AD制药集团固定资产折旧表

类　别	折旧方法	折旧年限（年）	残值率（%）	年折旧率（%）
房屋及建筑物	年限平均法	10~40	3~5	2.38~9.70
机器设备	年限平均法	4~15	3~5	6.33~24.25
运输设备	年限平均法	5~12	3~5	7.92~19.40
办公设备	年限平均法	3~12	3~5	7.92~32.33
公路及隧道	年限平均法	10~30	3~5	3.17~9.70
融资租入固定资产		—	—	—
其中：房屋及建筑物	年限平均法	10~40	3~5	2.38~9.70
机器设备	年限平均法	4~15	3~5	6.33~24.25
运输设备	年限平均法	5~12	3~5	7.92~19.40
办公设备	年限平均法	3~12	3~5	7.92~32.33

注：数据来源于AD制药集团年度报告。

（1）税收成本控制方案——双倍余额递减法

假设2015年12月AD制药集团采购的研发专用设备仪器中，有一设备单位价值为130万元，规定折旧年限为5年、残值率为5%。

方案一：采用年限平均法

2016—2020年AD制药集团折旧额=130×（1-5%）÷5=24.7（万元）；可减少企业所得税税额=24.7×5×25%=30.875（万元）。

方案二：采用双倍余额递减法

2016—2017年AD制药集团折旧额=130×2÷5=52（万元），2018年折旧额=（130-52×2）=26（万元），2019—2020年折旧额=0。可减少企业所得税税额=52×2×25%+26×25%=32.5（万元）。

因此，采用方案二可以减少的企业所得税要比采用方案一多32.5-30.875=1.625（万元）。

（2）税收成本控制风险

由于不同的折旧方法对项目的净现值贡献大小不同，因此不同的折旧方法抗风险能力也不同。加速折旧对净现值的贡献大，可使项目增强抗风险的能力。而且采用加速折旧法计算折旧，开始的年限少缴纳税款，把较多的税收递延到以后的年份缴纳。从财务管理的角度来说，企业在开始年度从国家取得了一笔无息贷款。但是，如果企业从获利年度起享有一定的减免税期，在本案例中，本案例所研究的企业处于国家所列的享有三免三减半的优惠政策的阶段，则应尽量把利润集中在减免税年度，推迟列为费用。为了避免错过减免税的优惠政策，则应该选择直线折旧法。

四、启示

如表 2 -9、图 2 -7 所示，AD 制药集团通过税收成本控制，每年可为集团节约税款675. 109 万元，本案例通过结合最新的税收政策发掘出尚存在筹划空间的业务项目，在合理对业务进行规划后，可为集团节税款 1 830. 969 万元，同时能更有效地降低税收风险。

表 2 -9　AD 制药集团税收成本控制收益小结表　　单位：万元

业务环节	筹划项目	涉及税种	节税金额		注意事项
			已实现	未实现	
筹资	资金池	增值税		23. 04	做好资金使用情况记录
		印花税		4	
		城建税及教育费附加		2. 304	
投资	企业组织形式	企业所得税	600		
	研发费用	企业所得税	75		
经营	向农户采购	增值税	0. 109		优选农户
	固定资产加速折旧	企业所得税		1. 625	正在享受企业所得税的减免税优惠的企业是不适宜执行加速折旧政策的
	广告费	企业所得税		1 800	
合计			675. 109	1 830. 969	

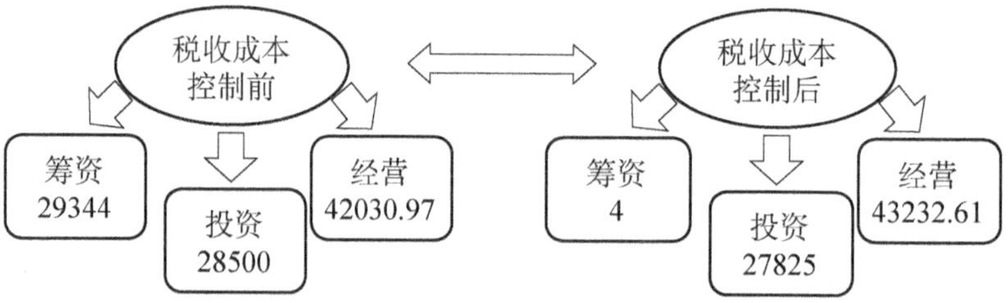

图 2 -7　AD 制药集团税收成本控制前后税费变动情况（单位：万元）

本案例在“两票制”、金税三期和十九大报告的医药行业大背景下，以 AD 制药集团的所得税税负率以及财务状况为切入点，探究出 AD 制药集团所得税税负率在同行业中相对较低的原因。故本案例结合 AD 制药集团涉税环节链中的筹资、投资、经营这三大活动过程所采取的税收成本控制方案，并提出 AD 制药集团尚存在筹划空间的业务项目，例如“资金池”和环保专项资金等新颖的税收成本控制方案，并评估其筹划的风险。最后比较

AD制药集团税收成本控制前后的税负变化，揭示医药行业整个经济活动的特点和规律，总结出适合医药企业自身的税收成本控制方案。

五、讨论题目

本案例讨论题目依次为：

（1）AD制药集团进行税务风险管理还有哪些空间？具体有哪些方案？

（2）企业设立“资金池”业务的主要成因？

（3）如何看待AD制药集团设立研发单位行为？

（4）将年度尚未抵扣的广告费转为环保专项基金账户内，对企业有什么好处？

（5）当一个企业足够庞大时，应该设立财务公司还是结算中心？若设立财务公司，需要什么要求？请结合本案例进行详细分析。

六、附表

附表见表2－10、表2－11。

表2－10　AD制药集团主要子公司情况表

子公司名称	主要经营地	注册地	业务性质
AD延边药业股份有限公司	敦化市	敦化市	制药
AD洮南药业股份有限公司	洮南市	洮南市	制药
AD药业集团延吉股份有限公司	延吉市	延吉市	制药
AD集团力源制药股份有限公司	敦化市	敦化市	制药
AD集团大连药业股份有限公司	大连市	大连市	制药
AD集团金海发药业股份有限公司	安图县	安图县	制药
AD生态药业股份有限公司	敦化市	敦化市	养殖业、种植业
AD医药有限责任公司	延吉市	延吉市	商业
AD鹿业有限责任公司	敦化市	敦化市	畜牧业
AD顺合胶囊有限公司	敦化市	敦化市	药品包装
延边公路建设有限责任公司	延吉市	延吉市	公路建设及收费
AD大高酵素有限公司	敦化市	敦化市	酵素原液产品产销
AD健康科技有限公司	敦化市	敦化市	参茸制品
AD中药饮片股份有限公司	敦化市	敦化市	中药材生产、销售
AD世航药业股份有限公司	敦化市	敦化市	中药饮片加工
AD林源医药营销股份有限公司	敦化市	敦化市	医药批发、保健品销售
AD医药科技有限公司	敦化市	敦化市	医药、医疗器械批发
AD生物科技股份有限公司	敦化市	敦化市	专用化学品制造

续上表

子公司名称	主要经营地	注册地	业务性质
北京英伟奇信息咨询有限公司	北京市	北京市	信息咨询；广告设计、制作
AD 工业园公用资产管理有限公司	敦化市	敦化市	热力、水生产及供应
AD 红洋卫生用品有限公司	敦化市	敦化市	成人纸尿裤产品进出口、批发、零售
AD 国际（香港）实业有限公司	香港	香港	投资
吉林正容医药发展有限公司	蛟河市	蛟河市	药品、保健食品、食品、医疗器械经销

表 2-11　2012—2016 年 AD 制药集团与仁和药业收入与净利润对比表　　单位：元

年份	营业总收入		净利润	
	仁和药业	AD 制药集团	仁和药业	AD 制药集团
2012	2 087 519 161.84	1 445 463 170.08	276 139 747.75	649 870 626.41
2013	1 799 375 836.47	1 956 861 171.05	216 002 056.49	1 062 202 104.66
2014	2 253 212 435.55	2 240 099 344.17	323 853 637.77	1 410 692 545.80
2015	2 523 842 663.82	2 334 760 837.13	435 588 747.60	2 601 829 430.98
2016	3 567 078 260.29	2 736 697 077.39	430 791 766.69	1 655 841 449.78

注：数据来源于 AD 制药集团和仁和药业年度报告。

七、参考资料

[1] 计金标．税收筹划［M］．6 版．北京：中国人民大学出版社，2016.

[2] 蔡昌．税收筹划——理论、实务与案例［M］．北京：中国人民大学出版社，2016.

[3] 陈茂芬．最新税收筹划——经典案例与深度解释［M］．广州：广东经济出版社，2017.

[4] 蔡昌．中国财税研究［M］．上海：立信会计出版社，2011.

[5] 宋洪祥．点税成金［M］．北京：北京大学出版社，2009.

[6] 刘骏．集团公司“资金池”构建：效率提升与成本压降［J］．价格月刊，2016（10）：91-94.

[7] 宋榕．当前企业税收筹划的问题与对策［J］．经济研究导刊，2012（3）：12-13.

[8] 王善伟．浅析医药企业税收筹划［J］．财会学习，2017（8）：174.

[9] 蔡昌．企业纳税筹划方案设计技巧［M］．北京：中国经济出版社，2008.

[10] 蔡昌．税务稽查零风险［M］．北京：北京大学出版社，2011.

[11] 彭秀屏．企业所得税纳税筹划方法研究［J］．企业改革与管理，2016（7）：106-107.

[12] 蔡昌．税务风险：防范化解与控制［M］．北京：机械工业出版社，2016.

[13] 蔡昌．精解税收筹划［M］．北京：中国市场出版社，2010.

[案例说明书]

一、本案例要解决的关键问题

本案例的教学目标是学习并掌握国家及各级地方政府对医药行业的税收优惠政策及规定，并能将其运用到企业的实际运营当中。本案例的教学目的是：①深入学习国内医药行业相关的税负政策；②通过了解医药行业的整体背景来提高学生关于医药行业税收成本控制的重视程度；③通过 AD 制药集团的税收成本控制策略，学习并掌握如何借助各种相关政策及方式合理减少企业税负；④让学生在案例学习过程中掌握“资金池”、广告宣传费转为环保专项资金、设立结算中心及固定资产折旧等新颖的税收成本控制方式，并加以深入研究和扩展。

本案例的分析思路导图如图 2－8 所示。

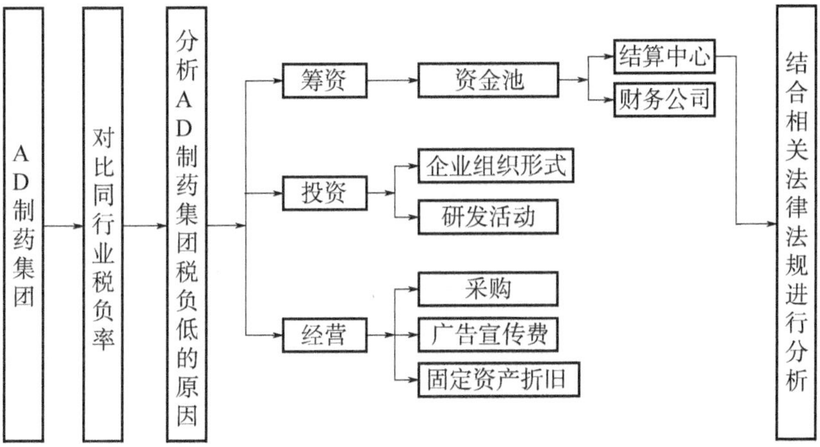

图 2－8　案例分析思路导图

本案例从 AD 制药集团的行业背景出发，查找到了许多医药行业普遍的税收优惠政策，以及国家对医药行业的发展前景的规划，同时，本案例深入研究了 AD 制药集团的企业背景，发现其符合许多国家税收优惠政策，通过对比发现，AD 制药集团在同行业中的税负率相对较低，具有代表意义，于是本案例便通过筹资、投资和经营这三个方面对 AD 制药集团进行了税收成本控制，通过结合相关法律法规等专业知识进行研究发现了 AD 制药集团税负率相对较低的原因，同时又提出了几种 AD 制药集团目前并未采用的税收成本控制方案，通过一整套的分析和研究，读者将掌握整个医药行业基本的几种税收成本控制方法，读者可以将本案例中涉及的税收成本控制方案结合自身企业实际考虑，应用其中，为本企业找到最佳的税收成本控制方案。

二、准备工作

（一）理论背景

企业所得税由一般纳税人变为按小规模纳税人纳税的条件和要求；企业所得税税收优惠政策以及享受优惠政策的条件；"资金池"的管理模式以及区分设立专门的"结算中心"与设立财务公司的异同；区分供应商为一般纳税人、小规模纳税人、农产品生产者的增值税计算；关于环保专项资金的政策以及税前抵扣；区分固定资产加速折旧和年限平均法计算；区分利润分配的资本利得和股息性所得的所得税处理。

1. "资金池"业务

"资金池"业务是指为客户建立用于资金集中管理的账户架构，根据客户需求进行各账户间资金归集下拨、余额调剂、资金计价、资金清算的现金管理产品。"资金池"的目标客户是大型跨国公司和大型集团公司，包括采用总分公司结构的统一法人客户和采用母子公司形式的集团客户等。"资金池"的账户架构：以客户总部账户或者总部指定的成员单位账户为主账户，其他各参与者的账户为成员账户，而且每个成员账户均须设置一个上级账户，可以为主账户或其他成员账户。

2. 财务公司与结算中心区别

企业财务公司是指以加强企业集团资金集中管理和提高企业集团资金使用效率为目的，为企业集团成员单位提供财务管理服务的非银行金融机构。而结算中心是办理内部各成员或分、子公司现金收付和往来结算业务的专门机构。它通常设立于财务部门内，是一个独立运行的职能机构。是企业集团负责资金调剂和资金管理的内部职能机构。

在运作模式上，结算中心是高度集中、重在管理、单一划款型、内部银行式，单纯的结算；相比之下，财务公司包括结算业务、金融业务、外汇业务三个方面。

结算中心与财务公司最本质的区别在于：财务公司是一个独立的法人，而结算中心仅仅作为企业集团的内部管理机构，不具有任何法人效应。

（二）公司背景

AD 制药集团的前身是 1957 年成立的国营延边敦化鹿场，于 1981 年建立 AD 制药厂，1993 年 3 月经省体改委批准改制为 AD 制药集团，1996 年 10 月 28 日在深交所挂牌上市。目前，公司共控股 7 家从事现代中药、生物化学药和植物化学药的专业制药子公司，4 家医药销售子公司，5 家医药配套子公司，2 家高端保健品公司，1 家公路建设收费公司，1 家 AD 国际（香港）实业有限公司。公司拥有种植、养殖基地，并建立了"公司 + 标准化基地 + 特许农户"的产业链经营模式，后逐步发展成为"资源共享、管理科学、持续发展"的集医药产业、金融产业为一体的控股型集团上市公司。"AD"商标 1999 年被国家工商总局认定为中国驰名商标，AD 集团也连续六年成为"中国 500 最具价值品牌"，并获得多项国家级奖项，企业的经营范围主要有生产药物、研发药物、种植、销售等。在 2017 年公布的"医药行业最赚钱企业排行榜"中，AD 制药集团名列前茅，占据了第 8 位，实现了 16.66 亿元的净利润，实属医药行业的"实力大咖"。

2016 年 AD 制药集团主营业务收入达到了 2.73 亿元，相较于 2015 年增长了 17.22%，其中，医药行业收入达到2.66亿元，占主营业务收入高达97.44%。医药产品的销售收入较上年同期增长10.68%，食品的销售较上年同期增长32.33%。2014—2016年AD制药集团公司的每股净资产逐年上升，财富越来越雄厚。

（三）制度背景

1. 宏观——国家政策

我国《医药工业发展规划指南》计划，“到2020年，我国医药工业实现规模效益稳定增长，创新能力显著增强，产品质量全面提高，供应保障体系更加完善，国际化步伐明显加快，医药工业整体素质大幅提升，主营业务收入保持中高速增长，年均增速高于10%，占工业经济的比重显著提高。”同时，在2017年1月，国务院医改办会同国家卫生计生委等8部门联合下发的一份通知明确，综合医改试点省（区、市）和公立医院改革试点城市的公立医疗机构要率先推行药品采购“两票制”，鼓励其他地区执行“两票制”，以期进一步降低药品价格虚高，减轻群众用药负担。另外，在最新的十九大报告中提出“坚持中西医并重，传承发展中医药事业”。

这些共同展示了国家对医药行业充分的重视，为了有效降低药品价格，减少医疗费用，国家不断发布各种政策来调整医药行业的运转模式，其中，降低医药行业税负率及简化纳税流程、降低纳税成本成了解决问题的关键，就目前的形势来看，如何通过降低税负来解决老百姓“看病难”的问题，正是国家重点的研究方向。

2. 微观——地方政策

根据《吉林市人民政府办公厅关于印发吉林市产业投资引导基金管理暂行办法（试行）的通知》（吉市政办发〔2016〕38号），“为创新财政资金运用方式，发挥财政资金的杠杆效应，引导社会资本投资我省鼓励类产业领域，推进全省经济结构调整和产业升级，根据国家有关规定并结合我省实际，设立吉林省产业投资引导基金，引导基金是指由省政府出资设立并按市场化方式运作的政策性基金。不追求盈利最大化，注重财政资金对社会资本的引导作用，充分利用资本市场，通过产业资本与金融资本结合，促进优质产业资本、项目、技术和人才向吉林省聚集，涵养、培育相关产业，做大做强具备基础的优势产业。”

AD制药集团在吉林省恰好符合各项引导基金的基本要求，因此AD制药集团享有吉林省政府所提供的各项优惠政策及资金补助。

3. 法律法规

（1）《财政部、国家税务总局关于部分货物适用增值税低税率和简易办法征收增值税政策的通知》（财税〔2009〕9号）第二条规定，一般纳税人销售自产的，用微生物、微生物代谢产物、动物毒素、人或动物的血液或组织制成的生物制品，可选择按照简易办法依照6%征收率计缴增值税。

（2）《国家税务总局关于药品经营企业销售生物制品有关增值税问题的公告》（国家税务总局公告2012年第20号）规定，属于增值税一般纳税人的药品经营企业销售生物制品，且取得《药品经营许可证》的企业可以选择简易办法按3%征收率计缴增值税。

（3）《国家税务总局关于印发〈企业研究开发费用税前扣除管理办法（试行）〉的通知》（国税发〔2008〕116号）规定，从事《国家重点支持的高新技术领域》和《当前优先发展的高技术产业化重点领域指南》规定项目的研究开发活动，研发费用税前加计50%扣除。

（4）《国家重点支持的高新技术领域目录》专列“生物与新医药技术”一大门类，因此，符合国家条例的医药企业，根据企业所得税法及其实施条例规定，高新技术企业享受15%低税率优惠。

（5）《财政部、国家税务总局关于科技企业孵化器有关税收政策问题的通知》，对符合条件的科技企业孵化器向孵化企业出租场地、房屋以及提供孵化服务的收入免征营业税。

（6）《财政部、国家税务总局关于科技企业孵化器有关税收政策问题的通知》，自2016年1月1日至2018年12月31日，对符合条件的孵化器自用以及无偿或通过出租等方式提供给孵化企业使用的房产、土地，免征房产税和城镇土地使用税；自2016年1月1日至2016年4月30日，对其向孵化企业出租场地、房屋以及提供孵化服务的收入，免征营业税；在营业税改征增值税试点期间，对其向孵化企业出租场地、房屋以及提供孵化服务的收入，免征增值税。

（7）《财政部、国税总局、商务部、科技部、国家发改委关于先进型服务企业有关税收政策问题的通知》（财政〔2009〕63号），自2009年1月1日起至2013年12月31日止，对符合条件的技术先进型服务企业减按15%的税率征收企业所得税。技术先进型服务企业职工教育经费按不超过企业工资总额8%的比例在企业所得税税前扣除。

三、教学组织形式

（一）问题清单及提问顺序

本案例讨论题目依次为：

1. AD制药集团进行税务风险管理还有哪些空间？具体有哪些方案？

答：目前本案例给出了AD制药集团在筹资、投资、经营三个方面的税收成本控制，读者可以再继续深究，从AD制药集团的企业合并、利润分配等角度考虑，结合我国目前的税收优惠政策，制定多方面的税收成本控制方案。

2. 企业设立“资金池”业务的主要成因？

答：企业需要“资金池”业务的原因是：对于子公司较多的集团或企业来说，“资金池”可以帮助母公司统筹分配资金短缺的子公司，实现集团内资金相互调剂余缺，从而发挥整体效益，达到企业“收支两条线”管理模式。采用了“资金池”的企业，从企业内部管理上看，将会得到以下提升：①组织架构、管理关系更加明确，避免企业内部管理人员擅自挪用公款；②实现财务预算管理，提高企业资金利用率；③实现母公司、子公司的财务管理制度的统一，便于企业内部的资金调整及流动；④可以帮助企业在合理的条件下减少企业所得税等税负，实现利润的最大化。

3. 如何看待AD制药集团设立研发单位行为？

答：AD制药集团设立研发单位的原因有以下几点：①通过计算得知，AD制药集团设立研发单位可在一定程度上减少税负；②AD制药集团采用与高校合作设立研发单位的方式，可以吸纳高校人才，促进产品研发，并且在高校中提升自己的品牌知名度，为企业以后的长远发展奠定坚实的基础；③研发单位的设立比起研发公司更加简单、方便，同时便于企业日常的管理和经营。

4. 将年度尚未抵扣的广告费转为环保专项基金账户内，对企业有什么好处？

答：对企业而言，一方面，超出部分的广告支出可以环保资金的形式进行税前扣除，降低药业集团的纳税成本；另一方面，通过环境保护和生态保护活动树立药业集团的公司形象和品牌形象，形成医药健康卫士和环保生态卫士形象的有机结合。

5. 当一个企业足够庞大时，应该设立财务公司还是结算中心？若设立财务公司，需要什么要求？请结合本案例进行详细分析。

答：当一个企业足够庞大时，应该设立财务公司。但是成立专门的财务公司的条件远比成立一般公司的条件严苛，例如：注册资本不能少于8亿元，核算的成员单位资产总额必须高于50亿元，门槛高且程序复杂，成立后要受到银监会的监管，经营中需要大量具有专业知识和金融行业从业经验丰富的人员，其所得还需要缴纳企业所得税等，运作成本高。本案例中AD制药集团短期内无法达到《规程》所要求的条件，因此，就现状而言，成立财务公司对于AD制药集团是不现实的。

（二）课时分配

本案例可以作为专门的案例讨论课来进行，需要学生在课前进行认真准备。如下是按照时间进度提供的课堂时间安排建议。

课前计划：提出启发思考问题，请学员在课前完成阅读和初步思考。

课中计划：

背景资料	5 分钟
理论背景	5 分钟
需要学生识别的关键问题	5 分钟
AD制药集团的税收成本控制分析	10 分钟
分组汇报，告知发言要求	25 分钟
对小组汇报进行评析，并做总结	10 分钟
同学提疑问	5 分钟

（三）讨论方法

本案例可以采用小组式进行讨论。

（四）课堂讨论总结

学生需要在课堂学习并讨论本案例中涉及的各种税收成本控制的方案及解决方法，同时查阅相关资料，将有疑问的地方提出并汇总，最后由指导老师完成疑难解答，达到彻底掌握医药行业的税收成本控制知识为止。

案例 3

峰回路转：DT 煤业税务管理之路*

* 1. 本案例由广东工业大学管理学院的张源、龙秋如、陈燕婷、郑宝仪、苏耀祖等共同撰写，作者拥有著作权中的署名权、修改权、改编权。
2. 将本案例授权予广东工业大学产教融合 MPAcc 教学智库实验平台使用，广东工业大学产教融合 MPAcc 教学智库实验平台享有复制权、修改权、发表权、发行权、信息网络传播权、改编权、汇编权和翻译权。
3. 由于企业保密的要求，在本案例对有关名称、数据等做了必要的掩饰性处理。
4. 本案例只供课堂讨论之用，并无意暗示或说明某种管理行为是否有效。

[案例封面]

专业领域：财务管理/其他
适用课程：《财税管理》《税法》
选用课程：《税务筹划》《中国税制》
编写目的：本案例分析了DT煤业的行业背景及公司财务状况，进而导出其进行税务管理与纳税筹划的必要性与可行性。本着遵守国家税收法律制度的规定，DT煤业对其生命周期中的涉税环节进行合理的税务管理，并进行纳税方案的优化选择，以降低税收成本及企业成本，从而实现企业价值最大化和经济效益最大化。本案例旨在让学生掌握不同税种的纳税筹划理论以及实操，同时将企业税务管理优化置于企业经营策划中进行研究，案例对相关行业的财税管理决策有一定的借鉴作用。
知 识 点：税务管理；亏损弥补；税务风险控制
关 键 词：煤炭行业；资源综合利用；税负率
中文摘要：2015年我国煤炭行业的销售净利率仅为1.8%。2016年完成煤炭去产能的目标之后，行业利润终于有所好转，多数煤炭企业实现利润的增长，但增长幅度不大。煤业在这种利润较少的背景下，却承担着较重税负。本文选择山西的DT煤业为研究对象，结合其财务状况和税负情况，剖析税务管理的动因，系统展示了DT煤业税务管理优化方案，通过案例分析，旨在引导学员进一步学习税收理论及税务管理优化的方法及实践应用。

[案例正文]

一、案例背景

（一）煤业行业情况

1. 煤业近年发展概况

自2012年以来，在国内外经济下行压力和产业整体产能过剩的影响下，煤炭价量齐跌，加上面对日趋严厉的环保政策，煤炭企业利润大规模下跌，行业整体低迷。直到2016年，国家出台相关政策，包括去除过剩产能，关闭小型煤矿，推进实施煤炭行业的整体重组，至此，煤炭价格开始恢复正常水平，亏损多年的大型煤炭国企利润逐步回升，部分煤炭企业扭亏为盈。煤炭国企现在面临着合并重组的趋势，煤电联营也将成为潮流。

2. 煤业区域概况

如图3－1所示，因国内整体煤矿资源区域分布不均衡，国家实施北煤南调、西煤东调的政策方案。如表3－1所示，山西省作为传统的煤炭大省，其煤炭主要销往华东、华北及中南区域，远距离的销售模式使得煤业整体的运输费用飙升，成为煤业营业成本中的重要部分。

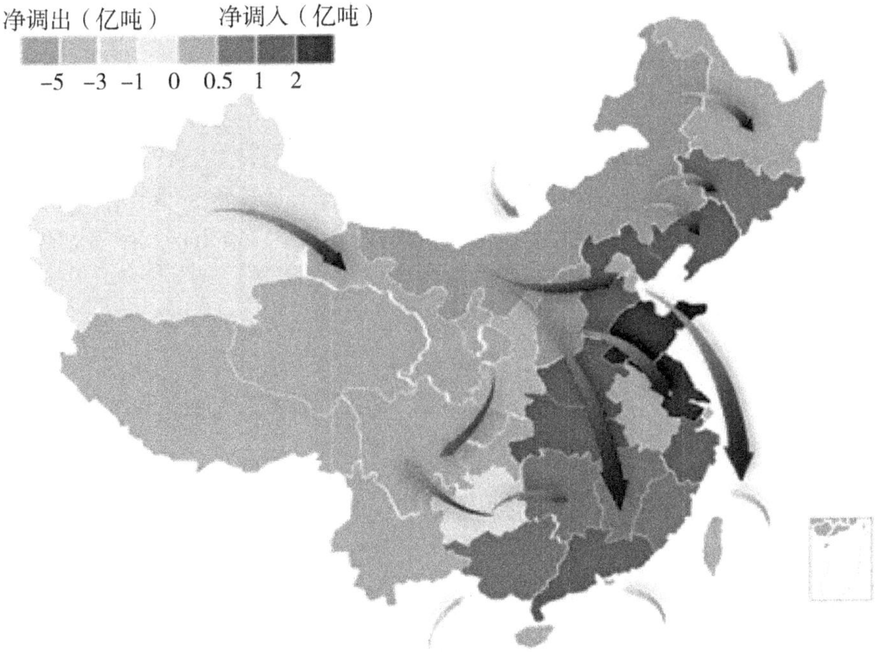

图3－1　北煤南调、西煤东调示意图

资料来源：国家能源局官网发布的《煤炭工业发展“十三五”规划》。

表 3-1　2016 年主要煤炭生产省份的运输与销售情况　　单位：亿吨

省份	原煤量	同比	国有重点煤矿销量	同比	煤炭运输情况	主要销售区域
山西	8.16	-14.4%	2.41	-27.56%	铁路及水路联运外销煤炭 3.54 亿吨，同比下降 24.89%；公路外销煤炭 3298 万吨，同比下降 43.31%	主要销往华东、华北及中南区域，其中销往华东区域煤炭量最高，占比达 45%；上述三区域占全部外销量 97%
内蒙古	8.38	-8.1%	1.42	-4.83%		
陕西	5.12	-2.8%	1.16	3.5%	铁路煤炭运输 8547.9 万吨，同比减少 4.4%	
贵州	1.66	-2.3%	0.18	0.98%		
新疆	1.58	1.2%	0.45	11.51%		

资料来源：中国煤炭资源网，http：//www.sxcoal.com/news/4545762/info。

3. 煤业近年纳税状况

当年山西省晋中市国税局的统计数据表明，2009 年煤炭增值税由 13% 调增到 17%，煤炭企业的整体税负因此上升 2.25%。2010 年统计数据表明，煤炭企业平均税负在 42 个工业领域中高居第四位。经过调研，财政部、国家税务总局发布财税〔2015〕117 号文件，明确了煤炭采掘企业的井下设备等进项税额可抵扣，煤炭企业进项税额得以大大增加，降低煤炭企业的总体税负。而在 2016 年全国实施“营改增”后，意味着企业必须从正规供应商处采购原材料，取得合法有效的票据，才能对增值税销项税额进行抵扣，这有利于规范企业经营行为。“营改增”的全面实施可促使企业加大固定资产投资力度，不断更新技术和设备，这将推动企业不断转型升级。但是，实施“营改增”对煤炭企业也有着不利影响。作为煤炭企业，开采煤炭本来就是生产材料从无到有的过程，于是就会出现进项税额偏低的问题，煤炭产品增值税税率的提高更是雪上加霜，造成增值税税负过高的现象。再者，环保税在 2018 年已开始征收，因在生产经营过程中产生的大量污染物，煤炭企业需要缴纳较多的税金，煤业整体税负将会进一步加重。

（二）DT 煤业基本情况

DT 煤业股份有限公司于 2001 年 7 月 25 日注册成立，现已在上海交易所挂牌交易。经过将近二十年的发展，DT 煤业已是中国煤业的五强之一，跻身世界五百强行列。

企业刚开始以煤炭挖掘为主，在史上最严的环保限产政策下，建设 DT 循环经济园，园内注重煤炭资源综合利用。同时把主要营业业务延伸至煤炭及相关化工产品的生产和销售，主要产品有动力煤、高岭土、活性炭、多孔砖等建材和化工材料。目前，企业的经营范围为：煤炭采掘、加工、销售（仅限有许可证的下属机构从事此三项）；机械制造、修理；建材及化工材料加工、销售；工业设备维修；仪器仪表修理；建筑工程施工；铁路工程施工；铁路运输及本集团铁路线维护。

DT 煤业的动力煤全国闻名，并且建立 DT 循环经济园进行煤炭资源综合利用，减少环境污染，履行自己的社会责任，树立优秀的企业形象。企业地处 DQ 铁路的起点，DQ 铁路直通大海，海运距离短，有着运输优势。然而，受全球经济下行压力增大影响，煤炭供给失衡，价量齐跌，行业整体低迷，DT 煤业从 2012 年起出现大量亏损，直到国家出台政策处理煤炭过剩产能，2016 年的 DT 煤业才开始稍有盈利。但是旗下的许多子公司仍然处于亏损状态。图 3－2 为 DT 煤业组织架构。

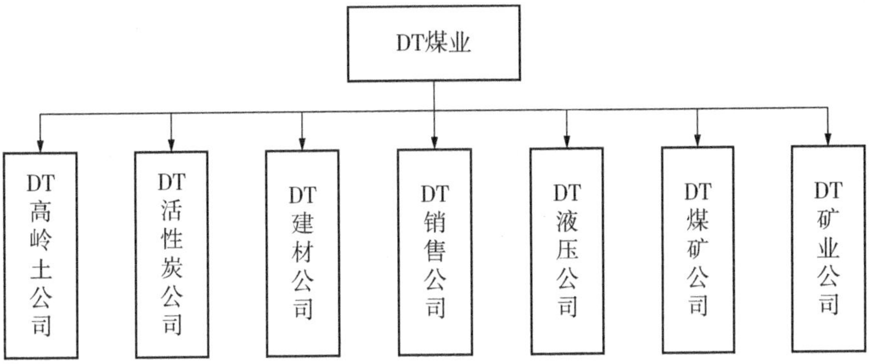

图 3－2　DT 煤业组织架构

（三）DT 煤业发展战略

根据公司“十三五”规划及改革目标任务，DT 煤业坚持新发展理念，坚持以提高发展质量和效益为中心，切实抓住国家供给侧结构性改革、全省综合配套改革试验区建设等一系列重大机遇，集中精力，突出重点，扎实做好以下各项工作：

（1）完善循环经济园区建设。DT 煤业继续完善高科技、高效益、高品位的 DT 循环经济园区建设，坚持以煤为基，多元发展，进一步加粗拉长产业链，大力发展“集约、绿色、多元、低碳”循环经济，坚持资源综合利用，做好高岭土、活性炭、多孔砖的处理。

（2）优化资源配置。2016 年 DT 煤业转让了亏损较大的直属矿 A 矿资产，对 B 矿整体资产及其负债进行托管，有力改善了企业资产状况，积极推动了资产质量的优化。接下来继续进行亏损子公司的处理工作，大力推进资产重组。

（3）强化科技项目研发。DT 煤业将大力推进科技创新体系建设，抓好特厚煤层放顶煤智能化；防治水技术攻关；快掘成套技术研究；小煤柱、跳采避压技术；矿山固废综合利用等重点科技攻关。搞好大采高自动化、智能化工作面开采；探索研究综放工作面自动放煤技术；推广应用长距离、大运量刮板输送机变频驱动技术；探索建设关键环节重点设备主要运行数据实时在线监测分析平台，最大限度降低关键设备故障率等机电创新。

从发展战略可知，DT 煤业注重发展循环经济，打造高科技和环境友好型企业。因此，DT 煤业以自身的发展战略为切入点，制定了可行的税务管理与筹划方案，节省了纳税支出。

二、DT 煤业财务状况

（一）2016 年扭亏为盈

如表 3 - 2 所示，2014 年，DT 煤业母公司亏损额逐年上升，但 DT 煤业集团却保持盈利。2015 年旗下的多家子公司发生了巨大的亏损，加上营业收入突降 17.84%，导致 DT 煤业集团该年亏损高达 182.88 亿元。直到 2016 年，DT 煤业的营业收入才逐渐回升到 739.14 亿元，比 2015 年的营业收入增长了 3.69%，逐渐扭转了 DT 煤业连年亏损的局面。DT 煤业 2016 年之前产生亏损的原因：一方面是受全球经济下行压力增大影响，煤炭供给失衡，价量齐跌，整个行业呈现低迷状态，DT 煤业也不可避免受到影响；另一方面是受 DT 煤业多家子公司亏损的影响，其中 DT 销售公司因经营不善，连续多年亏损，2015 年亏损额达 3 000 万元。通过对该行业以及市场的总体分析，DT 煤业预计该子公司未来也会连年亏损。

表 3 - 2　2014—2016 年 DT 煤业主要财务指标　　单位：元

年　份	2016	2015	2014
流动资产	11 074 905 430.01	10 231 145 383.59	9 307 162 301.39
非流动资产	15 198 117 024.51	16 210 146 407.58	15 348 087 580.48
资产总计	26 273 022 454.52	26 441 291 791.17	24 655 249 881.87
负债合计	16 213 776 342.18	16 765 977 341.24	12 402 761 404.25
所有者权益合计	10 059 246 112.34	9 675 314 449.93	12 252 488 477.62
营业总收入	7 391 443 496.99	7 128 644 928.89	8 676 260 258.11
营业总成本	7 513 489 653.90	8 906 223 377.27	8 969 653 648.79
利润总额	728 144 579.55	-1 687 783 318.05	1 081 523 287.60
母公司净利润	20 934 696.77	-1 696 346 976.29	-141 117 148.17
净利润	457 558 488.52	-1 828 833 297.64	664 146 830.11

资料来源：2014—2016 年 DT 煤业年报数据。

（二）资金流紧张且盈利能力减弱

如表 3 - 3 所示，DT 煤业近三年来各项短期偿债能力指标总体呈下降趋势，资产负债率增高，债权人所承担的风险逐步增大。其中，受煤炭市场不景气的影响，煤炭销售出现价量齐跌情况，企业受此影响，现金流入逐渐变少，再加之受销售结构变化和新增港口、工作面及运费上涨的影响，产品的其他支出平均增长了将近 100%，现金支出不断加大，导致企业这几年的资金流非常紧张。2016 年至今，煤炭市场慢慢复苏，企业的资金压力也得到一定的缓解。不过恢复的程度非常小，说明企业受市场影响非常大，自我调节的能力比较弱，导致每年资金链的压力非常大。面对日益壮大的新能源企业，加上煤炭市场具有很大的不确定性，DT 煤业通过科学的规划，加大节约现金支出的力度，维持企业的资金周转。

表 3-3 DT 煤业 2014—2016 年的短期偿债能力

年　份	2014	2015	2016
资产负债率	0.50	0.63	0.62
营运资本配置率	0.25	0.28	0.24
流动比率	1.34	1.33	1.31
现金比率	0.49	0.45	0.50

资料来源：2014—2016 年 DT 煤业年报数据。

从表 3-4 具体来看：公司主营业务毛利率从 2014 年的 -3.38% 一路下滑到 2016 年的 -20.49%，连续三年公司主营业务毛利润出现了负数，可见自 2014 年以来煤炭价格的波动和未来走势的不确定性对公司生产经营和盈利能力产生了一定的负面影响。同时，公司主要经营业务为销售煤炭产品，鉴于近年国内煤炭行业经济比较低迷，公司目前形势不容乐观。长远来看，公司应积极响应政府政策，推动产业融合，转变发展方式，一方面加强各类品种煤、效益煤的生产销售力度，积极争取市场份额，增加企业效益；另一方面应优化产品结构，利用现有的资源发展高岭土、建材等其他产品，提供电力等服务，争取多样化经营。近几年来，煤炭价格和煤炭销量均出现大幅度下滑，致使 DT 煤业的利润走低，其资金运转能力和煤炭盈利能力不可避免减弱。盈利能力的减弱和利润的减少倒逼煤炭企业控制成本，增加企业的净利润。

表 3-4 DT 煤业 2014—2016 年的盈利能力

年　份	2014	2015	2016
毛利率	-3.38%	-5.40%	-20.49%
销售净利率	0.08	-0.26	0.06

资料来源：2014—2016 年 DT 煤业年报数据。

（三）涉税环节

如图 3-3 和图 3-4 所示，DT 煤业在经营流程和利润分配流程中涉及大量的税种，例如增值税、企业所得税等，涉税环节较为复杂。因此，企业针对研发环节、生产环节、销售环节以及利润分配环节等涉税的各环节进行合理分析与整理，以便企业实施税务管理与筹划。

1. 研究开发环节

在进行开采煤矿前，购买及研发煤炭开采和处理废渣需要的高新技术和设备是煤矿开发的第一步，在这一环节涉及的主要税种是增值税。

2. 生产处理环节

生产处理环节是根据前期的规划对煤矿以及开采过程中产生的废渣进行生产以及处理的阶段。生产中产生的废渣，除了煤业一贯采用的直接处理后排放到环境的模式外，企业还可以选择以这些废渣为原料再次研发生产新产品的方式。国家对于这些新兴的环保措施给予了一定的优惠政策，因此，合理选择废渣处理方式对于税务管理与筹划有着深刻的意

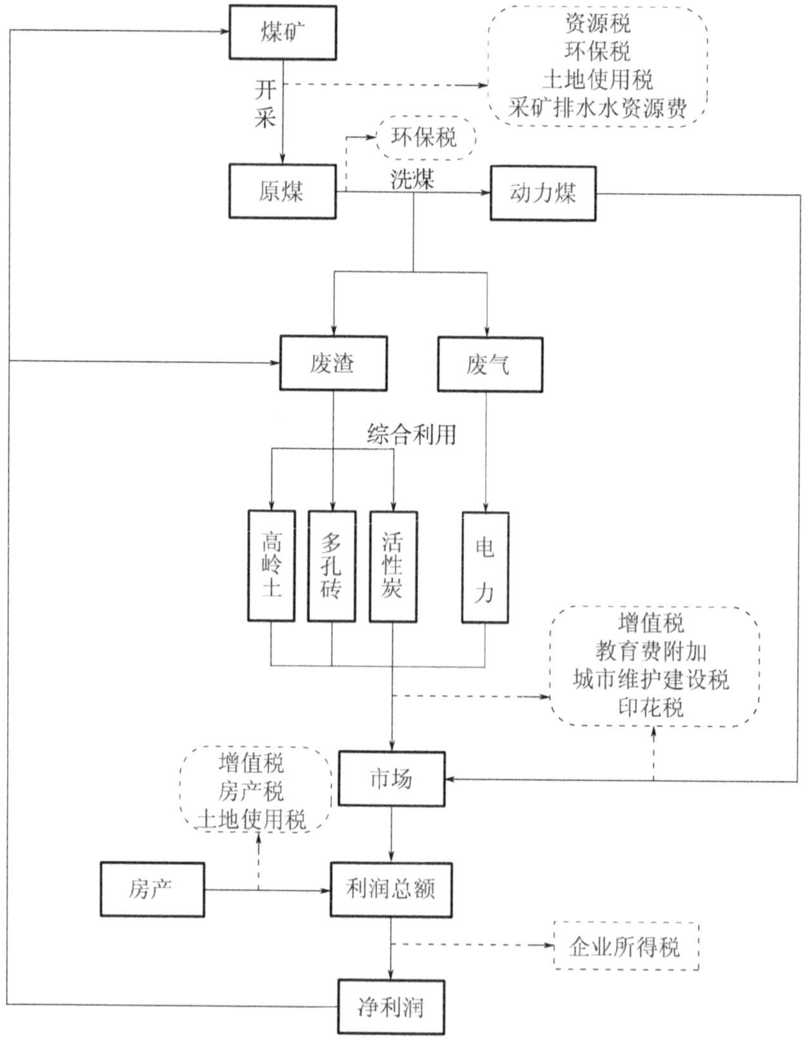

图 3－3　DT 煤业经营业务涉税环节

义。该环节涉及的主要税种是增值税、资源税、环保税、土地使用税以及采矿排水水资源费。

3. 销售环节

该环节主要包括煤炭及其衍生产品的销售事项，这是 DT 煤业利润的关键来源，其合同的签订方式以及约定内容，对企业缴纳税款的计税依据以及时间有很大影响。该环节涉及的主要税种是增值税、印花税、城市维护建设税以及教育费附加。

4. 利润分配环节

年末时，DT 煤业要对当年的利润进行分配。DT 煤业最近几年都处于亏损状态，2016 年才扭亏为盈，需要缴纳企业所得税。该环节涉及的主要税种是企业所得税。

5. 投资环节

DT 煤业旗下有多间厂房，2012 年因业务调整需要，DT 煤业把闲置的一间厂房租给了 ABC 公司做仓库使用，签订了五年期的合约，于 2017 年到期。该环节主要涉及的税种是房产税、土地使用税、企业所得税。

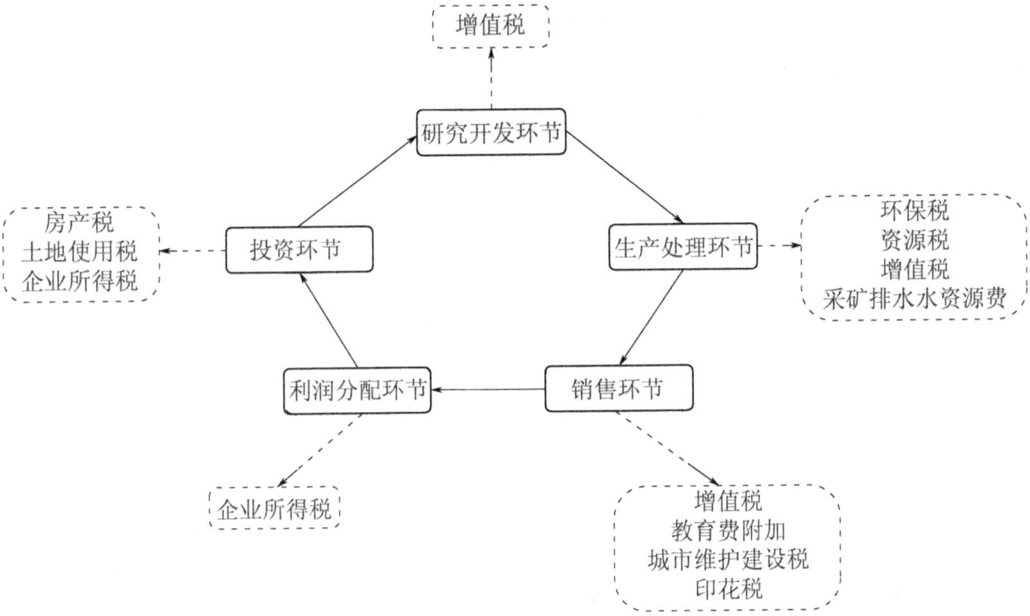

图 3－4　DT 煤业经营过程涉税环节

（四）2014 年至 2016 年的税负水平

自 DT 煤业开始经营年度起，需要缴纳的税种主要包括增值税、营业税、资源税、企业所得税、房产税等十项税种。因“营改增”政策的发布，营业税退出历史舞台，DT 煤业每年应纳税额及其所占比重如表 3－5 所示，增值税、资源税、企业所得税成为 DT 煤

表 3－5　DT 煤业 2014—2016 年各项税金的占比

	2016 年		2015 年		2014 年	
	金额（元）	占比（%）	金额（元）	占比（%）	金额（元）	占比（%）
增值税	625 642 175.47	45.8610	612 940 685.20	53.7109	770 993 232.19	55.2809
营业税	33 333.33	0.0024	1 134 451.20	0.0994	2 157 974.01	0.1547
企业所得税	311 815 183.83	22.8568	138 857 989.54	12.1679	408 664 883.98	29.3016
城市维护建设税	29 983 654.30	2.1979	33 695 171.01	2.9526	41 078 850.28	2.9454
教育费附加	31 283 775.44	2.2932	30 703 756.82	2.6905	38 657 560.31	2.7718
资源税	342 671 195.98	25.1186	307 987 384.45	26.9884	116 863 486.82	8.3792
土地使用税	8 506 265.56	0.6235	8 523 427.87	0.7469	8 624 789.12	0.6184
车船使用税	16 022.28	0.0012	22 178.21	0.0019	26 195.63	0.0019
印花税	7 468 327.15	0.5474	116 959.77	0.0102	110 963.72	0.0080
房产税	6 792 973.22	0.4979	7 202 108.64	0.6311	7 505 189.63	0.5381
纳税总额	1 364 212 906.56	100.0000	1 141 184 112.71	100.0000	1 394 683 125.69	100.0000

资料来源：2014—2016 年 DT 煤业年报数据。

业公司的主要税种。

从纵向分析，增值税、企业所得税和资源税总和占了DT煤业超过80%的份额；从横向看，增值税额会因提供服务或劳务的价值而变化，近三年波动在5%～10%的区间范围内。对比DT煤业2014年至2016年每年纳税总额，2014年的纳税总额最高，达到7.7亿元，2015年为最低，即6.1亿元。随着“营改增”的全面实行，营业税迅速减少，所占比重降低，这在一定程度上影响了增值税税负，导致增值税占比提高。

（五）全国煤业税负水平

如图3－5所示，DT煤业公司是中国煤业的前五强企业，处于“上游水平”，在同开滦股份、阳泉煤业和西山煤电的对比可发现，四家企业2016年的销售收入大致相同，而DT煤业应交增值税税额明显高于这三家企业，而且实际增值税税负率8%也要高于这三家企业的4%、4%、3%，处于七家煤业的首位，与其发展能力不相符。对比营业收入是本企业3倍的神华集团，增值税的平均税负率比DT煤业仅高两个百分点。

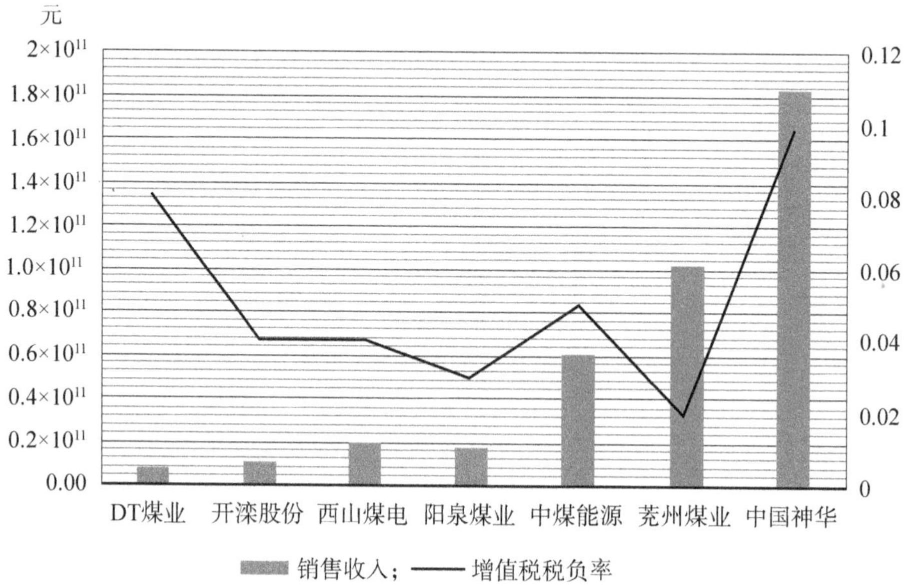

图3－5　2016年煤业税负对比

资料来源：2016年各公司的年报数据

DT煤业通过对本身财务状况的分析，了解到2014—2016年的净利润受不稳定的煤炭市场因素影响比较大，因为连年亏损，所以资金链承受巨大的压力，有断裂的可能性。加上受到市场经济环境的下行影响，于是DT煤业提出了降本增效、节约开支的目标，以此保证实现盈利，提升企业发展能力。DT煤业通过计算并分析了DT煤业近三年的税负情况，发现企业的税负与其发展能力不匹配。作为煤炭上市公司，DT煤业是国家煤炭行业的前五强，资产规模处于行业上游水平，但是其实际税负比煤业平均水平高出很多。DT煤业通过进一步分析其纳税环节，总结出其自身税负比重高的原因，即一方面其生产过程就是从资源到产品，煤炭资源本身无法抵扣进项增值税，因此，难以向上游转移税负。另一方面，国家大力鼓励环保，其缴纳的关于环保的税金也越来越高，加剧了企业的税负。

三、企业纳税管理优化过程

DT 煤业实施了纳税筹划方案，积极落实企业涉税工作，财务部门充分利用现行税收政策，统一规划纳税事宜，采用加大固定资产投资、资源综合利用等手段，以最优的纳税筹划方案降低营业成本。

（一）增值税

1. 及时更新固定资产

在“营改增”全面实施的政策背景下，结合当前机械作业在煤矿开采中应用广泛的实际，DT 煤业加大固定资产投资力度，不断更新技术和设备。财政部、国家税务总局发布文件（财税〔2015〕117 号），明确了煤炭采掘企业的巷道附属设备及其相关的应税货物和用于除开拓巷道以外的其他巷道建设和掘进，或者用于巷道回填、露天煤矿生态恢复的应税货物的进项税额可抵扣。DT 煤业在加大相关方面的固定资产投资上有两种做法：一是制定完善的固定资产购进计划。即从正规供应商处采购一台符合可抵扣进项税的大型机械设备 1 000 万元，取得合法有效的票据，充分发挥所购入固定资产及设备的抵税作用。购入大量的高科技、自动化巷道机械设备，可以增加进项税的抵扣，控制人工劳务支出，提高生产效率，从总体上降低税负。二是与大型专业的租赁公司合作，通过租赁可抵扣进项税的两台大型设备来配置机械设备，每年租金 40 万元。因为购买设备必然会带来巨大的资金压力，而且只能一次性获得进项税抵扣，而租赁可以持续获得进项税抵扣。

2. 分期收款

DT 煤业以销售煤炭为主，一般来说，每笔煤炭的销售额应该都会比较大，一次性付完全部现金是非常困难的，因此，企业的销售合同多是分期收款的。在进行销售货物的活动时，DT 煤业和购买方达成销售货款分期支付的协定，签订列明分期收款项目的每次收款日和金额，因为采取分期收款销售货物方式时，纳税义务发生时间为合同约定的收款日当天。DT 煤业通过分期收款来分散销项税额的缴纳金额和时间，延缓缴纳增值税的时间，相当于企业获得了一笔无息的贷款。

3. 运输收入从销售收入中剥离

DT 煤业经营运输服务，在销售煤炭的时候，DT 煤业需要在合同完成签订后，把大量的煤炭运输到购买方。在计算销售收入时，销售煤炭等产品应该适用 17% 的增值税税率，而运输收入适用于 13% 的增值税税率。DT 煤业旗下设有多个运输公司，把运输收入和销售收入剥离开来，单独核算运输收入。在销售时，DT 煤业和购买方签订购买合同，提供运输服务的子公司单独与购买方签订运输合同，避免了混合销售中遵从高适用税率的征收，降低了 DT 煤业的增值税税负。另外，运输合同的印花税税率为 5‰，购销合同仅为 3‰，分开签订合同，可以分开核算印花税，降低企业的印花税。2017 年前三季度，DT 煤业实现销售收入 6 381 445 512. 69 元，运输收入 250 248 952. 77 元，分开核算后增值税节省 15 014 937. 16 元，印花税节省 500 497. 91 元。

（二）所得税

1. 调整存货计价方式，降低企业利润

近几年，由于供过于求，煤炭价格一路走低。随着去产能政策的调整，2016 年煤炭价格略有回升。在不同的价格趋势下，企业的存货采取不同的计价方式对企业的税负的影响也不一样。不同的计价方式主要通过影响营业成本来影响营业利润，进而影响企业的所得税税负。

结转存货的销售成本 = 期初存货成本 + 本月购进存货成本 − 期末存货成本

DT 煤业的存货主要为：原材料，低值易耗品，库存商品等，基于对目前煤炭企业发展现状的分析，DT 煤业预测在未来一段时间内煤炭价格将上涨，为此，DT 煤业比较了加权平均法、先进先出法这两种存货计价方式对企业所得税影响并得出以下结论：

DT 煤业选取了近期动力煤收支作为比较的数据，具体如下：

DT 煤业存货在 12 月期初余额为 234 000 万元，数量为 600 万吨，单价为 390 元/吨，12 月收支如图 3－6 所示。

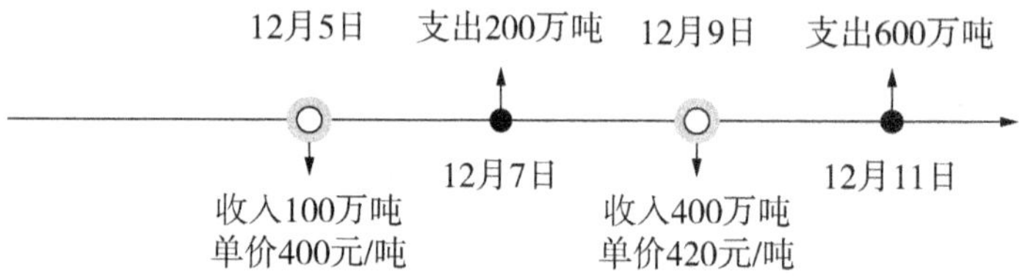

图 3－6　12 月收支图

表 3－6　先进先出法计算期末存货成本

日期	摘要	收入			发出			结存		
		数量（万吨）	单价（元/吨）	金额（万元）	数量（万吨）	单价（元/吨）	金额（万元）	数量（万吨）	单价（元/吨）	金额（万元）
1	期初余额							600	390	234 000
5	购入	100	400	40 000				600 100	390 400	234 000 40 000
7	发出				200	390	78 000	400 100	390 400	156 000 40 000
9	购入	400	420	168 000				400 100 400	390 400 420	156 000 40 000 168 000
11	发出				400 100 100	390 400 420	156 000 40 000 42 000	300	420	126 000
本月发生额		500		208 000	800		316 000	300	420	126 000

资料来源：为本案例资料整理而得。

根据表 3 - 6 可知，采用先进先出法的期末存货成本为 126 000（万元）

采用加权平均法计算期末存货成本：

存货的平均单位成本 = （234 000 + 40 000 + 168 000） ÷ （600 + 100 + 400） = 401.82（元/吨）

本月发出存货成本 = 401.82 × 800 = 321 456（万元）

本月期末存货成本 = 401.82 × 300 = 120 546（万元）

通过比较可知，在 DT 煤业预测存货价格上涨的情况下，采用加权平均法的期末存货成本要小于先进先出法的期末存货成本。因此，DT 煤业采取了加权平均法作为存货的计价方式，使得当期的利润有所降低，从而降低了企业所得税，对企业税负起到一个很好的节税效果。

2. 弥补母公司亏损

如表 3 - 7 所示，因受到我国煤炭市场低迷的影响，DT 煤业已经连续四年亏损，直到 2016 年，DT 煤业才扭亏为盈。根据税法的规定，DT 煤业可以争取用税前利润弥补以前年度亏损，降低企业的税负。根据年报信息，DT 煤业 2012 年亏损 - 84 484.06 万元，2013 年亏损 - 15 372.60 万元，2014 年亏损 - 14 111.71 万元，2015 年亏损 - 169 634.69 万元。2012 年的亏损可在 2013—2017 年补偿，2017 年刚好是弥补 2012 年亏损的最后一年。

表 3 - 7　DT 煤业近年亏损情况　　单位：万元

年　份	2012 年	2013 年	2014 年	2015 年	2016 年	2017 年上半年度
母公司利润总额	- 7.57	- 12 548.90	- 14 111.71	- 169 634.69	2 093.46	26 895.10
母公司所得税费用	86.96	2 823.70	无	无	无	无
母公司净利润	- 84 484.06	- 15 372.60	- 14 111.71	- 169 634.69	2 093.46	26 895.10

资料来源：2014—2016 年以及 2017 年上半年度 DT 煤业年报数据。

剩余可弥补亏损额 = 84 484.06 - 2 093.46 = 82 390.60（万元）

本可减免的应纳所得税额 = （82 390.60 - 50 000） × 25% = 8 097.65（万元）

正常情况下，DT 煤业预测 2017 年利润在 50 000 万元左右，达不到 82 390.60 万元，2012 年的亏损无法完全补偿，会损失本可减免应纳所得税额约 8 000 万元。DT 煤业通过分析预测 2018 年盈利能力良好，预期利润为 60 000 万元。则 2018 年利润用于弥补 2013 年亏损将绰绰有余。

这时，DT 煤业通过特殊的业务安排，把本在 2018 年实现的利润提前到 2017 年实现以达到减免更多企业所得税的效果。这些特殊业务安排包括与客户签订合同时将交货时间提前，新购入的固定资产不采用加速折旧法而采用年限平均法等。同时，DT 煤业旗下有多个亏损的子公司，DT 煤业把账面上有亏损的子公司变为分公司，将盈补亏，从而延长税前利润补亏这一优惠政策的期限。

3. 合理安排亏损子公司

DT 煤业 2017 年决定处理 DT 销售公司，实现业务整合。DT 销售公司自成立以来，已多年亏损，净资产为负数。日常运转资金主要依靠母公司 DT 煤业的往来借款，DT 销售公司近五年亏损额已达5 216.3万元。

DT销售公司2016年资产负债表主要数据如下：

资产类：银行存款106.3万元，应收账款895.6万元，存货213.6万元。

负债类：其他应付款9 852.6万元（为母公司DT煤业历年来垫付DT销售公司日常运转费用及非经营性借款)，应付工资3万元。

所有者权益类：实收资本5 216.3万元，未分配利润-3 659.5万元。

公司的高级管理人员经过商量后，提出了以下方案：

方案一：DT煤业可以实施一般性税务合并，兼并DT销售公司，且DT销售公司资产、负债账面价值几乎等同于公允价值，无评估增值可能。

方案二：DT煤业可以实施特殊性税务合并，DT销售公司净资产为负，DT销售公司资产、负债账面价值以原有的计税基础并入DT煤业。

方案三：公司通过程序实施资产、债权、债务清算后，直接注销，DT煤业投资DT销售公司，产生投资损失。

方案四：母公司DT煤业通过正常程序，对DT销售公司增资9 852.6万元，使子公司的净资产从零到正。随后，DT销售公司用增加的资本偿还DT煤业的应付账款。最后，完成吸收合并该子公司的环节。

母公司DT煤业从税收角度出发，分析对比了四个方案后，选择了方案四。方案四对比其他方案能使DT煤业最大限度得到税收弥补15 068.9万元，用于弥补因DT销售公司长期经营不善而造成的亏损额，减少未来母公司的税收支出，缓解资金链的压力。

（三）环保税

为了保护和改善环境，减少污染物排放，推进生态文明建设，环保税已于2018年1月1日正式施行。环保税的征税范围为应税污染物，包括大气污染物、水污染物、固体废物和噪声。

作为高污染的煤炭行业，DT煤业在开采煤矿时，必定会产生大量的采矿选矿的废渣、污水和废气。自2018年起，DT煤业需要缴纳一笔不少的环保税税金。因此，DT煤业应坚持资源综合利用，大力发展“集约、绿色、多元、低碳”循环经济，做好高岭土、活性炭、多孔砖的废渣处理的战略安排，采取了循环利用该废气、废渣以及自行处理剩余废水废渣废气的行动，一来响应国家资源发展循环绿色经济的需求，二来可以享受到相关税收政策的优惠，节省纳税支出，实现更高的利润总额。

根据环保税的规定，纳税人综合利用的固体废物，符合国家和地方环境保护标准的给予免征环保税的税收优惠。DT煤业销售利用采矿选矿废渣生产的活性炭、高岭土等以及利用煤层气生产电力，形成企业上下游产品紧密结合的产品链，使煤炭产品融入产品链，使单一的煤炭生产链逐步变成“洗煤—电力—建材”配套、协调发展的综合利用体系（见图3-7），延长了煤炭经济产业链，将传统“资源—产品废物”的开环模式转变为“资源—产品废物—资源”的闭环模式。同时，根据《资源综合利用产品和劳务增值税优惠目录》，销售活性炭、电力等所得可以享受增值税即征即退100%的税收优惠政策，可以免征环保税，降低企业的税金支出。因此DT煤业销售利用以煤层气生产的电力以及以采矿选矿废渣生产建材所得，符合收入按90%纳入当年收入计算所得税额，减少了纳税

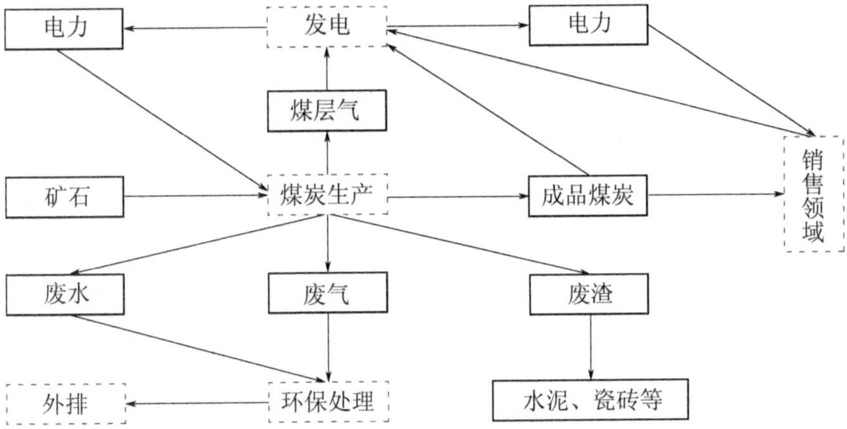

图 3-7　DT 煤业产业链

支出。

针对矿产资源开采加工过程中会产生大量的采矿选矿的污水、废气，DT 煤业购入环保专用设备，将产生的废水废气经过环保处理后再进行排放，其标准达到《城镇污水处理厂污染物排放标准》、《大气污染物综合排放标准所规定的标准》，或达到相应的国家或地方水污染物排放标准，以及达到环保税减免的相关标准，享受税收优惠政策。

在核算上，DT 煤业将从事其他项目而取得的非资源综合利用收入，与资源综合利用收入分开核算，独立计算销售额、进项税额和销项税额以及相应的成本、费用。同时将资源综合利用生产的产品采用销售或者视同销售等方式处理。

在实施资源综合利用后，DT 煤业生产了不少相关产品。其中，高岭土营业收入为 100 885 419. 12 元，退税比例为 50%，退税额为 50 442 709. 56 元；活性炭营业收入为 9 792 269. 33 元，退税比例为 70%，退税额为 6 854 588. 53 元；多孔砖营业收入为 17 693 544. 75 元，退税比例为 70%，退税额为 12 385 481. 33 元。以此三项收入为例，可以证明 DT 煤业在资源综合利用方面获得了不错的税收优惠效果。

（四）房产税

DT 煤业购买了大量库房，大部分用于车间生产和储存开采煤炭，也有一部分的库房被闲置，而作为仓库用于出租给 ABC 公司，可以增加营业外收入。DT 煤业出租的库房有 5 栋，其房产原值为 5 000 万元，年租金收入为 500 万元。按房租收入计算，应纳税额合计为 120. 5 万元。其中：房产税 60 万元（500 × 12%），增值税 55 万元（500 × 11%），城建税及教育费附加：5. 5 万元（55 × 10%）。

就此看来，企业用租赁方式经营库房，税收负担明显过重。于是，DT 煤业为了降低税收成本，将单纯的房屋租赁改变为仓储保管服务。节税筹划方案如下：DT 煤业将租赁合同改为仓储保管合同，同时，按照仓储保管的服务要求，公司配备相应的人员和设施。

在筹划前，仓库的出租属于房屋租赁，遵循从租计征，要按租金收入的 12% 交纳房产税，但在筹划后，闲置仓库改成的仓储保管，属于从价计征，则只需按房产余值的 1. 2% 交纳房产税。那么依据税法，该企业应纳税额为 102. 5 万元。其中应纳房产税：5 000 ×（1 - 30%）× 1. 2% = 42（万元），应纳增值税、城建税及教育费附加仍为 55 万元以及5.5万元。筹划后比筹划前节约18万元，但筹划后企业需要增加保管人员工资等经营成本。对于仓储管理，由于技术要求不高，DT煤业录用了遵章守纪、责任心强的下岗职工。而录用下岗职工，公司又可以享受有关税收优惠，进一步降低了企业经营成本。

（五）资源税

作为煤炭行业的龙头企业，DT煤业有着多座矿山的采矿权，然而对于多座新老矿山，DT煤业并没有对它们进行分开核算。DT煤业的多座矿山之中，其中有一座矿山是通过充填开采方式采出矿产资源的，每年的销售收入2.12亿元，剩余矿山的销售收入72.69亿元，根据国家相关资源税的税收优惠政策的条件：对依法在建筑物下、铁路下、水体下通过充填开采方式采出的矿产资源，资源税减征50%。充填开采是指随着回采工作面的推进，向采空区或离层带等空间充填废石、尾矿、废渣、建筑废料以及专用充填合格材料等采出矿产品的开采方法。DT煤业对按充填开采置换出的原煤数量及销售额申报减税额，并提供相关原煤产量和销量，同时，与其他正常征税的煤炭分别核算，充分享受了国家资源税的税收减免政策，节省资源税2 559万元。

四、税务管理优化效果

DT煤业通过主动做好税务管理优化，达到如图3－8所示效果，总节税额高达14 946.05万元，节税效果十分明显，降低了企业的纳税支出，加快资金回流的速度，提升企业盈利能力。DT煤业实施税务管理优化，降低纳税支出，落实环保政策，通过对主要生产中产生的废物废料进行回收再加工生产副产品，减少废物排放达到环保目的，符合税收优惠减免的政策，一方面拉长产业链，为企业带来新的盈利方式，增加企业收益；另一方面，响应国家环保的呼吁，履行企业的社会责任，提高企业的品牌质量，有效地提升了企业在同行业中的生存能力和竞争能力。

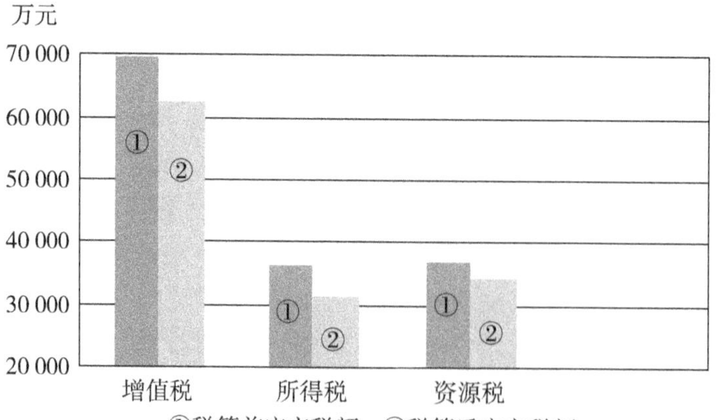

图3－8　税务管理优化效果

五、税务管理风险

（一）税收政策风险

进行税务管理优化必然涉及大量的税收政策，而税收政策会随着国家政策的变动而变动。特别是现在我国正处于一个逐渐完善税法的阶段，税收政策的变化周期会缩短。由于本文中的税务筹划方案运用到了大量的税收优惠政策，所以 DT 煤业应该多关注这些政策的变动，在充分利用政策的同时又不违反新颁布的政策。如 2018 年新增加的环保税，因为是新税种，要完善的地方肯定有很多，比如征收的标准或者减免的标准都有可能改变。若继续沿用最初的征收标准，缴纳的税额过低，就会产生避税问题，会引起税务稽查。因此企业在筹划时不仅要注意政策的选择，更要预测和关注政策的变化，及早做好相应的措施。

（二）整体性税负风险

一个成功的纳税筹划方案应该考虑到企业的整体税负情况，不能简单地节省一笔业务、一个税种的税额，而是要从整个企业的角度来考虑，力求让企业的整体性税负降低。要注意避免纳税筹划方案让一个税种应纳税额减少却导致另一税种应纳税额增加，或者短期纳税的减少却导致长期纳税的增加的情况，如弥补亏损时，交货时间提早会导致当年的增值税税额增加，提前缴纳了增值税，相当于减少了一笔无息的贷款；改变存货计价方式时，如果错误估计存货以后的价格趋势，反而会使企业利润提前实现，不能起到降低短期利润的目的。因此应该对比计算两种方案的税额和时间价值，选出最佳方案。DT 煤业不能盲目地追求减税结果，最适合企业的筹划方案应该是使企业价值达到最大化的筹划方案。

（三）成本过高风险

DT 煤业在积极创造享受到国家给予的税收优惠条件的时候，必然会产生一笔改造和研发的成本。在进行税务管理与筹划的时候，DT 煤业应该认真计算并对比成本和节税利益，若成本过高，而减少的税额在可预见的未来都不能弥补的话，DT 煤业就应该慎重考虑是否应该采取这个税务管理与筹划方案或者是否应该更换另外一种方案。

（四）资产重组风险

DT 煤业通过兼并亏损企业，进而获得更多的税后弥补亏损的额度，但是，兼并亏损企业会给 DT 煤业带来不可预测的风险，DT 煤业需要改善经营方式，甚至生产结构，加大产品研发力度，严格控制产品质量，调整资源配置，将亏损企业的业务融合到本公司的业务中，否则就会出现经营风险。因此，DT 煤业在选择兼并亏损企业时，应该立足本企业的发展战略以及资源配置情况，分析兼并亏损企业的所有风险，再选择恰当的方式兼并亏损企业获得相当的税收弥补。

税务管理与筹划是一项系统工程，涉及企业外部关系和内部生产运营的各个方面。在制定筹划方案过程中，DT 煤业应从全局去关注纳税筹划能为自身增加的绝对收益额，充分考虑和评估可能发生的成本和风险，逐一排查可能存在的问题，积极采取应对措施，规避相应风险，减少筹划成本，以获得最大筹划利益。

六、启示

目前，我国正处于产业转型升级的关键节点上，对于煤炭行业这种资源性行业来说，产能过剩将导致总体需求量下降、煤炭价格下滑、企业利润减少。同时受到进口煤及新能源发展的叠加影响，煤炭行业急需调整产业结构，促进自身转型升级，提高综合竞争力。除此之外，煤炭行业由于本身可以抵扣的进项税额比较少，与其他行业进行对比，煤炭行业的税负率明显要高。面对这种利润减少、税负重的不利局面，“降本增效”就成为煤炭行业重点关注的问题。

面对以上的这些挑战，从促进企业的长远发展出发，煤炭行业应该如何进行税务管理与筹划。通过对 DT 煤业的纳税筹划进行探讨和分析，说明了企业应充分利用国家对资源综合利用的税收优惠政策，变废为宝延长企业的产业链，创造适用税收优惠政策的条件。同时还可以考虑通过适当调整公司结构和企业的会计核算方法，降低企业的整体税负水平。当然，DT 煤业在税务管理优化中取得了一定的成效，但也要注意筹划方案的选择不是一成不变的，企业还需注意内部环境和外部环境综合因素的变化，结合企业现状及组织经营模式，系统地分析不同阶段的税负水平，适时调整筹划方案。

随着国家对环境保护力度的加强，环保税开征已经进入倒计时，煤炭行业势必也会迎来新的一轮挑战。以煤炭行业为例的高污染行业接下来的公司发展战略方向都要紧跟国家政策风向标，充分利用好国家相关的税收优惠政策，通过税务管理的优化，降低企业税收负担，促进企业生产结构更加合理，并向多元化经济发展。主动地承担起社会责任，发展循环经济，打造环境友好型社会，为我国的环保事业添砖加瓦。

七、问题探讨

（1）针对目前煤炭行业税负水平普遍较高的现状，结合国家宏观经济政策的变动，分析煤炭行业本身的特点，对煤炭行业税负重的原因进行有关的思考。

（2）对于目前正处于亏损状态的子公司，探讨并分析关于该子公司的不同的企业重组业务方案，能给企业带来何种经济利益，如何对企业起到节税效果？

（3）随着国家对环境保护力度的进一步加强，对于像 DT 煤业这种在生产过程中会产生一定污染物的企业，结合国家相关的税收优惠政策，思考可以从哪些方面进行税务管理与纳税筹划？

（4）在煤炭行业整体低迷的影响下，对于像 DT 煤业这种处于正常经营却连续几年巨额亏损的企业，以及其他多种情况下发生亏损的企业，通过亏损弥补进行纳税优化管理的操作手段有哪些？

（5）对于合理合法的纳税筹划方案之间并没有优劣之分，企业的不同发展阶段，面对不同的外部及内部环境，在对多个筹划进行选择的时候，应站在哪些角度上进行分析？

八、参考资料

[1] 刘学佳. HX 公司纳税筹划研究 [J]. 2015 (9).
[2] 畅祥. 营改增对煤矿企业财务的影响与纳税筹划方案 [J]. 2017 (1).
[3] 蔡昌. 税法 [M]. 北京：中国人民大学出版社，2017.
[4] 欧阳小明. 利用亏损弥补进行纳税筹划的探讨 [J]. 2007 (9).
[5] 周璇，王沙. 煤炭行业上市公司税负分析与纳税筹划 [J]. 2011 (11).
[6] 李翠青. 同煤集团煤矸石的特性及综合利用探讨 [J]. 科技情报开发与经济，2011 (10).
[7] 刘琴安，杨婉君. 浅谈存货的发出计价对企业利润额影响 [J]. 企业论坛，2015 (5).
[8] 王效妍. 华电能源公司纳税筹划案例研究 [J]. 2017 (5).
[9] 刘际平. 存货计价方式的纳税筹划 [J]. 河南税务，2002 (5).
[10] 郭延孟. 企业存货计价方法的选择与税务筹划探究 [J]. 财政与税务，2012 (2).
[11] 何妍. 高新技术企业税收筹划研究 [J]. 2005 (3).
[12] 胡静. 基于设立分支机构的税收筹划研究 [J]. 2010 (11).
[13] 万张强. G 股份有限公司税收筹划研究 [J]. 2017 (5).
[14] 刘明雪. 煤炭企业的税收负担分析与纳税筹划研究 [J]. 2014 (3).
[15] 杨颖. 对我国煤炭企业税收筹划的研究 [J]. 财务与管理，2015 (7).
[16] 牛芳. 宁夏煤亚公司纳税筹到研究 [J]. 2014 (3).
[17] 陈阳. OD 矿业公司纳税筹划研究 [J]. 2012 (10).
[18] 陈婕妤. 煤炭企业的纳税筹划——A 公司纳税筹划的案例研究 [J]. 2012 (10).
[19] 包仁杰. 中国煤炭企业税收筹划研究 [J]. 2013 (6).
[20] 郭延孟. 企业存货计价方法的选择与税务筹划探究 [J]. 财政与税务，2012 (2).

[案例说明书]

一、案例拟解决的关键问题

本文选择山西的 DT 煤业为研究对象，结合其财务状况和税负情况，剖析其进行税务筹划的动因，通过系统地展示 DT 煤业的战略税收筹划方案，揭示其操作思路与规律。本案例旨在引导学生了解多种税种的筹划方案，分析不同筹划方案的税负差异，尤其是面对当前煤业回暖、煤业整体税负较重、国家鼓励环保的机遇与挑战并存的形势，思考煤业应该如何调整发展战略，降低税收成本，获得最大的经济效益。

通过对本案例的讨论和分析，使学生熟悉和掌握以下知识：

（1）通过对本案例的探讨，让学生们懂得税务筹划在遵从税法和其他法律法规的前提下应从企业整体出发，对生产、经营、投资等活动进行全面的调查和分析，不能只是孤立考虑其中一个方面。让学生们认识如何通过闭环图对企业总体进行税务管理与筹划。

（2）通过学习本案例让学生们了解国家对资源综合利用的相关税收优惠政策，认识高污染企业在产生大量废弃物的时候，如何结合资源综合利用的相关规定变废为宝，对企业进行税务筹划与管理的优化。

（3）税务筹划风险主要是指纳税筹划活动受不同因素影响而出现失败的可能性。通过对本案例的分析和思考，希望学生能对税务管理与筹划所涉及的风险有一定的认识，提高纳税筹划的风险防范意识。

二、案例讨论的准备工作

为了有效地实现本案例的目标，学生应该具备下列相关知识：

（一）理论背景

增值税、所得税的计征方式；税负的计算方式；《资源综合利用产品和劳务增值税优惠目录》（以下简称《目录》）；环保税；发出存货的计价方式；弥补亏损的规定；一般性税务处理和特殊性税务处理的相关规定。

（二）行业背景

随着我国经济发展步入新常态，耗煤工业产品产量增速下降甚至出现负增长，煤炭需求结构也发生转变；经济增速的下滑使得全国电力供给相对过剩，对煤炭的需求也进一步减少；同时国际经济深陷衰退泥潭导致世界能源需求疲软，从 2012 年起，在国内外经济下行压力和产业整体产能过剩的影响下，煤炭的价格和销量齐跌，煤炭行业进入寒冬。直到 2016 年，国家出台去除过剩产能、推进实施煤炭行业整体重组的政策后，煤炭价格开始逐步恢复正常水平。

同时，自“十二五”规划以来，国家大力推进煤业结构的升级，不断推进煤矿企业向兼并重组、建设大型煤炭基地和现代化煤矿、发展循环经济等经济发展方式转变，加上国家对保护环境、惩治污染的高度重视（例如开征环保税等），给煤业带来前所未有的挑战和机遇，企业同时面临产业调整及环境治理的压力。

值得一提的是，煤炭行业支出中高昂的运输费用。由于国内煤炭资源主要分布在我国的西部和北部，而消费区域却集中在东部和南部的发达地区，整体煤矿资源区域分布不平衡。因此，国家实施了北煤南调、西煤东调的政策。山西省作为传统的煤炭大省，其煤炭主要销往华东、华北及中南区域，远距离的销售模式使得煤业的运输费用飙升，成为煤业营业成本中的重要部分。

（三）制度背景

2016 年国务院发布《国务院关于煤炭行业化解过剩产能实现脱困发展的意见》（国发［2016］7 号）文件，坚持化解产能与转型升级相结合。控制新增产能，淘汰落后产能，有序退出具有安全、质量和环保问题，技术水平低，规模较小，长期亏损的过剩产能。

2017 年全国安全生产会议："进一步加大对小煤矿等落后产能关闭退出力度，开展小煤矿淘汰退出攻坚战，力争 2017 年全部淘汰退出 9 万吨/年及以下小煤矿。"国家的强制性政策淘汰小煤矿，化解产能过剩，给煤业带来黎明曙光，企业经营环境得到改善。

根据《煤炭工业发展"十三五"规划》，煤业在"十三五"期间逐渐向大型化、集约化、绿色化、高效化模式发展。随着 2017 年山西省国企改革文件的出台，煤炭国企将通过专业化重组，优化配置同类资源、提高产业集中度、增强市场竞争力。

2017 年召开的十九大会议上，国家大力推进环保工作。新增的环保税、旧有的《目录》等都在加大规范环境污染行为的力度。政策实施后，排污费将被废除，改征环保税。届时，环保税带来的负担将高于排污费，企业将更重视环保以减少税收负担。

三、教学组织方式

本案例可以在专门的案例讨论课中使用。如下是按照时间进度提供的课堂计划建议，仅供参考。

（一）问题清单及提问顺序、资料发放顺序

任课老师可以提前一周发放案例正文以及问题清单给学生，供学生熟悉和深入理解该案例，并鼓励学生利用课余时间思考提出的问题。任课老师上课提问的顺序可按照以下问题清单顺序提问：

（1）针对目前煤炭行业税负水平普遍较高的现状，结合国家宏观经济政策的变动，分析煤炭行业本身的特点，对煤炭行业税负重的原因进行有关的思考。

（2）对于目前正处于亏损状态的子公司，探讨并分析关于该子公司的不同的企业重组业务方案，能给企业带来何种经济利益，如何对企业起到节税效果？

（3）随着国家对环境保护力度的进一步加强，对于像 DT 煤业这种在生产过程中会产生一定污染物的企业，结合国家相关的税收优惠政策，思考可以从哪些方面进行税务筹划？

（4）在煤炭行业整体低迷的影响下，对于像 DT 煤业这种处于正常经营却连续几年巨额亏损的企业，通过亏损弥补进行纳税管理优化的操作手段有哪些？

（5）对于合理合法的税务管理与筹划方案之间并没有优劣之分，企业在不同发展阶段，面对不同的内外部环境，在对多个税务筹划进行选择的时候，应站在哪些角度上进行分析？

（二）讨论方式

本案例可以采用小组式的讨论，或者进行小组上台演示、讲解、分析的 PPT 演示。

（三）课堂计划

（1）梳理案例：由任课老师简单梳理案例内容，明确思考问题。（5 分钟）

（2）分组讨论：学生间进行交流，形成发言提纲。（20 分钟）

（3）小组发言：组长发言，其他成员补充。黑板板书上简要写明每个小组的观点，以利于后面的分析评价以及归纳总结。（35 分钟）

（4）小组展示：分组上台展示 PPT，展示小组的讨论成果。（20 分钟）

（5）案例总结：教师就讨论及讨论情况进行点评，并就案例提出延伸问题引导大家进行课后探究。（10 分钟）

（四）课堂讨论总结

课堂讨论总结的关键是：归纳各小组发言者的主要观点；重申其重点及亮点，对有争议的观点带领同学一起分析；对大家没有看到的角度进行提醒，引导同学们进一步思考。最后，提出需要大家对案例素材扩展研究和深入分析的方面，为下次课前回顾做准备。

案例 4

巧借东风，草船卸箭：S 汽车公司税收收益最大化之历程*

---

* 1. 本案例由广东工业大学管理学院的张源、杨映冰、黄淑芬、黄佳琳、许嘉丽撰写，作者拥有著作权中的署名权、修改权、改编权。

2. 将本案例授权予广东工业大学产教融合 MPAcc 教学智库实验平台使用，广东工业大学产教融合 MPAcc 教学智库实验平台享有复制权、修改权、发表权、发行权、信息网络传播权、改编权、汇编权和翻译权。

3. 由于企业保密的要求，在案例中对有关名称、数据等做了必要的掩饰性处理。

4. 本案例只供课堂讨论之用，并无暗示或说明某种管理行为是否有效。

［案例封面］

专业领域： 财务管理

适用课程：《财税管理》《税法》

选用课程：《税收筹划》《中国税制》

编写目的： 本案例旨在引导学生了解 S 汽车公司的基本经营情况和财务状况，进而分析该公司在整个生命周期的税收策划，以降低企业税收成本及综合成本，实现企业价值最大化的税收实践。S 汽车公司是一个高新技术及新能源企业，得到国家的重点扶持，公司运用相关优惠政策进行税收成本控制，效果显著。案例的启示在于通过梳理公司的税收成本及控制路径，让学员了解该公司对国家相关税收优惠政策的应用、公司架构及资本结构的有效规划、纳税策划方法的组合运用等，学习和借鉴该企业进行税收成本控制，为公司创造价值的成功方法和经验。

知 识 点： 税收优惠；高新技术企业；价值创造

关 键 词： 税收成本控制；增值税；所得税

中文摘要： S 汽车公司是一个通过薄利多销来提高产量的企业，巨额的成本掣肘了其利润，其中税收成本的掣肘影响尤为突出。为此 S 汽车公司进行税收成本控制及纳税策划，收效较佳。本案例基于这样的认识，梳理了 S 汽车公司面临的财务及税收问题，针对税收成本偏高的难题做出深入分析，通过利用国家税收优惠政策进行纳税策划，极大地控制了税收成本，提升了税务管理能力，现实了企业价值最大化，S 汽车公司的这一做法，具有一定的现实意义和实践价值。

[案例正文]

近几年来，国内汽车行业发展不景气，S汽车公司在如此低迷的市场环境下，发展缓慢。对此，S汽车公司的老板愁眉不展，疑惑不解，企业的营业收入在行业中排在前列，但是利润上却没有令人惊喜的业绩。根据财务总监提交的成本清单，发现税收成本在总成本中占据了较大比重，于是立刻叫财务总监着手解决这个税收成本的问题，财务总监接到电话后，不知从何下手，为此财务总监对于如何合理又合法地减轻企业税收的问题，组织了专业的团队进行税收成本控制的研究，同时，请来了著名的税务筹划专家，在专家的协助下，从企业筹资、研发、生产、销售、利润分配等环节入手，制定方案，选择适合S汽车公司的最优税收策划方案，收效较佳，具有较强的借鉴作用。

一、背景资料

（一）S汽车公司的基本情况

从2012年开始，我国汽车行业便处于较为低迷的状态，由于许多外资汽车的冲击，S汽车公司作为自主品牌，其净利润也处于停滞不前的状态，而税收成本作为企业较大的一笔支出，如果能够进行合理的控制，对于S汽车公司这种走平价车路线的企业来说，是能够在价格战中占据有利位置的，而且通过计算发现S汽车公司的增值税和所得税处于行业中等的水平，而其销售收入和净利润在同行业中处于较前列的位置，所以S汽车公司实际缴纳的增值税税额和所得税税额占比很大，消费税税负率在同行业中也属于较高水平。公司近五年的财务报告显示，只有有限几个子公司享受高新技术企业税收政策，且有的子公司还处于亏损状态，没有充分享受国家税收优惠，好在企业领导发现问题并及时实施应对措施，借国家制定税收优惠政策东风，从公司产业链的各个环节进行合理的纳税管理及筹划，免去了该公司沉重的税负。

（二）公司的生产情况

S公司属于汽车制造业，生产业务主要包括生产汽车整车（包括乘用车和商用车）和汽车零部件（包括发动机、变速箱、电力电子、新能源核心零部件、底盘系统、内外饰等）。S公司的生产基地主要有l基地、y基地和n基地，三大基地形成了平台化的生产布局，与海内外的其他各研发中心合力形成了S公司完整的自主品牌体系。

S公司汽车生产需要的原材料主要有金属材料（包括钢、铸铁、铸钢、有色金属及合金、粉末冶金材料等）、非金属材料（包括高分子材料如塑料、橡胶，陶瓷材料如陶瓷、玻璃，复合材料如纤维复合材料、层复合材料和摩擦材料等）。

（三）S公司的公司架构

S公司的公司架构主要分为两块，一块是国内地区，另一块是海外地区。S公司的总部设在上海，在国内设立了控股子公司，控股子公司包括设立在西部大开发地区的销售分公司以及研发子公司、物流子公司，此外，在海外设立了分公司，主要负责产品研发及销售。公司架构如图4－1所示。

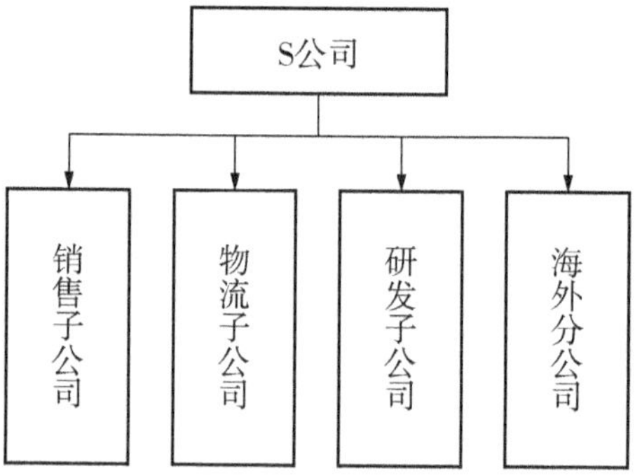

图 4－1　公司架构

（四）S 汽车公司财务分析

1. 经营能力分析

（1）存货周转天数

S 汽车公司的存货周转天数比较如图 4－2 所示，S 汽车公司存货管理水平较强，其汽车产品具有极佳的市场前景。从图中可以看出，S 汽车公司的存货周转天数在基本稳定的情况下呈下降趋势，基本都稳定在 20 天左右，说明 S 汽车公司对该公司的汽车产品无论是在生产上还是在销售上都具有较好的规划，在不断扩大产能的情况下，根据生产情况提供给购买者一些宽松的购买政策，加快存货周转速度，使产品更快地卖出去，占据市场份额。同时控制存货周转的速度，在销售量不断增长的情况下，稳定生产，使企业不会因为存货不足而导致缺货现象。

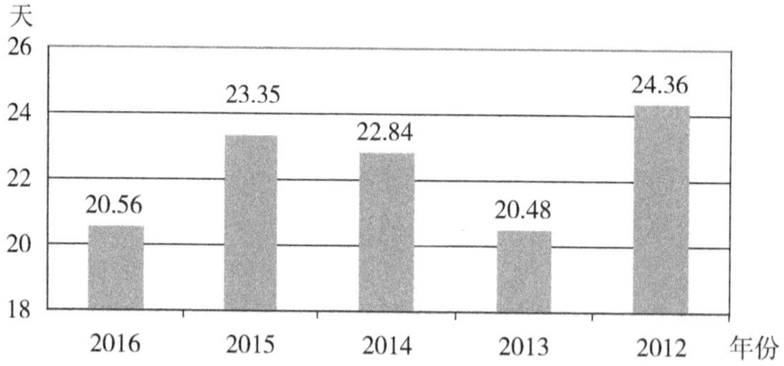

图 4－2　S 汽车公司存货周转天数

注：巨潮资讯网 http：//www. cninfo. com. cn/cninfo－new/index.

（2）总资产周转率

S 汽车公司的总资产周转率如图 4－3 所示，S 汽车公司总体资产利用效率高，单位资产实现销售收入能力强。由图中折线图可以看出，S 汽车公司的总资产周转率在小幅度上升的情况下，有小幅下降，但仍然算基本稳定，而且处在行业较高的水平，说明 S 汽车公司在企业营运管理上的能力极强，战略定位较为准确，所投入的每一单位资产都是服务于其产品更好的优化升级以及销售。

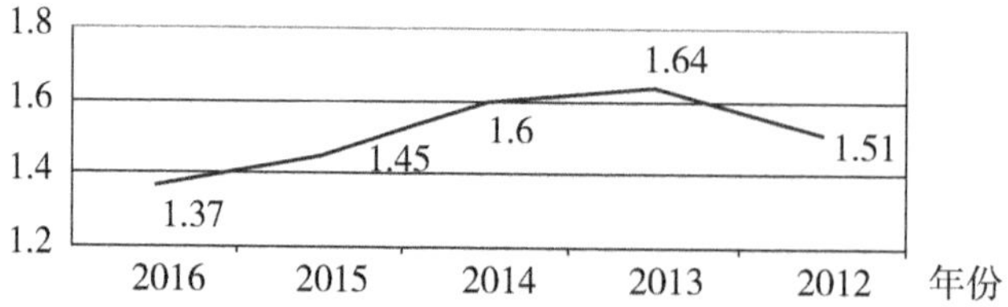

图 4－3　S 汽车公司总资产周转率

注：巨潮资讯网 http：//www. cninfo. com. cn/cninfo－new/index.

（3）应收账款周转天数

S汽车公司的应收账款周转天数如图4－4所示，S汽车公司采用宽松的销售政策，服务于其产品的出售。从图表中可以看出，S汽车公司应收账款的周转天数越来越长，说明其在近几年越来越多地采用赊销的手段，来增加消费者购买的欲望，从而提高销售量，但这样做有一定的风险就是将更多的流动资金放在其他人的口袋里，不利于流动资产的管理，但是S汽车公司的这种策略，还是为企业产生了一定有利的作用，使得它的产品能够更好地抢占市场。

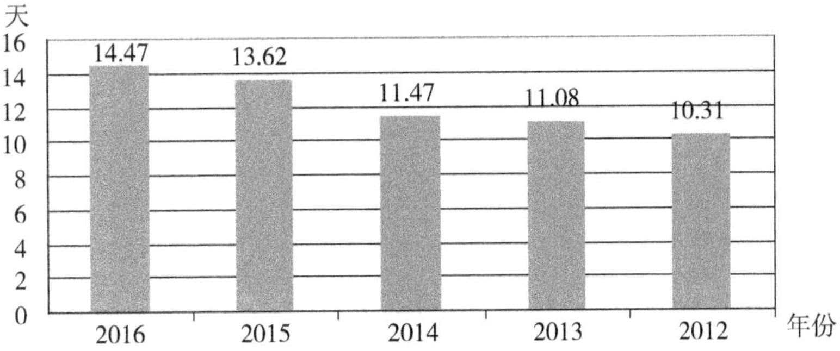

图4－4　应收账款周转天数

注：巨潮资讯网 http：//www. cninfo. com. cn/cninfo－new/index.

2. 盈利能力分析

（1）加权净资产收益率

S汽车公司的加权净资产收益率如图4－5所示，S汽车公司的资本运作盈利能力强，自有投资的经济效益好。由图中表格信息可以看出，S汽车公司的加权平均净资产收益率保持在一个稳定的范围内，基本保持在17%～19%之间，虽然在近几年有小幅度的下滑，但仍然处于较稳定的状态。

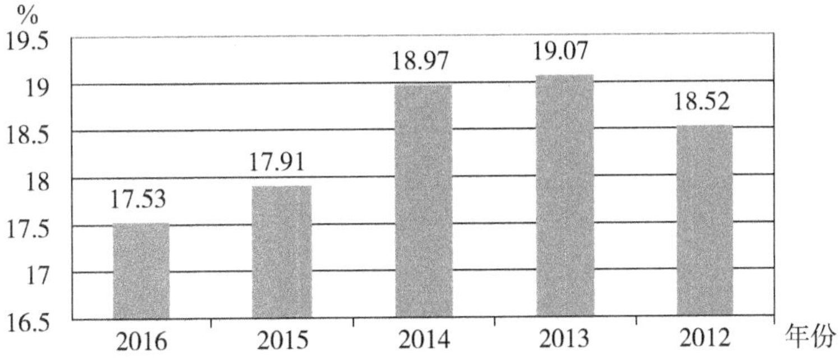

图4－5　S汽车公司加权净资产收益率

注：巨潮资讯网 http：//www. cninfo. com. cn/cninfo－new/index.

（2）毛利率

S汽车公司的毛利率如图4－6所示，S汽车公司经营盈利能力较佳，但是营业成本较高。其毛利率在近几年呈现出下降的趋势，这说明其营业成本增长的速度比营业收入快，这也预示着S汽车公司在近几年控制成本的能力有所下滑，与销售净利率相比较，中间巨大的差额说明期间费用较高，S汽车公司在控制期间费用的能力较弱。

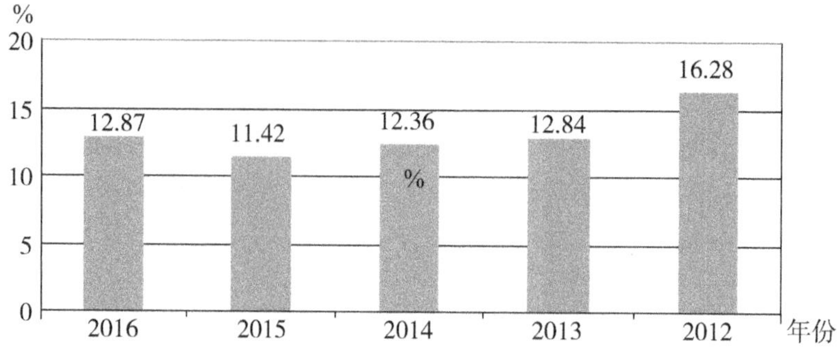

图4-6 毛利率

注：巨潮资讯网 http：//www. cninfo. com. cn/cninfo-new/index.

3. 偿债能力分析

（1）短期偿债能力

短期偿债能力逐年下降，短期财务风险增加。根据西方经验认为，2：1左右的流动比率比较合适，由表4-1可知，S汽车公司的流动比率从2012年到2016年一直呈下降的趋势，公司偿还流动负债的能力也随之下降，流动负债得到偿还的保障变小，财务风险增加，短期偿债能力越来越弱。速动比率由2012年的1.05减少到2016年的0.99，近五年也一直呈下降趋势，但都维持在1左右，说明S汽车公司的变现能力较好，由此也可以看出S汽车公司的短期偿债能力低的原因在于其没有有效利用存货和原材料，如果能够改进这一点，积极消耗库存，加强供应链管理，那么公司的短期偿债能力会大幅度上升。

表4-1 财务风险指标

财务风险指标	年份				
	2016	2015	2014	2013	2012
资产负债率（%）	60.20	58.78	55.41	56.71	54.29
流动负债/总负债（%）	83.67	85.69	86.98	87.93	90.80
流动比率	1.11	1.05	1.19	1.25	1.21
速动比率	0.99	0.90	0.99	1.08	1.05

注：巨潮资讯网 http：//www. cninfo. com. cn/cninfo-new/index.

（2）长期偿债能力

长期偿债能力稳定，资本结构趋于稳定合理。长期偿债能力虽然在近几年呈现下降的趋势，但是基本都在百分之六十波动，说明它的资本结构相对来说还是较为稳定的，然后从长期来看，说明S汽车公司采用了较为保守的财务政策，其偿还债务的能力还是相对较强的，对负债依赖程度低，所以能够更好地保证投资者的利益。当然也在一定程度上说明了S汽车公司近几年在财务方面风险增加。

4. 发展能力分析

S汽车公司发展能力指标见表4-2，每股指标见表4-3。

表4-2　S汽车公司发展能力指标

发展能力指标	2016年	2015年	2014年	2013年	2012年	2011年
营业总收入（万元）	7564	6704	6300	5658	4810	4348
毛利润（万元）	885	690	737	689	699	702
营业总收入同比增长（%）	12.82	6.42	11.35	17.64	10.62	18.89
归属净利润同比增长（%）	7.43	6.51	12.78	19.53	2.62	23.38

注：巨潮资讯网 http：//www.cninfo.com.cn/cninfo-new/index.

表4-3　S汽车公司每股指标

每股指标	2016年	2015年	2014年	2013年	2012年
基本每股收益（元/股）	2.9030	2.7020	2.5370	2.2500	1.8820
每股未分配利润（元）	8.7790	7.8361	6.9008	6.0275	4.7144
每股经营现金流（元）	1.0319	2.3575	2.1118	1.8686	1.7769

注：巨潮资讯网 http：//www.cninfo.com.cn/cninfo-new/index.

（1）营业收入

产品市场占有率高，营业收入高速增长。预测企业未来在收入方面会有高额度的提升。从表4-2的数据可以看出，S汽车公司在2012年到2015年实现了营业收入从4 000多万元到7 000多万元的跨越，而且是一种良性的稳步增长，由此也可以看出S汽车公司的产品在市场中的热度极高，消费者对其产品有较强的购买欲望。

（2）毛利润

净利润虽然处于行业的中游，但是其成本相较行业中的其他企业仍然较高。S汽车公司走的是薄利多销占领市场路线，才使得公司营业收入很高，但是净利润却被打回原形，一部分原因是因为其走平价路线，另一部分原因是因为其没有合理利用资源，导致成本较高，一旦S汽车公司适当调整战略，其净利润会实现大幅度的上升。

（3）股利合理分配

合理的股利分配会增强投资者信心，又使企业能够满足可持续发展。S汽车公司的股利分配从基本每股收益中可以看出，这是一个对投资者福利较高的企业，能够给投资者有很多的投资信心。S汽车公司每股未分配利润很高，留存收益相对较多，同时S汽车公司也重视资本积累，从而提高企业价值的增长速度。

5. S汽车公司的税负以及税费明细

据财务分析结果显示：S汽车公司的经营能力及偿债能力都比较稳定，是一个具有发展前景的公司，其营业收入处于行业中上水平且近几年趋于增长，但是其毛利润却没有体现出其竞争优势，其主要原因是巨额成本削弱了其竞争优势，而其较少使用税收优惠，具体税负情况分析如下：

（1）所得税税负率以及税费明细

S汽车公司的所得税税负率及所得税费用如图4-7、图4-8所示，从上表分析可得，S汽车公司在行业中所得税税负率处于中等位置，税负率较为稳定，但是其所得税费用在同行业处于较高位置，说明公司应该从减少应纳税所得额以及采用较低所得税率两方面进行纳税管理，充分发挥国家税收优惠带来的节税利益。

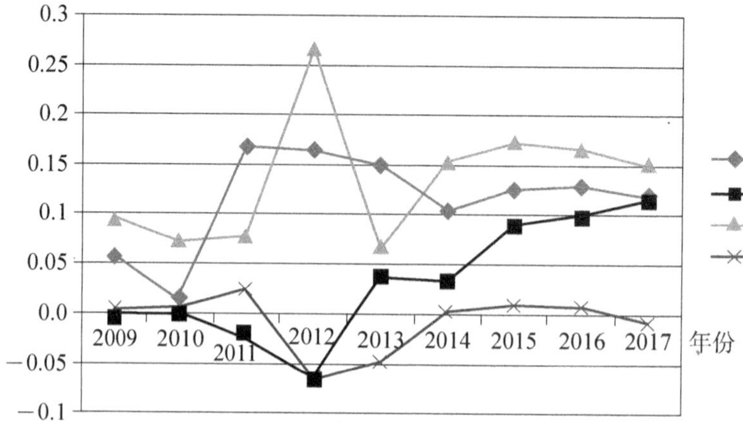

图 4－7　几间汽车公司所得税税负率比较图

注：巨潮资讯网 http：//www. cninfo. com. cn/cninfo－new/index.

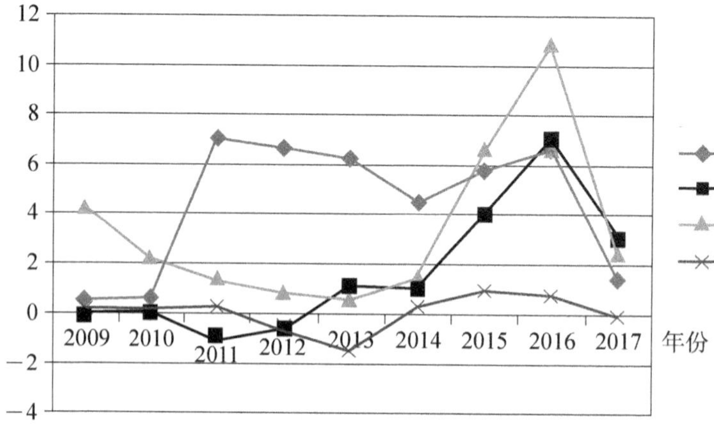

图 4－8　几间汽车公司所得税费用比较图

注：巨潮资讯网 http：//www. cninfo. com. cn/cninfo－new/index.

（2）消费税税费及税费明细

S 汽车公司 2015 年及 2016 年的消费税额及其税负率如图 4－9、图 4－10 所示，通过分析可得 S 汽车公司的消费税税负在同行业中处于较高水平，接近 1%，虽然 2016 年有下降的趋势，但其税负率仍然比较高，说明 S 汽车公司的消费税税负较重，公司应该重新调整公司的经营模式和销售策略来降低税负。

（3）增值税税费及税费明细

S 汽车公司 2014—2016 年的增值税明细如图 4－11 所示，同行业 2015—2016 年的增值税明细如图 4－12、图 4－13 所示，通过分析可得，S 汽车公司在行业中增值税税负率处于中等位置，虽然其税负率较为稳定，但是其增值税税额在同行业中仍处于较高位置，因此，公司应该调整研发、生产等环节来降低应纳税额。

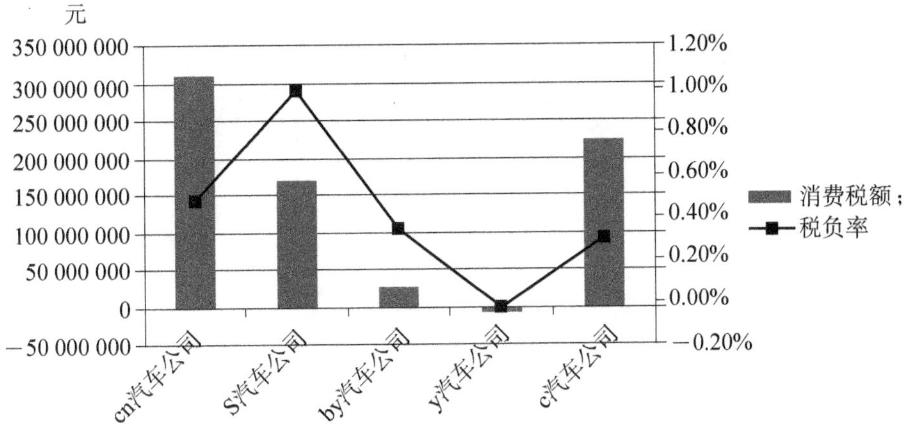

图4－9　2015年几间汽车公司消费税额及其税负率

注：巨潮资讯网 http：//www. cninfo. com. cn/cninfo－new/index.

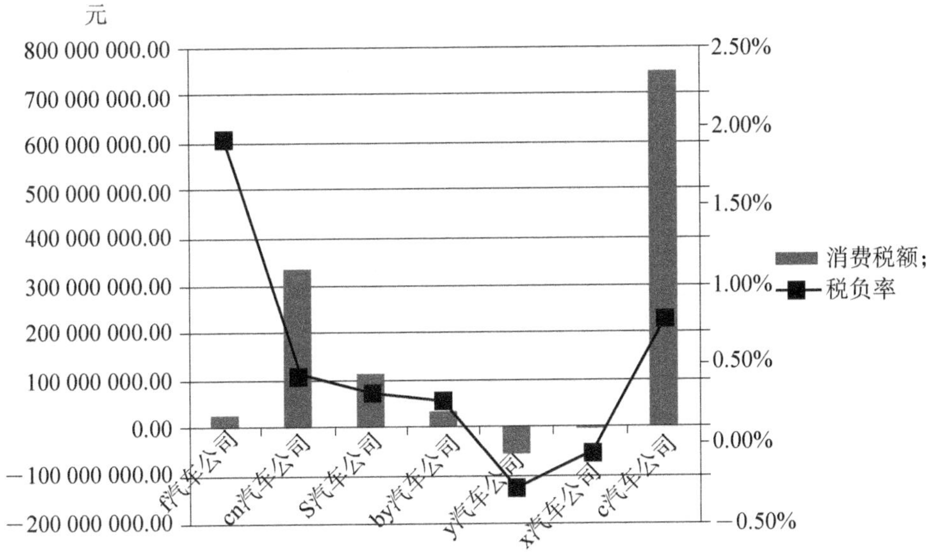

图4－10　2016年几间汽车公司消费税额及其税负率

注：巨潮资讯网 http：//www. cninfo. com. cn/cninfo－new/index.

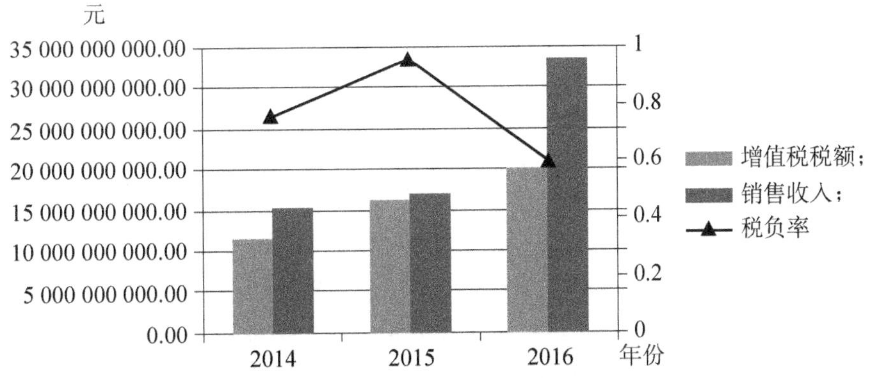

图4－11　S汽车公司的增值税明细

注：巨潮资讯网 http：//www. cninfo. com. cn/cninfo－new/index.

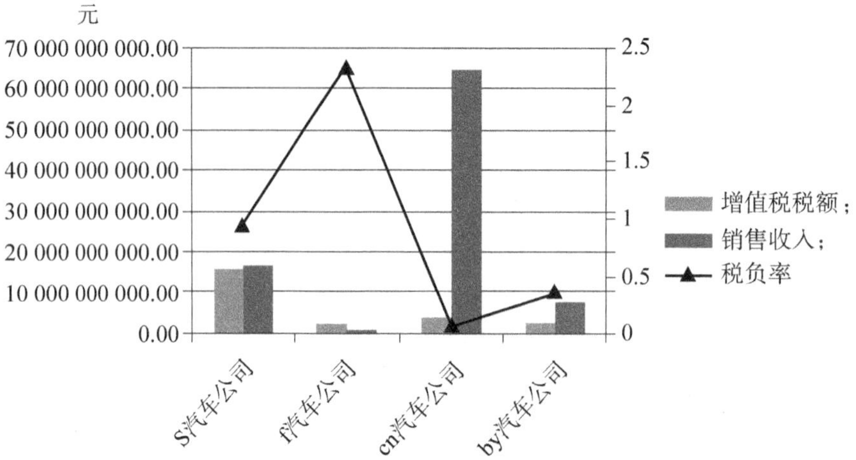

图 4－12　2015 年汽车行业的增值税明细

注：巨潮资讯网 http：//www. cninfo. com. cn/cninfo－new/index.

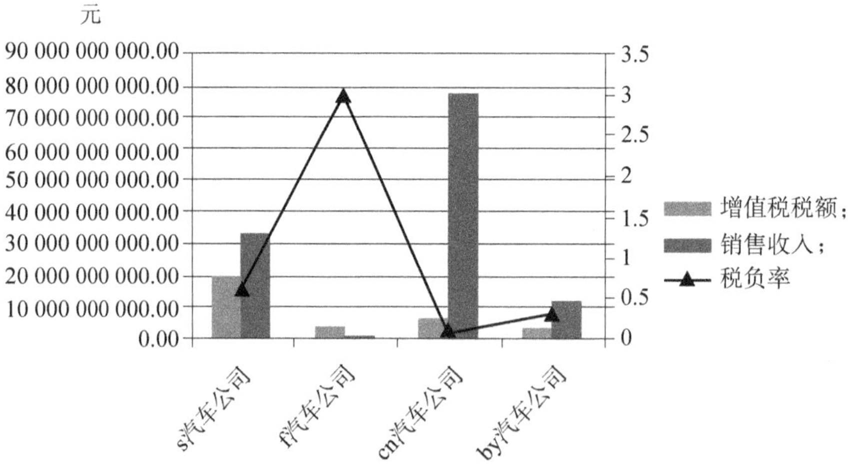

图 4－13　2016 年汽车行业的增值税明细

注：巨潮资讯网 http：//www. cninfo. com. cn/cninfo－new/index.

二、筹资活动

（一）资本结构纳税策划

S 汽车公司近年来的战略规划往新能源发展，为了使设备能跟得上技术研发，S 公司需要 120 万元来购买新型设备，但一时间拿不出足够自有资金来付清货款，所以 S 公司拟对外筹集资金来支付货款，最终公司高层通过商议提出了下面几个方案：

财务总监：近几年来我们公司筹集资金大体都是通过负债，这导致公司资本负债率居高不下，根据相关财务指标的分析，我们公司的短期偿债能力在逐年下降，若是再增加 120 万元的负债，弊端在于其偿还的保障变小，财务风险也会随着增加，而且股票筹资的益处在于可以作为公司长期的自由资本使用，无需立刻偿还，根据我们公司目前的情况，我建议我们这 120 万元都通过股票筹资的方式获得。

会计主管：公司的短期偿债能力在逐年递减是事实，但是长期偿债能力是趋于稳定的，说明资本结构是合理的。而且债务筹资的好处在于能有效降低企业的加权平均资本和企业控制权的保持。再者，在税法上，负债所支付的利息可以在税前扣除。而股票筹资的弊端在于其筹资时间长，发行成本高，向投资者支付股息、红利等权益性投资款项不得税前扣除。所以，如果我们把120万元全部采用股票筹资的话，我们虽然降低了财务风险，但是一方面也增加了税务负担，同时会增加筹资成本。所以，我觉得我们既不能全部都用股票筹资，也不能全部都用负债筹资，应该要两权相害取其轻，一部分用股票筹资，另一部分通过负债筹资，会计主管有下面几种方案：

（1）60万元通过股票筹资，60万元通过负债取得；

（2）40万元通过股票筹资，80万元通过负债取得；

（3）30万元通过股票筹资，90万元通过负债取得；

（4）20万元通过股票筹资，100万元通过负债取得。

辩论无果后，财务总监、会计主管找来了税务专家，让他用专业知识选出适合的方案。

税务专家根据公司的具体情况，使用以下公式：

（1）负债利息率 = 支付的利息费用 ÷ 债务总额

（2）净资产收益率（ROE）= 净利润 ÷ 股东权益

（3）ROE = [息税前投资收益率 +（息税前投资收益率 - 负债利息率）× 资本结构] ×（1 - 所得税税率）

得出了以下项目的结果，如表4-4所示。

表4-4 不同方案的过程明细

项目结构	方案1	方案2	方案3	方案4	方案5
负债额（万元）	0	60	80	90	100
权益额（万元）	120	60	40	30	20
资本总额（万元）	120	120	120	120	120
资本结构（负债：所有者权益）	0:1	1:1	2:1	3:1	5:1
负债利息率	7%	8%	9%	11%	13%
息税前投资收益率	12%	12%	12%	12%	12%
所得税税率	25%	25%	25%	25%	25%
ROE	9%	12%	13.5%	11.25%	6%
节省的所得税税额	0	1.2	1.8	2.475	3.9

（1）如果完全用股票进行筹资的话，无法节税，从指标ROE在五个方案里面属于较低的数值，说明这次筹资给企业创造价值在五种方案中处于较低的位置，所以不选择方案1。

（2）如果采用部分用股票筹资，部分通过负债来获取资金，可以节税，而且随着负债在资本结构所占的比例越高时，其节省的税额也会增加，但是随着负债在资本结构中占的份额越来越高时，其负债利息率也会越来越高，从而使得企业的财务风险不断上升，所以不能直接从节省的税额的多少来选择筹资方案，即虽然方案5能够为企业节省最多的所得税税额，但是因为其债务风险较高，且为企业创造的利润较少，所以不能选择它。而从图中ROE指标可以看出，方案3最高，所以这个筹资方案为企业创造的价值最高，而且其负债比例也在五个方案中属于中等的位置，所以建议选取方案3。

三、研发活动

（一）公司组织形式纳税策划

随着国家对新能源汽车的大力支持，而且行业中其他的汽车公司纷纷投身于新能源汽车的研发，所以S汽车公司2017年准备在接下来的五年加快对新能源汽车电池的研发，预计投入的研发资金如图4-14所示。

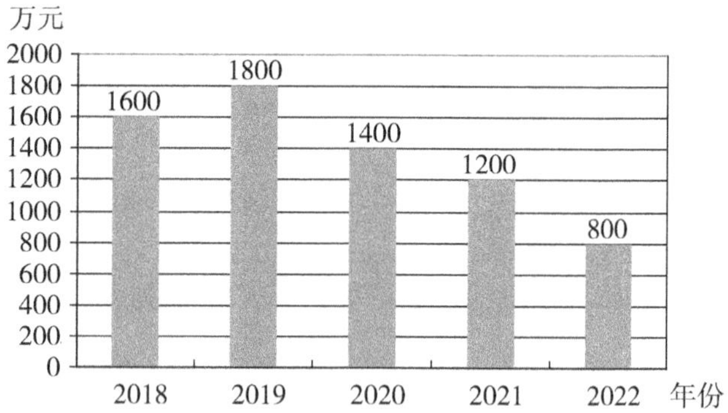

图4-14　S汽车公司预计投入的研发资金

看到了公司的这个规划，公司财务部门原有的两个员工讨论起来。

员工a：我觉得这个规划如果规划得好，能够为企业节省很多的税费。

员工b：为什么这么说呀？

员工a：最近几年，国家大力扶持高新技术企业，使得高新技术企业适用较多的税收优惠，用这笔投入研发的资金，在我们的母公司内部设立一个研发部门的话，花费的成本就会成为企业的研发费用，同时增加开发费用在我们公司营收的比例，达到成为高新技术企业的条件，这样就能节省税费了。

员工b：如果是为了享受高新技术企业的优惠，这笔资金应该用于设立一个专门的子公司，然后母公司委托子公司进行研发业务，这样子公司专攻研发这一块，术业有专攻，更容易达到高新技术企业的条件，享受税收优惠。

员工a：可是开发子公司需要开办费用，这个固定成本较高，无法忽视。

两人相持不下，准备拿出各自的证据来说服对方。

总结一下两人的方案特点：

方案1：利用该笔资金设立研发部门，使得企业享受高新企业优惠。

方案2：利用该笔资金设立研发子公司

几天之后，员工b拿出了研究几天的结果：

近几年来企业的研发费用占销售收入的情况如表4-5所示。

表4-5 研发费用占销售收入 单位：万元

	2015年	2016年	2017年（半年度）
销售收入	6 650 000	7 000 000	3 684 210.526 3
开发费用	86 450	91 000	47 894.736 8
开发费用/销售收入	1.3%	1.3%	1.3%

2018—2020年这三年销售收入与2016年的一样如表4-6所示。

表4-6 企业研发费用占销售收入情况表 单位：万元

	2018年	2019年	2020年
销售收入	7 000 000	7 000 000	7 000 000
按公司规划比例计算的开发费用	9 100	9 100	9 100
达到高新技术企业条件的开发费用支出	210 000	210 000	210 000
达到高新技术企业要求需要增加的开发费用	200 900	200 900	200 900
公司预计投入资金	1 600	1 800	1 400
能否达到高新技术企业要求	无	无	无

由表4-5、表4-6可以看出，S汽车公司拨付的资金无法使其本身现在转变为高新技术企业。而且就算企业愿意拨付资金，使得其本身达到高新技术企业的要求。S汽车公司是销售收入较高的企业，但是其销售收入大部分并不像行业中某些适用高新技术企业的汽车公司一样，依赖于新能源汽车的销售，S汽车公司本身已有的车型已经在市场上广受欢迎，而且S汽车公司销售收入较同行业来说较高，所以即使其研发费用的金额数已经位于行业前列，但是S汽车公司仍然无法符合高新技术企业的条件，如果强行增加研发费用，来使企业享受税收优惠，这样不符合企业的战略规划，而且高新技术企业每年还需要对企业进行认定复核，一旦复核不过，需要补交税费，导致税务成本较高，说明S汽车公司在近几年利用增加研发费用的方式来使自己享受税收优惠的方案不可行。

设立研发单位和研发子公司的区别：

设立研发单位，S汽车公司的纳税情况如表4-7所示。

表4-7 设立研发单位纳税情况 单位：万元

		2018年	2019年	2020年	2021年	2022年
设立研发单位	技术转让收入	8 000	9 000	12 000	10 000	11 000
	技术转让成本	1 600	1 800	1 400	1 200	800
	加计扣除	800	900	700	600	400
	技术转让所得	6 400	7 200	10 600	8 800	10 200
	应纳税所得额	5 600	6 300	9 900	8 200	9 800
	应纳所得税税额	537.50	612.50	1 087.50	887.50	1 175.00

设立研发子公司B，B公司向S汽车公司技术转让时，以研究开发费用的15%加计

收取。

设立研发子公司，S 汽车公司的纳税情况如表 4 – 8 所示。

表 4 – 8　设立研发子公司纳税情况　　单位：万元

		2018 年	2019 年	2020 年	2021 年	2022 年
设立研发子公司	技术转让收入	8 000	9 000	12 000	10 000	11 000
	技术转让成本	1 840	2 700	2 100	1 380	920
	加计扣除	920	1 350	1 050	690	460
	技术转让所得	6 160	6 300	9 900	8 620	10 080
	应纳税所得额	5 240	4 950	8 850	7 930	9 620
	应纳税额	477. 50	387. 50	975. 00	842. 50	1 082. 50

B 公司由于技术转让所得低于 500 万元，所以不需要缴纳企业所得税。

设立研发单位五年的所得税税费：

537. 5 + 612. 5 + 1 087. 5 + 887. 5 + 1 175 = 4 300（万元）

设立研发子公司五年的所得税税费为：

477. 5 + 387. 5 + 975 + 842. 5 + 1 082. 5 = 3 765（万元）

设立研发子公司比设立研发单位节省的所得税税额为 4 300 – 3 765 = 535（万元）

从总体来看，设立研发子公司比设立研发单位能够为企业节省一大笔资金，虽然研发子公司的设立需要开办费等成本，但是随着年份的推远，其节省的税额会远远超过其开办子公司时所耗用的费用，而且如果子公司的研发步入轨道之后，能够独立承担业务，为企业获得收入，而且更容易成为高新技术企业，享受高新技术企业的优惠。

（二）研发支出的会计处理选择

税法规定，研发支出符合资本化条件的可以资本化，不符合资本化条件的采用费用化，一旦采用费用化，就不能资本化，使用时也不能作为无形资产摊销。因此企业如果处于税收优惠期或亏损期，建议将研发支出全部资本化，转变为无形资产，将摊销额延后，可以使得企业充分地享受税收优惠，由于 S 汽车公司旗下有一个 t 公司近几年来加大研发新能源汽车的力度，所以适用高新技术企业的优惠税率，建议 t 公司将开发阶段的研发支出全部资本化，而母公司 S 汽车公司近几年内部也有进行研发活动，而且目前处于盈利期，然后应该较大限度地将其内部的研发支出费用化，增加企业税前扣除金额，从而减少企业应纳税所得额，减少了税基，从而减少了应纳税额。

四、生产环节

（一）固定资产方面的筹划

S 汽车公司的子公司 C 是一个高新技术企业，其有一固定资产原值为 180 万元，预计残值率为 5%，使用年限为 5 年。5 年内该企业未扣除折旧的利润和产量见附表的表 4 – 32，假设适用所得税税率为 25%，而子公司 C 一直以来均沿用平均年限法，而且子公司

C在2011年到2014年一直处于亏损状态，2015年以后才渐渐盈利，然后子公司的财务总监有点困惑，既然我们是高新技术企业，那是不是应该采用同行当中的其他企业的双倍余额递减法，然后叹了一口气说，我们之前都没有好好利用这个税收优惠，有个熟悉税法的会计师对该财务总监说，不会呀，你们2011年到2014年采用年限平均法是不亏的，但是2015年以后就有点亏了，然后会计师给出了以下的解释。

由表4－32与表4－33可以看出，在固定资产价值一定的情况下，无论采用哪种折旧方法，其计算提取的折旧总额、五年累计应纳所得税额都是相同的。但采用双倍余额递减法计算折旧时第一年应纳税额最少，其次是年数总和法，再到平均年限法，工作量法最多。

这说明盈利企业应采取加速折旧法。加速折旧法可以加速固定资产价值的回收，使计入各期成本费用的折旧费用前移，应纳税额尽量后移，由此增加企业前期的现金流量。

其次承上例，子公司C在2010年到2014年，由于刚刚起步，处于摸索状态，所以其公司一直处于亏损状态（2010年、2011年处于免税期）如表4－9所示。

表4－9　2010—2014公司亏损情况　　单位：万元

项　目	年　份					合计
	2010	2011	2012	2013	2014	
年限平均法	0	0	216.45	241.45	291.45	749.35
工作量法	0	0	216.74	240.83	288.99	746.56
双倍余额递减法	0	0	218.52	246.27	296.27	761.06
年数总和法	0	0	216.45	244.30	297.15	757.90

由表4－9计算可看出，当企业处于减免税优惠期间以及亏损期间不适宜采用双倍余额递减法或年数总和法加速计提折旧，因为不但没有少交税，反而使得5年累计应纳所得税增加。

（二）存货方面的筹划

如果企业采用适当的存货计价方法可以加快材料采购成本的结转，从而使当期的销售成本提高，进而减少当期应纳所得税税基，起到节税效果。但因为存货计价方法一经选用一般不得随意变更，这就要求企业在纳税管理时必须考虑市场物价变动，收集准确的信息资料，对未来的物价趋势做出客观准确的判断，合理选择存货的计价方式。如表4－10所示。

表 4 - 10　存货计价的方式

存货发出计价方法的选择				
项　　目	比例税率			累进税率
价格变动趋势	物价上涨	物价下跌	物价波动	物价波动
存货计价方法	加权平均法	先进先出法	加权平均法	加权平均法
选择理由	多记发出存货成本，少记期末存货成本，减少当期所得税支出	提高本期发出存货成本，减少当期收益，减轻所得税负担	避免各期利润忽高忽低及企业各期应纳所得税上下波动，利于企业资金安排与管理	使计入成本的存货价格比较均衡，进而使各期利润比较均衡，避免适合较高的税率而加重税负

最近 S 汽车公司的财务总监在研读税法书籍的时候，学到了以上的内容，然后他想结合本公司的情况以及市场原材料价格的波动情况为企业进行纳税管理，然后从年报附表存货那一栏可以得知，S 汽车公司一直以来采用的都是加权平均法计算企业发出存货的成本，所以财务总监想了解企业是否依旧适用该种方法。

从中国联合钢铁网上得到冷轧低碳钢的 2017 年截至 8 月份该地区的钢铁价格如表 4 - 11 所示。

表 4 - 11　2017 年截至 8 月份的钢铁价格　　单位：万元

时间	2017. 01. 03	2017. 02. 03	2017. 03. 03	2017. 05. 03	2017. 07. 03	2017. 08. 03
冷轧低碳钢	2	1. 8	1. 63	1. 56	2. 1	1. 69

注：中国联合钢铁网 www. cuSteel. com/.

假设 2017 年 S 公司期初结存冷轧低碳钢 3200 吨。钢材价格为 2 万元/吨。期中购入同等型号钢材两次：数量分别为 2800 吨和 1500 吨，价格分别为 1. 8 万元/吨和 2. 1 万元/吨，10 月份时发出该钢材 7000 吨，如表 4 - 12 所示。

表 4 - 12　不同存货计价方法下企业可递减的所得税　　单位：万元

存货计价方法	加权平均法	先进先出法	移动加权平均法
发出存货单价	1. 95	—	2. 02
发出结存成本	13 617	13 540	14 162
期末结存存货成本	973	1 050	428
本期可抵减的企业所得税税额	3 404	3 385	3 540

从表 4 - 12 计算可以看出，采用先进先出法的应纳税额最多，加权平均法次之，而采用移动加权平均法承担的应纳税额最少。其主要原因在于，购入材料期间价格波动加大，选择移动加权平均法进行存货计价核算比加权平均法下增加发出存货的成本，所以当期销售成本增加，应纳税额减少。反之，在材料价格下降的趋势下，选择先进先出法进行存货

计价的方法则可以获得更大的节税效益。所以在现在这种环境下采用加权平均法，虽然不是最佳的节税方案，但是相比先进先出法，依旧能够为企业带来一定程度的节税。

五、销售环节

（一）转让定价中的纳税策划

1. 母子同心，其利减税

现S汽车公司（企业所得税税率为25%）内部有人提出了一个方案：在西部大开发地区设立销售子公司，享受企业所得税税率为15%的税收优惠。S公司和销售子公司所适用的增值税税率均为17%，S公司在市场上销售一辆某型号汽车的最终售价为117万元（含税价），生产成本为30万元，可抵扣的进项税额为6万元。S公司向销售子公司的售价定86万元（不含税价），销售子公司的销售价为117万元（含税价），如表4－13所示。

表4－13　转让定价对企业净利润的影响　　单位：万元

	不设立销售子公司	设立销售子公司	
	S公司	S公司	销售子公司
不含税收入	100	86	100
应交增值税	100×17%－6＝11	86×17%－6＝8.62	100×17%－86×17%＝2.38
应交消费税	100×15%＝15	86×15%＝12.9	0
利润	100－30－11－15＝44	86－30－8.62－12.9＝34.48	100－86－2.38＝11.62
企业所得税	44×25%＝11	34.48×25%＝8.62	11.62×15%＝1.743
净利润	44－11＝33	34.48＋11.62－8.62－1.743＝35.737	
节省税额	0	2.737	

由表4－13我们可以看出，相比母公司自己销售，设立销售子公司可以减轻集团的整体税负，提高集团整体的净利润，虽然设立销售子公司会产生一些开办费用，但是从一辆汽车就能够节省2.8万元的税费，而S汽车公司这一车型的销量，在5 000辆以上，这样开办公司产生的费用只需要时间，就能被节省的税费弥补。

总结：

（1）集团内母公司与子公司之间或者子公司与子公司之间发生购销商品、提供劳务、转让技术等活动时所确定的集团内部价格被称为转移定价，这类价格是由集团内管理层根据集团内相关各方的利益以及集团发展的战略目标来测算并确定的。因此，集团管理层会为集团内购销双方确定一个可能高于或低于市场价的价格，通过价格的调整将利润保留在税率较低的企业，从而实现集团整体税负的降低。

（2）转移定价减轻的是企业所得税的税负。转移定价要实现转移利润降低税负的目的，必须满足一个条件：集团内发生关联交易双方的税率存在高低差异。通常情况下，当税率较高的企业向税率较低的企业销售商品或提供劳务时，会采用较低的价格，将利润转移到税率较低的企业，以实现整个集团的低税负，反之亦然。但税法有规定，如果集团内关联企业之间的转移定价不符合市场独立交易原则的，税务机关有权对该价格进行调整，这样，企业就面临着补缴税款并受到处罚的风险。

（3）为了降低税收成本，S汽车公司可以先提高给子公司的销售价格，然后再提供给子公司商业折扣，然后使得其销售价格依旧是与行业平均水平接近的，但是税基却变小了。

2. 小税率中有大学问

由于企业主打的两个车型是a和b，a是气缸容量在1.0升以上至1.5升的，而b是气缸容量在2.0升以上至2.5升的，所以两个乘用车之间有较大的消费税税率（见表4－14）。现在有两个销售这两种车给其销售子公司的方案。大概情况是，现在出售的这两种车，a在该批量下直接卖给经销商的价格为100万元，而b直接卖给经销商的价格大概为1 345 000元，现在销售给其子公司的方案有如下两种方案，如表4－15所示。

表4－14　乘用车税率表

乘用车税目	消费税税率
气缸容量在1.0升以下的	1%
气缸容量在1.0升以上至1.5升的	3%
气缸容量在1.5升以上至2.0升的	5%
气缸容量在2.0升以上至2.5升的	9%
气缸容量在2.5升以上至3.0升的	12%

方案1：a的销售价格为80万元，b的销售价格为115万元；

方案2：a的销售价格为90万元，b的销售价格为105万元。

表4－15　方案1、方案2税费明细　　单位：万元

项　目	方案1		方案2	
	S公司	销售子公司	S公司	销售子公司
不含税收入	195	234.5	195	234.5
应交增值税	33.15	6.715	33.15	6.715
应交消费税	12.75		12.15	
利润	149.1	227.79	149.7	227.79
企业所得税	37.28	4.17	37.43	34.17
净利润	305.44		305.89	
节省税额	0		0.45	

本案例启示我们，企业在转让定价的时候，可以将消费税率较低的产品以较高的价格转让给子公司，然后将消费税率较高的产业以较低的价格转让给子公司，这样就能在不增加税收成本的前提下，节省税额。

3. 母公司的锅，子公司来背

根据税法的有关规定，企业发生的与生产经营活动有关的业务招待费支出，按照发生

额的60%扣除，但最高不得超过当年销售收入的千分之五；企业发生的符合条件的广告费和业务宣传费支出，除国务院财政、税务主管部门另有规定外，不超过当年销售收入15%的部分，准予扣除，超过部分，准予在以后纳税年度结转扣除。另外，职工工资薪金、福利费、三项经费等费用均有在税前扣除限额的规定。因此，设立销售子公司，可以在合理分配费用的前提下，相当于享受双重扣除标准，为减轻企业税负创造有利条件。如表4-16所示。

表4-16　设立销售子公司对税负的影响　单位：万元

	不设立销售子公司	设立销售子公司	
	母公司	母公司	销售子公司
对外销售收入	5 000		5 000
对外销售成本	2 000		2 500
内部交易收入		2 500	
内部交易成本		2 000	
广告业务宣传费	2 000	1 000	1 000
税前扣除金额	750	375	750
利润总额	1 000	-500	1 500
应纳税所得额	2 250	125	1 750
企业所得税税率	25%	25%	15%
应纳税额	562.5	31.25	262.5
税额合计	562.5	293.75	

由表4-16可知，在假设销售收入相同的情况下，设立销售子公司，将母公司的部分费用放在子公司那里合理分配，可以在税前多抵扣375万元，节税268.75万元，节税效果显而易见。

（二）促销措施中的纳税策划

1. 你的优惠，我的福利

（1）零售当中的促销方式纳税策划

商业折扣：企业为促进商品销售而在商品价格上给予的价格扣除属于商业折扣，商品销售涉及商业折扣的，应当按照扣除商业折扣后的金额确定销售商品收入金额。对于销售折扣，现行增值税税法规定，如果销售额和折扣额是在同一张发票上分别注明的（普通发票或增值税发票的开具方法相同），可以按折扣后的余额作为销售额计算增值税和企业所得税；如果将折扣额另开发票，不论其在财务上如何处理，均不得从销售额中减除折扣额计算增值税和企业所得税。

现金折扣：销售商品涉及现金折扣的，应当按扣除现金折扣前的金额确定销售商品收入金额，现金折扣在实际发生时作为财务费用在计算所得税前扣除。

假设S汽车公司销售某辆汽车收入1 000万元，成本200万元，折扣均为10%。如表4-17所示。

表 4-17　S 汽车公司不同销售折扣对比

项　目	无折扣	商业折扣	现金折扣
销售收入（万元）	1 000	1 000	1 000
销售成本（万元）	200	200	200
折扣金额（万元）	无	100	100
增值税率（%）	17	17	17
增值税销项税额（万元）	170	153	170
增值税进项税额（万元）	34	34	34
应交增值税（万元）	136	119	136
应纳所得税额（万元）	800	700	700
企业所得税税率（%）	25	25	25
应纳所得税（万元）	200	175	175
净利润（万元）	600	625	625

从以上三种不同的销售方式可以看出，商业折扣给企业带来的节税效益最大，现金折扣方式略逊于商业折扣。因此，S 汽车企业在选取销售折扣时，应采取商业折扣。

4S 店的促销方式更为复杂，一般会给客户送礼包，如送防爆膜、真皮座套，还有积分换礼品，对于不同的销售方式需事先进行税收成本控制，所以根据上面分析的结果，如在积分换礼品的销售方式下，汽车专卖店可以把积分换礼品的宣传内容改为积分换取折扣券，折扣券上要注明：顾客使用折扣券购物后，如需开具发票，在发票上的金额栏分别写明货物原价、折扣金额、实收销售额，当消费者拿着折扣消费券消费时，汽车专卖店可将销售商品的金额和折扣额同时开在一张发票的金额栏中。

（2）特殊营销策略中的纳税策划

最近有一批发动机由于市场更新换代比较快，所以市场对其需求的价格没有之前那么高，导致了该批发动机有了一定程度的滞销，为此 S 汽车公司准备与子公司约定，让子公司以不高于 S 汽车公司出售给其的价格出售，但是会给他们提供一些优惠，财务经理思考了一下给出了下列几种方案，然后他想看看每种方案实施后的税收情况（发动机成本为 4 万元，母公司销售给子公司的为 5 万元（不含税），子公司销售价格为 5 万元（不含税），子公司预计可销售 100 个。如表 4-18 所示。

方案 1：每出售 10 个发动机，能够返利 1 个同样类型的发动机，并开具增值税专用发票。

方案 2：采用现金返利，每出售 10 个发动机给予 5 万元的现金返利。

方案 3：子公司向 S 汽车公司收取固定的服务费 50 万元，与销售汽车的数量没有关系。

表 4－18　不同营销方案税费明细　　单位：万元

	方案1		方案2		方案3	
	母公司	子公司	母公司	子公司	母公司	子公司
增值税销项税额	85	85	76.5	85	85	88
增值税进项税额	60	85	60	76.5	63	85
应缴纳的增值税	25	0	16.5	8.5	22	3
应缴纳的城市维护建设税以及教育费附加	2.5	0	1.65	0.85	2.2	0.3
应纳税所得额	47.5	50	48.35	49.15	47.8	49.7
应交所得税	11.875	12.5	12.087 5	12.287 5	11.95	12.425
总计缴纳的税费	39.375	12.5	30.237 5	21.287 5	36.15	15.725
合　计	51.875		51.525		51.875	

从这个案例可以看出，在此情景下采用现金返利的方式更能够节省企业的税费，但是如果结合现在S汽车公司想要去库存的情况，在税额差距不大的时候，也可以考虑采用实物返利的模式进行。然后如果现在销售的对象不是子公司而是经销商的话，那平销返利这个策略可以选择现金返利，然后收取固定费用，实物返利是最后的选择。

2. 收入确认的纳税策划

从2016年以来，S汽车公司为了增加企业的汽车销量，推行了车贷，购买者可以分期付款的方式购买汽车，然后为了提高与经销商的业务关系，采用了提供给经销商赊购的机会，以及委托销售子公司销售汽车的方式销售汽车。而这几种方式是否也是S汽车公司纳税策划的一个重要的环节呢？很显然在一定程度上能够对S汽车公司的纳税策划有一定的帮助。

纳税人销售应税消费品，其纳税义务发生的时间如表4－19所示。

表 4－19　纳税义务发生时间

方　式	纳税义务发生时间
分期收款	销售合同规定的收款日期的当天
预收货款	发出应税消费品的当天
其他结算方式	收讫销售款或者取得销售款凭证的当天
自产自用应税产品	移送应税产品的当天

企业选择合理的结算方式不仅可以拖延货款入账的时间，达到延缓税款缴纳而获得货币时间价值的目的，而且可以避免不必要的税收损失。

赊销和分期收款方式的妙处：赊销和分期收款结算方式都以合同约定日期为纳税义务发生的时间，这就表示，在纳税义务发生时间的确定上，企业拥有充分的自主权，也有充分的筹划空间。因此，S汽车公司在产品销售的过程中，在应收货款一时无法收回或者部分无法收回的情况下，可以选择赊销或分期收款结算方式，尽量回避直接收款方式。直接收款方式不论货款是否收回，都得在提货单移交并办理索要销售额的凭据之日计提增值税，承担纳税义务。所以企业完全可以选择推迟增值税纳税时间。

委托代销方式销售货物的妙处（属于其他结算方式）：委托代销是指S汽车公司将汽车或汽车零件交付给受托方，受托方根据合同要求，将汽车或汽车零件出售后，开具销货清单交付给S汽车公司，这时S汽车公司才确认销售收入并计提增值税，确认纳税义务的发生。这样企业就可以根据其实际收到的货款分期计算增值税，从而延缓纳税时间。

六、企业利润分配之纳税筹划

（一）亏损弥补有妙招

我国《企业所得税法》明确表示，企业如果某一年因为经营不当，造成了一定的亏损，那么可以用以后年度实现的税前利润逐年进行填补，然而填补有一定的时间期限，一般以五年为限。所以，用以后年度实现的税前利润弥补以前年度亏损，可以有效地降低税负，其主要方法有：

第一，通过收购亏损企业来实现盈亏互补，从而达到少缴或不缴企业所得税的目的。

第二，在税法允许的范围内，合理选择资产计价和摊销的方式，以及费用列支的范围和标准，以在所得税前尽可能多地列支费用或成本，用足弥补亏损的五年期限，延迟纳税时间。

（二）留存收益再利用

法人股东将盈余公积和未分配利润转增注册资本，其实质同样是公司先将盈余公积和未分配利润向股东进行分配，股东再以分配所得投入公司增加公司注册资本，而境内企业的股息红利所得属于免税收入的范畴，所以，法人股东将留存收益用于再投资，不征收企业所得税。

综上，如果股份制公司股东均为法人股东，可以把税后利润的大部分作为公司的追加投资，在股东享受免税的同时，使公司资产总额增加，在不增发股票的前提下提高公司的股票价值，为投资者带来更多好处。

（三）股息所得与资本利得的转化

我国企业所得税法规定，股权处置获得的收益在减除投资者的投资成本后，应就其余额缴纳企业所得税；但对于股息性所得则不同，股息性所得是投资者获得的被投资企业对税后净利润的分配收入，由于税后净利润是已经缴过企业所得税的收益，因此税法规定对境内法人投资者收到的，从境内被投资企业分回的利润，不再征收企业所得税。因此，投资方在有意处置被投资企业股权时，可以充分利用上述政策差异进行纳税管理：在投资方欲转让其所拥有的被投资方全部或部分股权时，如果被投资企业保留有利润未分配，则会造成股息所得转让为股权转让所得，使得企业本来应享受的政策性免税福利待遇转化为税款缴纳给国家。因此，法人投资者在转让被投资企业的股权之前，为了保障自己的利益，必须优先分配税后盈余。

S汽车公司于2015年初引进技术合作者——T公司，原外方股东——D公司将其所持有的10%的股份转让给同样是境外的T公司，转让价格为2014年12月31日S汽车公司账面净资产的10%，即7 800万元人民币，D公司初始投资成本1 220万元，截止2014年底，S汽车公司账面未分配利润累计金额为39 000万元，其中，2011年至2012年留存的未分配利润为9 400万元，2013年至2014年留存的未分配利润为29 600万元，对境外投资者征收预提所得税税率为10%。

方案1：D公司转让10%股权以前不分配截至2014年底公司账面上保留的未分配利润，则：D公司需要缴纳股权转让所得税为（7 800－1 220）×10%＝658（万元）；

方案2：D公司转让5%股权以前将截至2014年底公司账面上保留的未分配利润全部分配完毕，则：D公司缴纳的所得税为：

股息应交所得税29 600×10%×10%＝296(万元)

股权转让所得税[(7 800/10%－39 000)×10%－1 220]×10%＝268(万元)

两项合计税金为564万元。

方案2明显优于方案1，D公司在转让其持有的S汽车公司10%的股权前，将截至2009年底S汽车公司账面保留的未分配利润分配完毕，能为其节税94万元。其原因就在于D公司在股权转让前获取了股息所得，为了让投资方的税收压力进一步降低，可以通过这种方式，避免不征税的股息所得朝着征税的股权转让所得的方向发展。

七、结果评价

（一）纳税策划流程

S汽车公司纳税策划流程如图4－15所示。

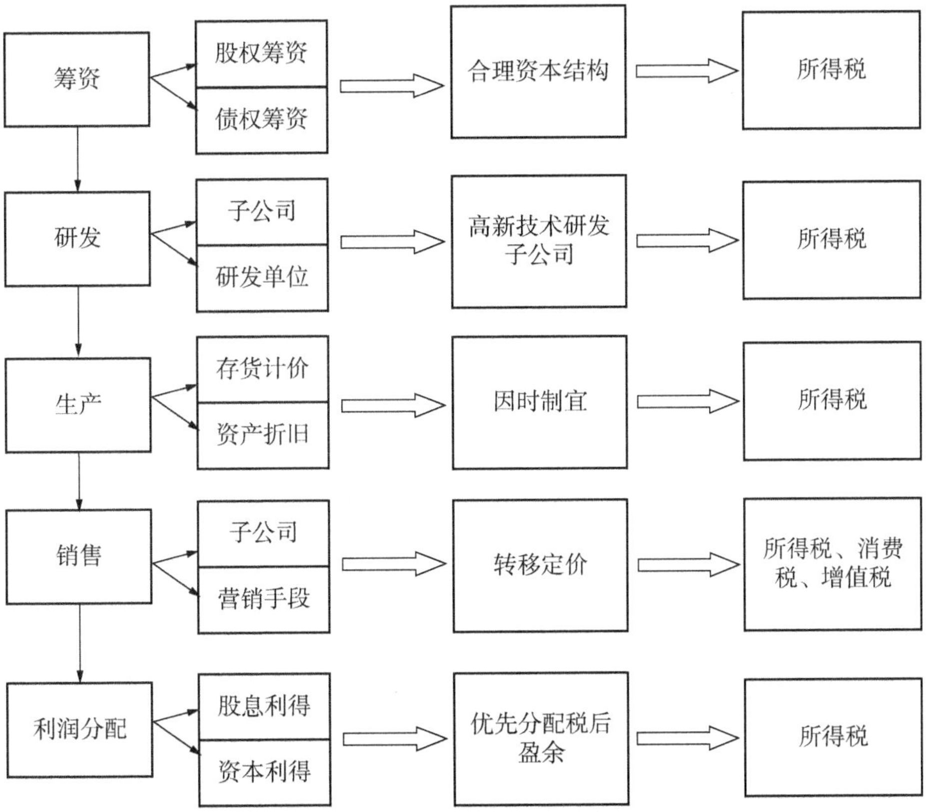

图4－15　纳税策划流程图

（二）纳税策划结果

通过以上税收成本控制活动，所得税在各个环节共节税944.09万元，消费税在销售环节节税2.7万元，两个税种共计节税946.79万元。如表4－20所示。

表4－20　纳税策划节税明细表　单位：万元

	筹划活动	研发活动	生产环节	销售环节	利润分配	总计
所得税	1.8	535	19	294.29	94	944.09
消费税	0	0	0	2.7	0	2.7
城建税	0	0	0	0	0	0
增值税	0	0	0	0	0	0
总计（万元）	1.8	535	19	296.99	94	946.79

由表4－20可知，像S汽车公司这种产业链较为复杂的企业，从产业链的每个部分细分出来，根据各自的特点进行纳税管理，能够更加行之有效，紧跟国家的优惠政策，然后根据自身情况选择适合自身的纳税管理方案，才能更好地为公司节省税额。

八、问题探讨

1. 在S汽车公司往新能源发展的规划中，资本结构变革中有哪些筹资方式可以进行节税？请结合数据进行说明。

2. S汽车公司在研发活动中面临着哪些节税的困惑？改变公司的组织形式会有怎样的影响？

3. 针对固定资产的折旧，S汽车公司采用加速折旧法是基于怎样考虑的？

4. 如果冷轧低碳钢的价格波动较小，S汽车公司该采用怎样的存货计价方法？是否可行？

5. 销售环节里转让定价和促销措施的节税方式是如何运作的？需要有哪些策略去支持？

6. S汽车公司在利润在分配中采用了哪几种节税思想？还有哪些改进的地方？

九、附表

附表见表4－21～表4－33。

表4－21　设立研发单位纳税情况　单位：万元

项　目		2018年	2019年	2020年	2021年	2022年
设立研发单位	技术转让收入	8 000	9 000	12 000	10 000	11 000
	技术转让成本	1 600	1 800	1 400	1 200	800
	加计扣除	800	900	700	600	400
	技术转让所得	6 400	7 200	10 600	8 800	10 200
	应纳税所得额	5 600	6 300	9 900	8 200	9 800
	应纳所得税税额	537.50	612.50	1 087.50	887.50	1 1750

表 4-22　设立研发子公司纳税情况　　单位：万元

项　目		2018 年	2019 年	2020 年	2021 年	2022 年
设立研发子公司	技术转让收入	8 000	9 000	12 000	10 000	11 000
	技术转让成本	1 840	2 700	2 100	1 380	920
	加计扣除	920	1 350	1 050	690	460
	技术转让所得	6 160	6 300	9 900	8 620	10 080
	应纳税所得额	5 240	4 950	8 850	7 930	9 620
	应纳税额	477. 50	387. 50	975. 00	842. 50	1 082. 50

表 4-23　S 汽车公司 2009—2017 年所得税税负率

年份	利润总额（万元）	所得税费用（万元）	税负率（%）	是否适用高新技术税率
2009	8. 60	0. 489	0. 05 686	适用
2010	33. 20	0. 463	0. 013 946	适用
2011	42. 00	7. 040	0. 167 619	适用
2012	40. 20	6. 630	0. 164 925	适用
2013	41. 50	6. 19	0. 149 157	不适用
2014	42. 70	4. 44	0. 103 981	不适用
2015	45. 80	5. 74	0. 125 328	不适用
2016	50. 50	6. 53	0. 129 307	不适用
2017	11. 80	1. 40	0. 118 644	不适用

表 4-24　f 汽车公司 2009—2017 年所得税税负率

年份	利润总额（万元）	所得税费用（万元）	税负率（%）	是否适用高新技术税率
2009	32. 40	-0. 111	-0. 003 43	适用
2010	55. 20	0. 0168	0. 000 304	适用
2011	40. 60	-1. 10	-0. 027 09	适用
2012	10. 00	-0. 6479	-0. 064 79	适用
2013	26. 50	1. 01	0. 038 113	适用
2014	30. 70	1. 031	0. 033 583	适用
2015	44. 10	4. 00	0. 090 703	适用
2016	70. 50	7. 04	0. 099 858	适用
2017	26. 70	3. 08	0. 115 356	适用

表 4－25　by 汽车公司 2009—2017 年所得税税负率

年份	利润总额(万元)	所得税费用(万元)	税负率(%)	是否适用高新技术税率
2009	45. 10	4. 22	0. 093 57	适用
2010	31. 40	2. 24	0. 071 338	适用
2011	17. 30	1. 32	0. 076 301	母公司通过复审适用，子公司没通过
2012	2. 91	0. 7784	0. 267 491	适用
2013	8. 36	0. 5622	0. 067 249	适用
2014	8. 74	1. 34	0. 153 318	适用
2015	37. 90	6. 57	0. 173 351	适用
2016	65. 70	10. 90	0. 165 906	适用
2017	16. 30	2. 45	0. 150 307	适用

表 4－26　cn 汽车公司 2009—2017 年所得税税负率

年份	利润总额（万元）	所得税费用（万元）	税负率（%）	是否适用高新技术税率
2009	11. 10	0. 0437	0. 003 937	适用
2010	20. 00	0. 147	0. 007 35	适用
2011	9. 49	0. 2298	0. 024 215	适用
2012	13. 30	－0. 8757	－0. 065 84	适用
2013	31. 80	－1. 53	－0. 04 811	适用
2014	75. 40	0. 2085	0. 002 765	适用
2015	100. 00	0. 8933	0. 008 933	适用
2016	103. 00	0. 7323	0. 007 11	适用
2017	22. 60	－0. 1672	－0. 007 4	适用

表 4－27　汽车公司 2015 年消费税税负率

汽车公司	消费税额（元）	销售收入（元）	税负率（%）
f 汽车公司			
cn 汽车公司	311 777 113. 20	64 862 129 116. 91	0. 4807
S 汽车公司	168 890 606. 05	17 007 469 320. 41	0. 9930
by 汽车公司	27 218 000. 00	7 931 613 000. 00	0. 3432
y 汽车公司	－6 599 565. 81	23 759 067 729. 58	－0. 0278
x 汽车公司			
c 汽车公司	224 833 298. 21	73 317 204 913. 63	0. 3067

表4－28　汽车公司2016年消费税税负率

汽车公司	消费税额（元）	销售收入（元）	税负率（%）
f汽车公司	24 282 194.00	1 264 007 374.00	1.9210
cn汽车公司	331 988 223.84	78 133 944 076.33	0.4249
S汽车公司	111 148 054.77	33 523 982 028.22	0.3315
by汽车公司	32 861 000.00	12 198 377 000.00	0.2694
y汽车公司	－60 512 689.40	20 503 681 516.53	－0.2951
x汽车公司	－1 285 503.77	1 655 685 962.84	－0.0776
c汽车公司	747 037 394.74	96 096 775 363.77	0.7774

表4－29　S汽车公司近三年增值税税负率

S汽车公司	增值税税额（元）	销售收入（元）	税负率（%）
2014	11 539 786 364.90	15 303 502 982.84	0.754 061 8
2015	16 272 468 217.80	17 007 469 320.41	0.956 783 6
2016	20 024 172 075.00	33 523 982 028.22	0.597 308 9

表4－30　2015年增值税税负率

汽车公司	增值税税额（元）	销售收入（元）	税负率（%）
S汽车公司	16 272 468 217.80	17 007 469 320.41	0.956 783 6
f汽车公司	2 301 584 230.00	998 509 866.00	2.305 019
cn汽车公司	4 300 337 286.40	64 862 129 116.91	0.066 299 7
by汽车公司	2 908 880 000.00	7 931 613 000.00	0.366 745 1

表4－31　2016年增值税税负率

汽车公司	增值税税额（元）	销售收入（元）	税负率（%）
S汽车公司	20 024 172 075.00	33 523 982 028.22	0.597 308 9
f汽车公司	3 805 278 600.00	1 264 007 374.00	3.010 487 7
cn汽车公司	6 347 533 874.60	78 133 944 076.33	0.081 239 1
by汽车公司	3 701 650 000.00	12 198 377 000.00	0.303 454 3

表4－32　2015—2018年未扣除折旧利润及产品产量

项　目	2015年	2016年	2017年	2018年	2019年	合计
未扣除折旧利润（万元）	760	800	900	1 000	1 200	4 660
产量（万件）	760	800	900	1 000	1 200	4 660

表4-33 不同折旧方法下的应纳所得税税额 单位：万元

折旧方法		第一年	第二年	第三年	第四年	第五年	合计
年限平均法	折旧额	34.20	34.20	34.20	34.20	34.20	171.00
	应纳税所得	725.80	765.80	865.80	965.80	1 165.80	4 489.00
	应纳所得税	181.45	191.45	216.45	241.45	291.45	112.25
工作量法	折旧额	27.89	29.36	33.03	36.7	44.03	171.00
	应纳税所得	732.11	770.64	866.97	963.30	1 155.97	4 489.00
	应纳所得税	183.03	192.66	216.74	240.83	288.99	112.25
双倍余额递减法	折旧额	72.00	43.20	25.92	14.94	14.94	171.00
	应纳税所得	688.00	756.80	874.08	985.06	1 185.06	4 489.00
	应纳所得税	172.00	189.2	218.52	246.27	296.27	112.25
年数总和法	折旧额	57.00	45.60	34.20	22.80	11.40	171.00
	应纳税所得	703.00	754.40	865.80	977.20	1 188.60	4 489.00
	应纳所得税	175.75	188.60	216.45	244.30	297.15	112.25

十、参考资料

[1] 蔡昌．税收筹划［M］．北京：经济科学出版社，2016.

[2] 庄粉荣．所得税纳税筹划案例精选［M］．北京：机械工业出版社，2012.

[3] 关书宾，马良．企业纳税实务与税收筹划全攻略［M］．北京：立信会计师出版社，2011.

[4] 蔡昌．避税那些事儿［M］．南昌：江西人民出版社，2015.

[5] 翟继光．新税法下企业纳税筹划［M］．北京：电子工业出版社，2010.

[6] 蔡昌．税收筹划理论、实务与案例［M］．北京：中国人民大学出版社，2016.

[7] 蔡昌．税收筹划实战［M］．北京：机械工业出版社，2013.

[8] 梁俊娇．税收筹划［M］．北京：中国人民大学出版社，2014.

[9] 杨华．浅议企业的税收筹划［J］．财会通迅（理财版），2007（01）.

[10] 马慧．税务筹划浅谈［J］．中国管理信息化，2007（01）.

[11] 刘涛，孟卫东．企业税收筹划的组合效应分析［J］．重庆大学学报（自然科学版），2004（03）.

[12] 范宝学．关于企业纳税税收筹划的探讨［J］．中国财政，2003（03）.

[13] 赵静．我国税收筹划的现状及可行性分析［J］．内蒙古统计，2007（05）.

[案例说明书]

一、本案例要解决的关键问题

通过本案例的应用，引导学生分析：纳税管理与避税，偷漏税的区别。如何在具体的活动中在控制税收成本的同时进行纳税管理的优化，以及该公司有哪些比较好的纳税管理手段可以借鉴，以及哪些遗漏的纳税管理的点可以改进。

二、案例讨论的准备工作

为了有效地实现本案例的目标，学员应该具备以下的知识背景。

（一）理论知识

（1）固定资产折旧办法

年限平均法：年限平均法是指按照固定资产的预计使用年限平均计提折旧的办法。

年折旧额 = 固定资产应计提折旧总额/预计使用年限

=（固定资产原值 - 预计净残值）/预计使用年限

工作量法：工作量法是指按照固定资产预计完成的工作总量平均计提折旧的方法。

某项固定资产单位工作量折旧额

= 该项固定资产应计提的折旧总额/该项固定资产预计完成的工作总量

双倍余额递减法：计提折旧一般不考虑固定资产预计净残值，双倍余额递减法是指固定资产净值和双倍直线折旧率计提折旧的方法，其计算公式如下：

①双倍直线的折旧率 = 2/预计使用年限

②固定资产年折旧额 = 固定资产期初净值 × 双倍直线的折旧率

年数总和法：年数总和法是指固定资产应计提折旧总额和某年尚可使用年数占各年尚可使用年数总和的比重（即年折旧率）计提折旧的方法。

年折旧率 = 该年尚可使用年数/各年尚可使用年数总和

年折旧额 = 应计提折旧总额 × 年折旧率

（2）存货计价方法

企业计算领用原材料的实际成本时，企业可根据实际情况，选用先进先出法、月末一次加权平均法、移动加权平均法和个别计价法，企业一旦确定存货计价方法，在同一会计年度不能随意变更同种原材料的计价方法。

先进先出法：先购入的存货成本在后购入存货的成本之前转出，据此确定发出存货和期末存货的成本。

月末一次加权平均法：是指以本月全部进货数量加上上月存货数量作为权数，去除本月全部进货成本加上月初存货成本，计算出存货的加权平均单位成本。

移动加权平均法：移动加权平均法是指以每次进货的成本加上原有库存存货的成本的合计额，除以每次进货数量加上原有库存存货的数量的合计数，据以计算加权平均单位成本。

存货单位成本 =（原有库存存货的实际成本 + 本次进货的实际成本）÷（原有库存存货数量 + 本次进货数量）

本次发出存货的成本 = 本次发出存货数量 × 本次发货前存货的单位成本

本月月末库存存货成本 = 月末库存存货的数量 × 本月月末存货单位成本

个别计价法（略）。

（3）研发支出

在研究阶段的开发支出，应予费用化。

在开发阶段发生的支出，符合资本化条件的应予资本化，不符合条件的应予费用化，不确定的应予费用化。

（4）平销返利中的会计处理

平销返利中的会计处理如表 4－34 所示。

表 4－34　平销返利中的会计处理

	销售方	供应商	备　注
现金返利	借：银行存款 贷：主营业务成本 应交税费——应交增值税（进项税额转出）	借：主营业务收入 应交税费－应交增值税（销项税额） 贷：银行存款	销售方收取的返还收入，应按照规定冲减当期增值税进项税额。商业企业向供货商收取的各种收入，一律不得开具增值税专用发票。对于销售方向供应商收取的返还资金，商场不出具发票，而应由供应商出具红色专用发票
实物返利（能取得发票）	借：库存商品——平销返利 应交税费——应交增值税（进项税额） 贷：主营业务成本 应交税费——应交增值税（进项税额转出）	借：主营业务收入 应交税费——应交增值税（销项税额） 贷：库存商品 应交税费——应交增值税（销项税额）	供应商的实物返利应作如下处理：一是实物的视同销售，二是完成利润返还。供应商在实物返利时，要同时确认价格折让引起的前期已确认收入、销项税额的减少，以及赠送实物视同销售引起本期收入、销项税额的增加

（5）税法要求

高新技术企业的认证要求：

a. 拥有核心自主知识产权，是指在中国境内注册的企业，近 3 年内通过自主研发、受让、受赠、并购等方式，或通过 5 年以上的独占许可方式，对其主要产品的核心技术拥有自主知识产权。

b. 产品属于《国家重点支持的高新技术领域》规定的范围。

c. 研究开发费用占销售收入的比例不低于规定的比例。最近一年销售收入小于 5 000 万元的企业的，比例不低于 6%，最近一年销售收入在 5 000 万～20 000 万元的企业，比例不低于 4%，最近一年的销售收入在 20 000 万元以上的，比例不低于 3%。

d. 高新技术产品收入占企业总收入的比例不低于规定的比例，是指高新技术产品收入占企业当年总收入的60%以上。

e. 科技人员占企业职工人数不低于规定的比例，是指具有大专以上学历的科技人员占企业当年职工总数的30%以上，其中研发人员占企业当年职工总数的10%以上。

f. 高新技术企业认定管理办法规定的其他条件。

所得税：

在计算应纳税所得额中，不能扣除的项目有如下：

①向投资者支付的股息、红利等权益性投资收益款项；

②企业所得税税款；

③税收滞纳金；

④罚金、罚款和被没收财务的损失。

企业技术转让所得应该如何计税。

企业为开发新技术、新产品、新工艺发生的研究开发费用在计算企业所得税应纳税额时：

①未形成无形资产计入当期损益的，在按照规定据实扣除的基础上，按照研究开发费用的50%加计扣除。

②形成无形资产的，按照该无形资产成本的150%在税前摊销。

税前利润补亏：

企业如果某一年因为经营不善，造成了一定的亏损，那么可以用以后年度实现的税前利润进行逐年填补，然而填补有一定的时间期限，一般以五年为限。

消费税：

①基本规定：消费税（卷烟除外）实行单一环节征收（见表4－35）。

表4－35

征税环节		适用范围
基本环节	生产环节	除按照规定在零售环节纳税的应税消费品以外的其他应税消费品
	进口环节	
	委托加工环节	
特殊环节	零售环节	金银首饰、钻石及钻石饰品，铂金首饰
	批发环节	卷烟在批发环节加增一道消费税

②乘用车消费税税率表（见表4－14）

增值税：

开具增值税专用发票的条件：

①会计制度健全，而且没有《税收征管法》中规定的税收违法行为的增值税纳税人可开具增值税专用发票。

②符合条件的小规模纳税人可以向税务机关申请代开增值税专用发票，然后小规模纳税人本身就可以开具增值税普通发票。

（二）行业背景

1. 中国汽车行业发展现状

进入21世纪以来，我国汽车行业虽然产业结构不合理，自主开发能力薄弱，但是整个行业高速发展，依旧是传统产业集中度不断提高，产品技术水平明显提升，已经成为世界汽车生产及消费大国。根据中国汽车工业协会的统计数据，2001年中国汽车的销量仅为200余万辆，但在2006年销量便已超过700万辆。2008年在金融危机的冲击下仍然保持增长态势。2009年，在全球汽车市场不景气的背景下，我国汽车行业发展火热，汽车消费量占全球总消费量的12%，成为世界第一汽车生产大国。到2010年时，我国汽车销量已达1 800万辆。但在经历几年的增长后，我国的汽车市场增长势头开始放缓。由于汽车市场的增长势头正在放缓，所以将来会有价格战的可能，对于近五年来没有使用任何税收优惠的S汽车公司来说，降低税收成本，提高竞争力就显得很紧迫。

2. 影响行业发展的主要因素

有利因素：就是国家产业政策的扶持。近年来，我国对汽车行业及其零部件行业加大了支持和鼓励。2015年，中央政府提出在“适度扩大总需求的同时，着力加强供给侧结构性改革，着力提高供给体系质量和效率”。在“供给侧改革”指导下，汽车及其零部件行业将坚定不移地进行结构调整，加快以中低端产品为主的产品结构向以中高端产品为主的产品结构的转型进程，提高技术含量，满足中产阶级及以上消费者的中高端消费需求，积极参与国际竞争，培养一批有核心技术、有竞争力的汽车及其零部件企业，以促进汽车及其零部件行业健康持续发展。近几年来对于新能源汽车的研发会成为整个汽车行业都会努力去做的事情，因此对于研发部分的纳税管理就显得非常重要。

不利因素：生产规模小、生产智能化水平不高成为制约我国铝车轮企业提升国际市场竞争力的瓶颈。铝合金车轮行业是资金密集型行业，具有显著的规模经济性。虽然目前我国汽车车轮生产企业众多，但行业大部分企业的生产智能化水平不高、产业集中度较低。与国际大型铝车轮生产企业相比，我国大部分铝车轮生产企业普遍存在生产规模小、投资不足，且生产效率较低，自动化、智能化制造水平不高的现状，不能形成有效的规模经济效应，在国际市场竞争中处于劣势。较低的行业生产智能化水平和产业集中度使得生产规模、生产效率成为制约我国汽车车轮企业提升国际竞争力的瓶颈。因此通过并购来扩大生产规模会成为其中重要的方式之一。

三、教学组织形式

（一）课前发布问题清单以及提问顺序、资料发放顺序

本案例探讨的题目依次为：

（1）在S汽车公司往新能源发展的规划中，资本结构变革中有哪些筹资方式可以进行节税？请结合数据进行说明。

（2）S汽车公司在研发活动中面临着哪些节税的困惑？改变公司的组织形式会有怎样的影响？

（3）针对固定资产的折旧，S汽车公司采用加速折旧法是基于怎样考虑的？

（4）如果冷轧低碳钢的价格波动较小，S汽车公司该采用怎样的存货计价方法？是否可行？

（5）销售环节里转让定价和促销措施的节税方式是如何运作的？需要有哪些策略去支持？

（6）S汽车公司在利润分配中采用了什么节税思想？还有哪些改进的地方？

（二）课时分配

整个案例的课堂时间控制在90分钟以内，时间与内容安排可参考以下建议：

（1）课前自行阅读资料；

（2）课前分小组进行思考讨论，并提交分析报告提纲；

（3）课堂上教师简单介绍案例内容，点评课前每组提交的提纲；提出案例讨论关键点和核心问题，并说明讨论陈述的要求等；（15分钟）

（4）小组讨论，20分钟之后每个小组代表进行发言，陈述观点；（50分钟）

（5）教师点评；（10分钟）

（6）教师对此次课题进行总结，布置针对本次案例讨论提交一份更加具体的书面报告作业。（15分钟）

（三）讨论方式

本案例可以采用行动学习法分小组讨论。

（四）课堂讨论总结

课堂讨论总结的关键是：总结归纳每组发言者的主要观点，小组之间互相学习；重申其重点难点，明确学习目标；建议大家对案例再深入研究分析，拓展新思路和新观点。

案例 5

御税于国策，龙行于四方：YL 股份有限公司纳税方案选择*

* 1. 本案例由广东工业大学管理学院的张源、冯琪晶、邱蓉和王裕敏共同编写，作者拥有著作权中的署名权、修改权、改编权。

2. 将本案例授权予广东工业大学产教融合 MPAcc 教学智库实验平台使用，广东工业大学产教融合 MPAcc 教学智库实验平台享有复制权、修改权、发表权、发行权、信息网络传播权、改编权、汇编权和翻译权。
3. 由于企业保密的要求，在本案例中对有关名称、数据等做了必要的掩饰性处理。
4. 本案例只供课堂讨论之用，并无意暗示或说明某种管理行为是否有效。

［案例封面］

专业领域：财务管理

适用课程：《税收筹划与企业经营决策》《税法》

选用课程：《税收筹划》《中国税制》

编写目的：本案例探讨了高新技术企业 YL 股份有限公司利用税收洼地，对纳税方案进行优化选择的应用实操。编写目的在于让学员了解该公司在国家“建设‘一带一路’，支持企业走出去”的行动计划下，是如何利用相关税收优惠政策进行跨国公司的战略税收策划。

知 识 点：税收洼地；税收优惠；国际税收协定

关 键 词：高新技术企业；战略纳税策划；一带一路

中文摘要：YL 股份有限公司是一家致力于协助各种金融机构建立强大金融交易网络，并从事金融自助服务设备及软件研发、生产销售、服务的双软高新技术企业，目前正处于上升期。随着 YL 股份有限公司的高速发展，其业务版图也在不断扩大，但是，企业的高速发展带来的却是沉重的税负，高税负对于一个蓬勃发展的企业来说极为不利。因此，在国家“一带一路”的政策背景下，YL 股份有限公司利用税收洼地及税收优惠政策进行战略纳税策划，使企业摆脱了高税负的困境。YL 股份有限公司在当前经济浪潮中的战略纳税策划思路有一定的实践借鉴作用。

[案例正文]

YL股份有限公司（以下简称：YL）是一家致力于协助各种金融机构建立强大金融交易网络，专业从事金融自助服务设备及软件等研发、生产销售和服务的双软高新技术企业。

2007年11月，YL于深交所挂牌上市。截至目前，YLATM设备产能和销售规模在国内ATM设备制造厂商中位居前列，保证品质优良，坚持研发创新，提供优质的服务和完美的整体解决方案，是YL打造成为专业的金融服务外包商的重要名片，正是得益于此，其主打实体产品ATM机系列，拥有不断更新的高科技核心，可复制性低，附加值高。同时，YL对国际市场进行了布局和规划并取得了战略性成果，ATM设备已批量出口到东南亚、中东、欧洲、非洲等全球三十多个国家。

当前，YL股份有限公司正处于高速成长期，但是却在前进的道路上，遇到了负担沉重的税收“瓶颈”。YL如何应对，以下是该企业的战略部署。

一、背景：“一带一路”，启航在即

（一）国家政策背景

1. 国家为“一带一路”涂上税收润滑剂

自2013年9月习近平主席在哈萨克斯坦扎尔巴耶夫大学发表重要演讲提出“共同建设丝绸之路经济带”，时至今日，亚洲金融合作协会（亚金协）成立，“一带一路”（如图5－1所示）的设想正在实现。在“一带一路”建设的大背景下，国家金融领域发挥着重要作用，“一带一路”金融领域的建设也在稳步进行，为了使“一带一路”建设更加顺畅，国家在宏观税收政策上做出了大力支持。

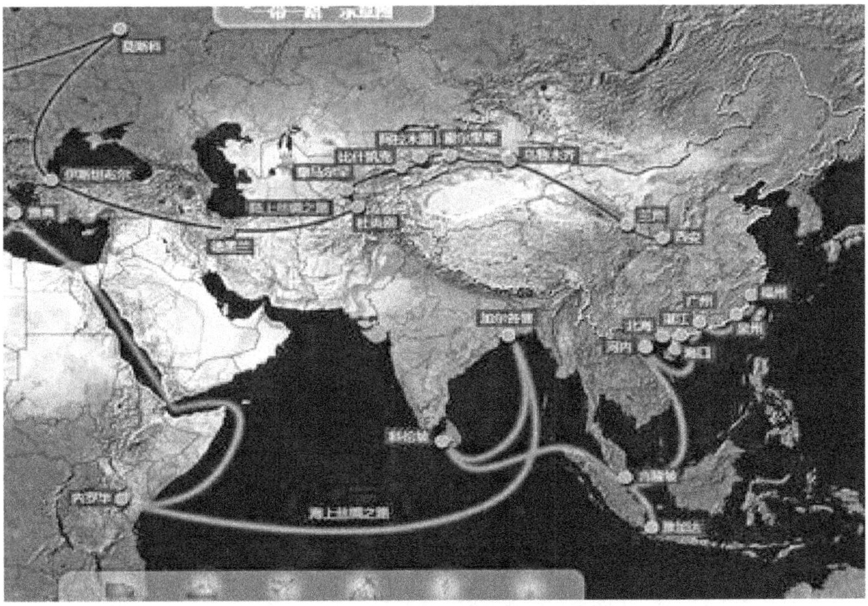

图5－1　“一带一路”发展路线图

数据来源：人民网 http：//ccnews. people. com. cn/n1/2016/0831/c141677－28681023. html

近年来，国家税务总局认真贯彻习近平总书记关于“一带一路”倡议的重要指示精神，按照党中央和国务院的有关部署，积极服务“一带一路”建设，大力促进共赢发展——建立机制提供税收支持；减税负促进互惠发展，其中就包括税收协定的谈签和修订以及推进国际税务磋商化解涉税争端；全面拓展税收合作网络，促进互信互利；打造国际纳税服务平台，主力企业“走出去”等。税收协定，常被形容为企业“走出去”的“护身符”。“一带一路”倡议发起以来，我国税收协定谈签进程“大提速”，协定网络已遍布全球106个国家和地区，并与64个“一带一路”沿线国家中的54个签订税收协定。2016年，仅税收协定利息条款就为我国金融机构减免境外税收278亿元，有力支持了“资金融通”，协定的双向互惠也为境外纳税人在我国减免税收280亿元。三年来，通过开展双边磋商累计消除国际重复征税132亿元。因此，在税收环境日益有利企业发展的情况下，国内企业“走出去”获得了更好的保障和更稳定的投资环境，走出去的障碍越来越小。YL作为处于上升期的高新技术企业，拥有享受“一带一路”之下的税收红利，理应充分利用。YL利用“一带一路”沿线的国内外税收优惠地，合理地扩张选址，为企业减少大量的税收支出。

2. 税收润滑剂关键站点

沿着“一带一路”规划的路线图，国家颁布了西部大开发的税收优惠政策，如在新疆困难地区颁布了鼓励企业发展产业的所得税优惠政策等。

第一站，便是新疆的霍尔果斯（如图5-2所示）。霍尔果斯隶属于新疆维吾尔自治区，是伊犁哈萨克自治州代管的县级市，位于新疆维吾尔自治区伊犁河谷谷口，地处国道

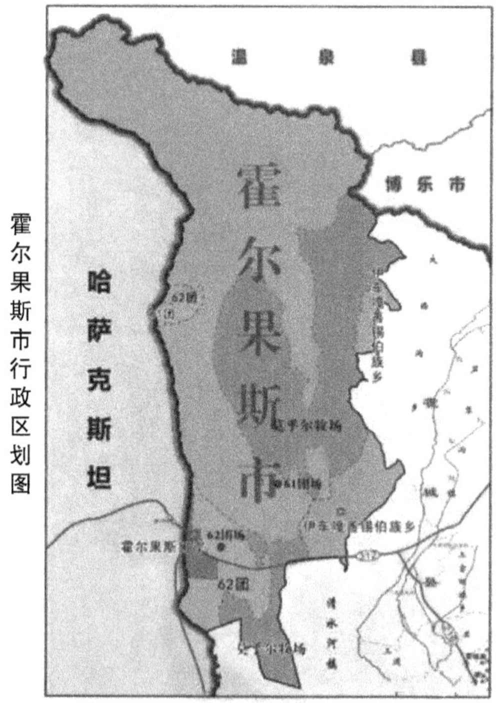

图5-2　新疆霍尔果斯地理位置图

数据来源：凤凰资讯 http：//news. ifeng. com/a/20140927/42099848_ 0. shtml.

312 线、陇海－兰新铁路的最西端，距新疆维吾尔自治区首府乌鲁木齐市 670 公里，距哈萨克斯坦原首都阿拉木图市 378 公里，位于中国与哈萨克斯坦的交界处，既有较为突出的政策优势，又有着得天独厚的地理位置，是古丝绸之路的重要驿站，也是中国最早向西部中亚国家开放的口岸，在国家重点建设“一带一路”的宏观背景下，霍尔果斯具有重要的战略地位及其优惠的税收政策。

霍尔果斯的税收优惠政策如下：

（1）新增公司享受五年内企业所得税全免（国税 15% 和地税 10%，共记 25%）。五年后地方留存的 40%（企业所得税中央和地方按 60% ：40%）将以“以奖代免”的方式返还给企业。等于地方留存部分全免，时间也是五年。

（2）增值税（中央和地方共享税收，最后按 50% ：50% 分）及其他附加税（100% 地方留存）总额地方留存部分（即 50% 的增值税和 100% 的附加税）年交纳满 100 万元开始按比例奖励，一般奖励 15%～50%。

（3）企业上市享受绿色通道，更加简便快捷。

新疆霍尔果斯作为丝绸之路经济带沿途的“税收洼池”，是企业在国内扩张合理节税的一个绝佳选择地点。

3. 国际“节税天堂”——柬埔寨西哈努克港经济特区

柬埔寨西哈努克港经济特区（SSEZ）是响应国家“走出去”政策开发出来的经济特区。2010 年 12 月 13 日，中柬两国政府在北京正式签订《中华人民共和国政府和柬埔寨王国政府关于西哈努克港经济特区的协定》，使西港特区成为中国第一个也是唯一的签订双边政府协定确立法律地位的国家级合作区。中国企业在特区可享受的福利如下：

（1）柬埔寨政府提供投资保障：

①对外资与内资基本给予同等待遇，所有的投资者，不分国籍和种族，在法律面前一律平等；

②柬埔寨政府不实行损害投资者财产的国有化政策；

③已获批准的投资项目，柬埔寨政府不对其产品价格和服务价格进行管制；

④不实行外汇管制，允许投资者从银行系统购买外汇转往国外，用以清算其与投资活动有关的财政债务。

（2）西港特区实行的税收优惠包括：

①免征投资生产企业的生产设备、建筑材料、零配件和原材料等的进口关税；

②企业投资后可享受 3—8 年的免税期（经济特区最长可达 9 年），免税期后按税法交纳税率为 9% 的利润税；

③利润用于再投资，免征利润税；分配红利不征税；

④产品出口，免征出口税。

作为海上丝绸之路的一个重要站点国家，柬埔寨为了引进外资在税收方面为外国企业提供了巨大的优惠，对于进入东南亚市场的中国企业，这里无疑是海外一个巨大的避税天堂。

（二）高新技术产业背景

高新技术产业以高新技术为基础，从事一种或多种高新技术及其产品的研究、开发、生产和技术服务的企业集合，这种产业所拥有的关键技术往往开发难度很大，但一旦开发成功，却具有高的经济效益和社会效益，是知识密集、技术密集的产业。其顺应了国家“科学发展观”的倡导，是我国经济发展的增强器和稳定器。

1. 高新技术企业产值不断上升

高新技术企业近年来产业产值不断上升，如图 5－3 所示，2004—2015 年 10 年间，中国高新技术产业的主营业务收入持续上升，增长速度也从波动较大到趋于稳定，为中国 GDP 做出的贡献是毋庸置疑的。高新技术产业的发展，也是推动我国经济发展的一大动力。

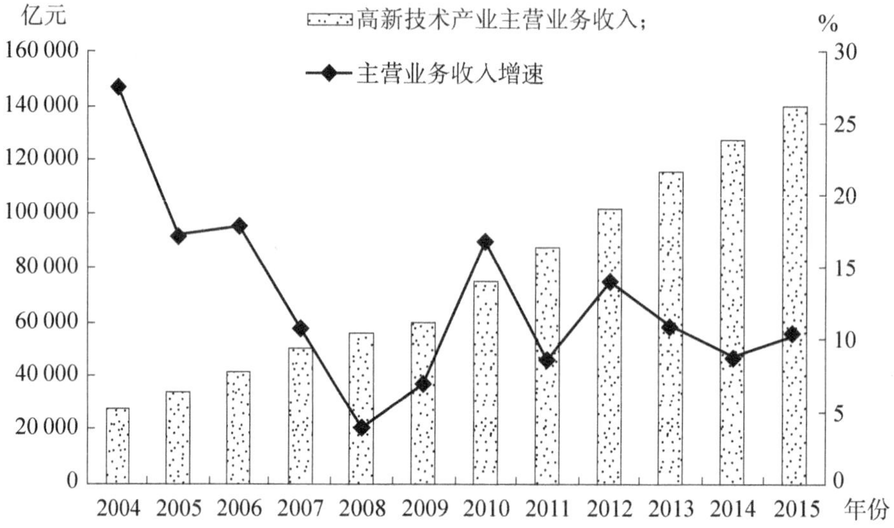

图 5－3　高新技术产业主营业务收入增长情况

资料来源：中国统计局。

2. 对外出口贸易稳定

从 2012—2016 年近 5 年来看，高新技术产品的出口额（如图 5－4 所示）属于不断上升趋势。2012—2013 年间，高新技术产品出口量基本稳定。在“一带一路”倡议提出后，2014 年高新技术产品出口量大幅度上升，出口额从 2012 年的 6 012 亿元涨至 2015 年的 40 737 亿元。2014—2016 年 3 年间，高新技术企业出口额基本保持稳定。随着“一带一路”的加速建设，未来高新技术产品的出口市场前景良好。

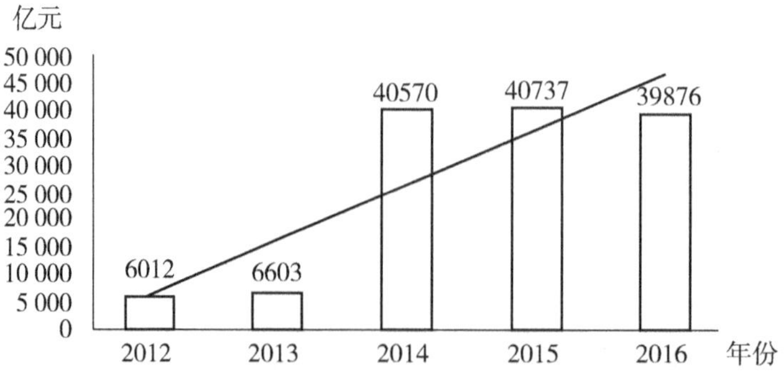

图 5－4　高新技术产品 2012—2016 年出口总额

资料来源：中国统计局。

3. 科技型中小企业是我国高新技术企业的实力干将

高新技术企业的产值在不断上升，其中值得一提的是我国中小型高新技术企业的突出贡献。我国重点支持高新技术包括八大领域，主要为电子信息技术、生物与新医药技术、航空航天技术、新能源及节能技术、资源与环境技术等六大类技术领域，高新技术服务业、高新技术改造传统产业两大类行业领域，奠定了门类齐全的高新技术产业基础，取得了一批高新技术研究成果。其中科技型中小企业成为最活跃的创新主体，据公文网调查报告显示，在2015年约65%的专利是中小企业发明的，75%以上的技术创新由中小企业完成，80%以上的新产品由中小企业开发。中国科技型中小企业像广州YL科技股份有限公司，已成为高新技术产业化中的主力军和科技进步的重要力量。截至2015年，全国高新技术企业达到51 476家，从业人数达1 274.8万人，实现工业总产值96 546.2亿元，上缴税费5 804.8亿元，出口创汇额达3 563.8亿元。根据国家统计局数据显示，2016年1—5月高新技术企业工业增加值同比增长11.5%，高出制造业工业增加值4.8个百分点；2013—2015年高技术产业增加值年均增长11.4%，高于全部规模以上工业3.4个百分点。2016年1—4月高技术企业（制造业）利润总额同比增长21.6%，高出制造业企业8.4个百分点；2013—2015年高技术企业主营业务收入和利润总额年均分别增长9.9%和14.4%，增速分别高出全部规模以上工业3.6个百分点和10.2个百分点。

二、企业简介：环境虽好，奈何未及

（一）基本情况

YL股份有限公司是面向金融行业提供自助银行设备和整体解决方案的中小型高新技术企业，其主导产品是自主研发、生产、销售、运营ATM机、ATM核心零部件及主机咨询服务，产能和销售规模在国产ATM设备制造厂商中位居前列。产品方面，保证品质优良，坚持研发创新，提供优质的服务和完美的整体解决方案，是YL打造成为专业的金融服务外包商的重要名片，正是得益于此，其主打实体产品ATM机系列，拥有不断更新的高科技核心，可复制性低，附加值高。市场方面，YL在国内外均有开拓市场，国外市场以销售东南亚ATM机核心零部件——ATM设备为主。目前发展扩张中，名下有广州YL信息科技有限公司、广州YL软件科技有限公司、广州YL金融服务有限公司、广州YL自动柜员机有限公司共4家子公司（如图5-5所示）。

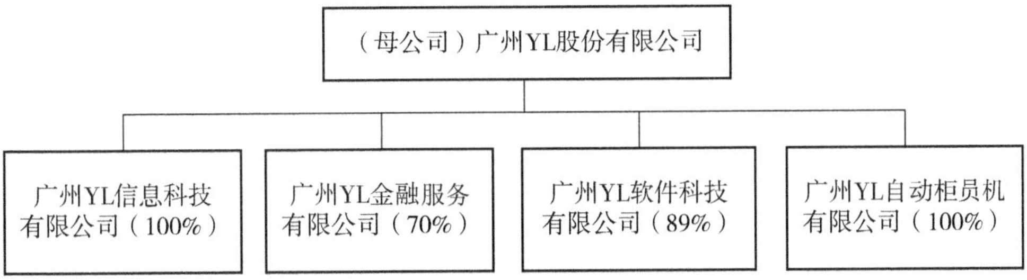

图5-5　广州YL股份有限公司子公司架构图

资料来源：广州YL官网信息。

（二）市场行情

除了国内市场，海外市场主要面向东南亚地区，尤其是印度尼西亚。由于和东南亚在旅游方面的大力合作，越来越多的中国及欧美游客涌向东南亚。而东南亚大部分旅游国家经济欠发展，在付款结算方面偏爱现金结算，但由于国家经济逐渐靠旅游业支撑，东南亚多国为了迎合游客兑换现金的需求，大量购进 ATM 设备。近几年的时间里，印度尼西亚各大银行对 ATM 设备的需求呈“井喷式”增长，而因此产生的对 ATM 设备的需求迅速增长。

（三）纳税情况

如图 5－6 所示，从 2012—2016 年 YL 与电子通迅设备制造行业增值税税负率情况来看，电子通迅设备制造行业总体税负率涨幅较小，自“营改增”后，呈现小幅度的平缓上涨趋势。YL 作为高新技术企业，享受国家优惠政策。自 2015 年，虽受“营改增”政策的影响，YL 的增值税税负率逐年上涨，YL 增值税税负率由 2014 年的 1.16% 涨至 2016 年的 4.64%。但相较于同行电子通迅制造业，YL 增值税税负率上涨幅度过大，远比同行的税负重。

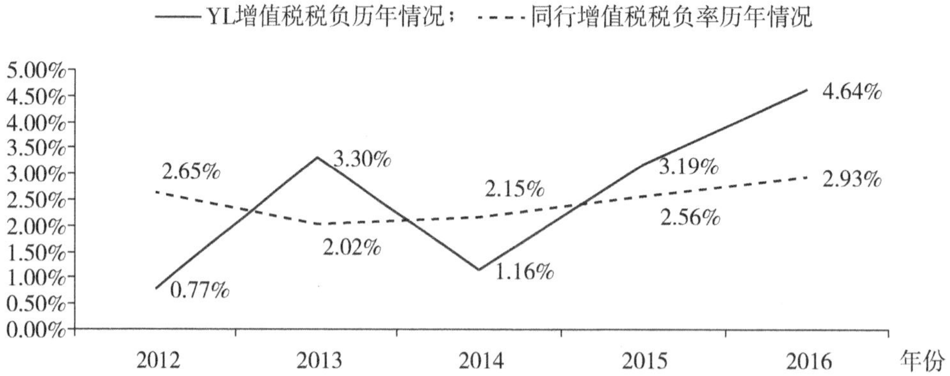

图 5－6　2012—2016 年 YL 与电子通信设备制造行业增值税税负率情况

数据来源：根据附表计算整理所得。

如图 5－7 所示，在 2012—2016 年 YL 所得税税负率历年情况图中，相比增值税，YL 的所得税税负率，在同行中占领优势。在 2013 年到 2015 年的营改增期间，所得税税负率呈现跳崖式下降，YL 所得税税负率由 2013 年的 3.44% 降至 2016 年的 0.15%。且在 2015 年至 2016 年间，所得税税负率处于平稳的低水平状态，非常利于企业的再发展。

如图 5－8 所示，在 2012—2016 年城市维护建设税（简称为城建税）以及教育费附加税负率变化情况图中，城市维护建设税和教育费附加的计税额都为当期交纳的营业税额 + 增值税 + 消费税，适用税率分别为 7%、2% 和 3%，所以折线图的变化趋势一致。由于 YL 所处的行业不涉及应税消费品，无需缴纳消费税。所以变化趋势的影响只是由增值税及营改增之前营业税所致，2015 年，“营改增”政策实施后，城建税和教育费附加的变化不大，YL 的城建税税负率在 0.35%～0.57% 之间波动，是因为营业税转嫁到增值税上。

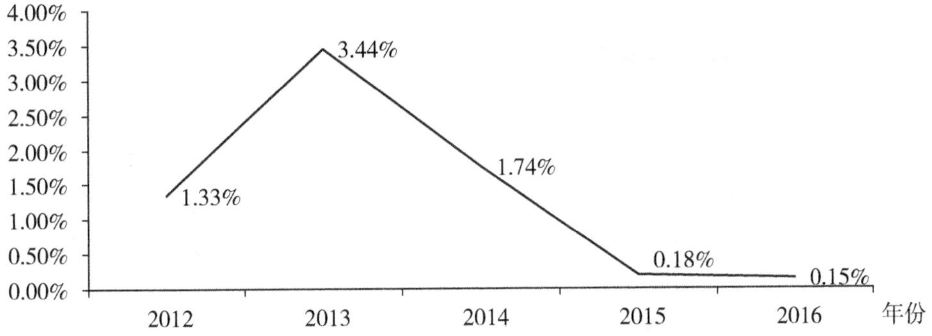

图 5－7　2012—2016 年 YL 所得税税负率历年情况图

数据来源：根据附表计算整理所得。

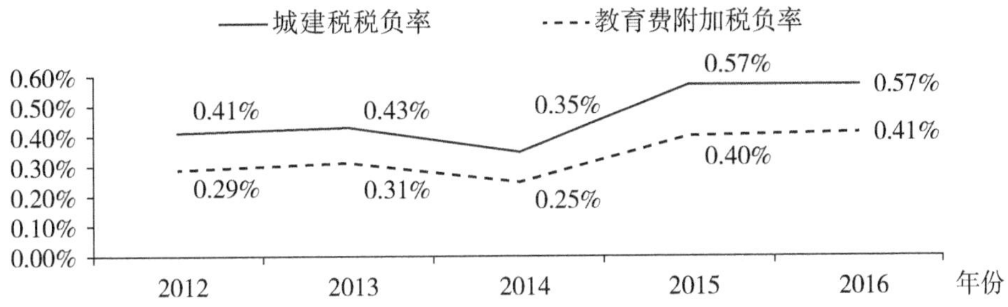

图 5－8　2012—2016 年城建税以及教育费附加税税负率变化情况图

数据来源：根据附表 2 计算整理所得。

如图 5－9 所示，在 2012—2016 年 YL 的总体税负率图中，YL 属于电子通信设备制造业，而在这个领域中，主要税收贡献来源于增值税和所得税，营业税和城建税以及教育费附加，其他税种税负所占比例较低，故不做考虑。

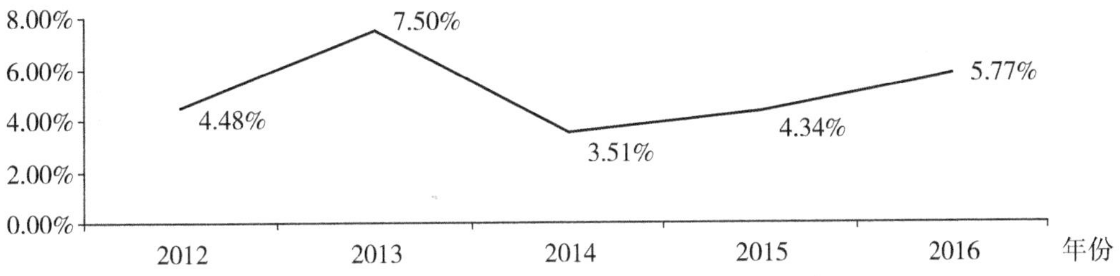

图 5－9　2012—2016 年 YL 的总体税负率图

数据来源：根据附表 2 计算整理所得。

结合 YL 的增值税和所得税的情况分析，虽然所得税逐年急剧下降，对企业有利，但总体来看，企业的增值税涨幅比所得税的降幅要大，使得 YL 的整体税负升高。即便 2016 年取消了营业税，但在图 5－10 分析中，营业税几乎等额转嫁到增值税上，其总体税负率依旧呈上升趋势，这说明营业税加增值税的总额税负日趋加重，所以“营改增”并没有减轻 YL 的税负。对 YL 来说，进行合理的纳税辅导成为迫在眉睫的事情。

三、方案设计

（一）纳税方案选择——充分利用国家税收优惠政策

针对 YL 所涉及的主要是增值税及所得税，利用国家税收优惠政策也应该以这两种税为突破口。

作为增值税，在应纳税额中贡献率最大，结合国内和柬埔寨的增值税规定以及该公司的利润加成率来看，按照国内的增值税计算，可抵扣的进项税额不大，而柬埔寨，虽然其进项税额不可抵扣，但适用税率低，在增值税税负上有绝对的优势。

作为所得税，因为柬埔寨和中国都是居民管辖权即属人原则，相比较柬埔寨的新疆母公司和广州母公司，新疆因为享有“西部大开发”下的税收优惠政策，柬埔寨的母公司设在新疆可取得最大优惠的应纳所得税税额。

结合增值税和所得税，得出 YL 总部先设立新疆子公司，新疆子公司再设立柬埔寨分公司的最优方案，这样，在享受新疆所得税优惠政策的同时又可以享受柬埔寨的增值税税收优惠政策。实质上，通过改变企业的组织架构，将企业的经营活动购进原材料中的增值税和出售时的利润，转移到各个税收优惠最大的地方，即充分利用国家税收优惠政策。

（二）方案操作

1. *方案一*

广州 YL 股份有限公司按照原有架构不变，不设分公司或者子公司作为生产销售部，任何经营活动都全发生在 YL 公司总部。按照广州本地 17% 税率缴纳增值税，同时属于高新技术企业的 YL 股份有限公司按 15% 缴纳所得税。详阅国家税务局公告 2017 年第 24 号《关于实施高新技术企业所得税优惠政策有关问题的公告》。

2. *方案二*

广州 YL 股份有限公司在柬埔寨西哈努克港经济特区新建立分公司或者子公司，作为负责东南亚地区日常生产销售的一个分点。新建分/子公司在柬埔寨销售产品时按柬埔寨当地增值税计税。同时在柬埔寨享受 9 年免所得税优惠，但当所得汇总到总部广州时需按高新技术企业标准计提所得税。详阅《中华人民共和国政府和柬埔寨王国政府关于西哈努克港经济特区的协定》。

3. *方案三*

广州 YL 股份有限公司在新疆霍尔果斯新设置一家子公司，用于生产销售公司产品。在新疆霍尔果斯建立的子公司可以享受新疆实行的 5 免 5 减政策。即前 5 年所得税全免，后 5 年所得税减半的优惠。详参《新疆困难地区重点鼓励发展产业企业所得税优惠名录》。

4. *方案四*

广州 YL 股份有限公司在新疆霍尔果斯新设置一家子公司，该子公司再在柬埔寨西哈努克港经济特区设立一家分公司。销售产品时将按柬埔寨增值税计税标准计提增值税，柬埔寨分公司所得将汇总到新疆子公司，按新疆 5 免 5 减的计税标准计提所得税。

（三）方案分析

1. 纳税对比

以广州 YL 股份有限公司 2016 年向柬埔寨销售 ATM 机芯片总值 2 000 万订单为例。按照 2016 年的订单总额来计算未来柬埔寨市场订单，且 YL 股份有限公司每年完成 ATM 设备订单的可抵扣进项税额与 9 年销售情况一致。销售收入为 2 000 万元，其中销售成本为 250 万元，全部可以抵扣。由于 YL 股份有限公司已通过高新技术企业认定，因此享有 15% 的所得税优惠税率。营改增后，不考虑营业税及其影响。

方案一：保持原有组织架构（即仅在国内设立经营场所）

9 年应纳税所得额为 5307.75（万元）（如表 5 - 1 所示）

表 5 - 1　第 1 年至第 9 年 YL 股份有限公司纳税情况

增值税	(2 000 - 250) × 17% = 297.5(万元)
所得税	(2 000 - 250) × 15% = 262.5(万元)
城市维护建设税	297.5 × 7% = 20.825(万元)
教育费附加	297.5 × 3% = 8.925(万元)
合计	(297.5 + 262.5 + 20.825 + 8.925) × 9 = 5 307.75(万元)

数据来源：本案例资料整理所得。

方案二：在柬埔寨建立分公司或者子公司，9 年应纳税所得额为 4342.5 万元（如表 5 - 2所示）。

表 5 - 2　第 1 年至第 9 年柬埔寨子公司/分公司纳税情况

增值税	2 000 × 10% = 200(万元)
所得税	(2 000 - 250) × 15% = 262.5(万元)
城市维护建设税	200 × 7% = 14(万元)
教育费附加	200 × 3% = 6(万元)
合计	(200 + 262.5 + 14 + 6) × 9 = 4 342.5(万元)

数据来源：本案例资料整理所得。

由于柬埔寨分公司的收入及利润是与总公司一起核算，不单独核算。因此这两批订单是由总公司负责从生产到销售的整个流程，和柬埔寨建立广州分公司与原有组织架构相比，除了增值税不同外，所得税纳税效果是一样的。

方案三：广州 YL 股份有限公司在新疆霍尔果斯新设置一家子公司，负责生产销售 ATM 机，子公司享受 5 免 5 减的所得税税收优惠政策，即地方收取 40%，中央收取 60%，但地方会以奖代罚的形式，返还这部分 40% 的所得税。所以，YL 实际所得税税率为 15% 乘以 60%。

分析如下：假设新疆 YL 子公司连续 9 年销售收入均为 2 000 万元，其中可抵扣进项税额的成本 250 万元。那么我们算出企业相关纳税情况如表 5 - 3 和表 5 - 4 所示。

表 5-3　第 1 年至第 5 年新疆子公司纳税情况

增值税	(2 000 - 250) × 17% = 297.5(万元)
所得税	0
城市维护建设税	297.5 × 7% = 20.825(万元)
教育费附加	297.5 × 3% = 8.925(万元)
合计	(297.5 + 0 + 20.825 + 8.925) × 5 = 1636.25(万元)

数据来源：本案例资料整理所得。

由于新疆霍尔果斯实行 5 免 5 减政策，企业在前 5 年均免征所得税，增值税都按照 17% 计税。前 5 年销售收入均为 2 000 万元，可抵扣进项税额的成本均为 250 万元。

表 5-4　第 6 年至第 9 年新疆子公司纳税情况

增值税	(2 000 - 250) × 17% = 297.5(万元)
所得税	(2 000 - 250) × 15% × 60% = 157.5(万元)
城市维护建设税	297.5 × 7% = 20.825(万元)
教育费附加	297.5 × 3% = 8.925(万元)
合计	(297.5 + 157.5 + 20.825 + 8.925) × 4 = 1 939(万元)

数据来源：本案例资料整理所得。

由于新疆霍尔果斯实行 5 免 5 减政策，自第 6 年起企业将需要缴纳所得税，所得税减半按照 15% ×60% 计税，增值税按照 17% 计税。后 4 年销售收入均为 2 000 万元，可抵扣进项税额的成本均为 250 万元。9 年应纳税所得额为 3 575.25 万元。由于霍尔果斯有增值税奖励政策（见表 5-8）以及 YL 的真实情况（见表 5-9）50% 增值税 +100% 附加费为 19 627 446.55 元属于霍尔果斯增值税奖励政策中的 1 000 万～2 000 万元，适用的奖励比例为 30%。

案例的增值税奖励税基 = 297.5 ×50% +20.825 +8.925 = 178.5（万元）

所以 9 年应纳税所得额 = 3 575.25 - 178.5 ×9 ×30% = 3 093.3（万元）

方案四：广州 YL 股份有限公司在新疆霍尔果斯新设置一家子公司，该子公司再在柬埔寨设立一家分公司。

柬埔寨的税法规定：企业所得税依据属人原则，增值税不得抵扣，增值税税额 = 销售收入 ×10%。假设柬埔寨分公司连续 9 年销售收入均为 2 000 万元，分析如下：

由于柬埔寨分公司属于新疆霍尔果斯子公司的一部分，所以，所得属于新疆霍尔果斯子公司，适用税率与其一致。

如表 5-5 和表 5-6 所示，9 年应纳税额为 2610 万元。

表 5-5　第 1 年至第 5 年柬埔寨分公司纳税情况

增值税	2 000 × 10% = 200(万元)
所得税	0
城市维护建设税	200 × 7% = 14(万元)
教育费附加	200 × 3% = 6(万元)
合计	(200 + 0 + 14 + 6) × 5 = 1 100(万元)

数据来源：本案例资料整理所得。

由于所得税适用税率和新疆霍尔果斯子公司一致，同样享受“5免5减”政策，故在前5年均免征所得税。

表5－6　第6年至第9年柬埔寨分公司纳税情况

增值税	2 000 × 10% ＝ 200（万元）
所得税	（2 000 － 250）× 15% × 60% ＝ 157.5（万元）
城市维护建设税	200 × 7% ＝ 14（万元）
教育费附加	200 × 3% ＝ 6（万元）
合计	（200 ＋ 157.5 ＋ 14 ＋ 6）× 4 ＝ 1 510（万元）

数据来源：本案例资料整理所得。

如图5－10所示，方案四公司整体应纳税额最低。

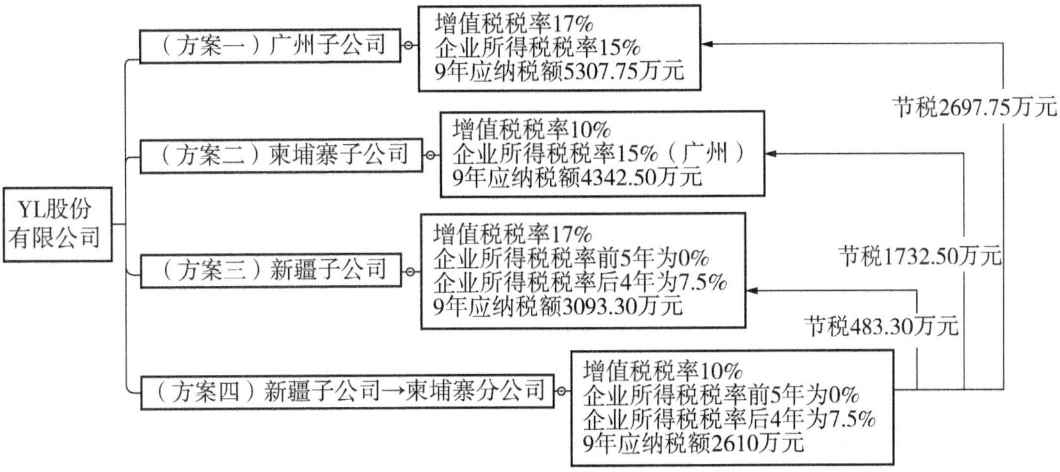

图5－10　各方案税负比较图

数据来源：本案例资料整理所得。

2. 财务指标（销售净利率）计算

从YL整体业务来看，这4种筹划方案给YL创造了巨大的节税空间；与单笔业务筹划相比，节税的效果在YL整体业务上体现得更加明显。以YL2016年的总体销售情况为例，其主营业务收入为770 942 502.45元，净利润为23 246 241.18元，股东权益平均总额为1 665 192 961.09元。在ATM机芯片业务里，2 000万元的销售收入归属一部分主营业务收入，其他部分业务的销售净利润率一致。

销售净利率＝净利润/营业收入净额×100%

股东权益报酬率＝净利润/股东权益平均总额×100%

主营业务收入倍数＝770 942 502.45/20 000 000.00＝38.55（倍）

主营业务收入倍数＝总体主营业务收入/ATM机芯片主营业务收入

＝总体净利润/ATM机芯片净利润

所以，总体净利润 ×38.55 = ATM 机芯片净利润

销售净利率 =23 246 241.18/770 942 502.45 =3.02%

股东权益报酬率 =23 246 241.18/1 665 192 961.09 ×100% =1.40%

（1）方案一

9 年应纳税额 =5307.75 万元。

（2）方案二

9 年应纳税额 =4342.5 万元，与方案一（未纳税辅导前）相差 965.25 万元

增长的净利润 =965.25 万元 ×38.55 =372 103 875 元

年均净利润 =（23 246 241.18 ×9 +372 103 875）/9 =64 591 116.18（元）

销售净利率 =64 591 116.18/770 942 502.45 =8.38%

股东权益报酬率 =64 591 116.18/1 665 192 961.09 ×100% =3.88%

（3）方案三

9 年应纳税额 =3 093.3 万元，与方案一（未纳税辅导前）相差 2 214.45 万元

增长的净利润 =2 214.45 万元 ×38.55 =853 670 475（元）

年均净利润 =（23 246 241.18 ×9 +853 670 475）/9 =118 098 516.18（元）

销售净利率 =118 098 516.18/770 942 502.45 =15.32%

股东权益报酬率 =118 098 516.18/1 665 192 961.09 ×100% =7.09%

（4）方案四

9 年应纳税额 =2610 万元，与方案一（未纳税辅导前）相差 2697.75 万元

增长的净利润 =2697.75 万元 ×38.55 =1 039 982 625（元）

年均净利润 =（23 246 241.18 ×9 +1 039 982 625）/9 =138 799 866.18（元）

销售净利率 =138 799 866.18/770 942 502.45 =18.00%

股东权益报酬率 =138 799 866.18/1 665 192 961.09 ×100% =8.34%

如图 5 -11 和图 5 -12 所示可以直观地看出，经过纳税辅导后，单从税务筹划的角度看，方案四的销售利润率为以前的 6 倍。巴菲特最看重的财务指标 ROE 即股东权益报酬率由原来的 1.40% 增长为 8.34%。以上的盈利指标分析都偏于理想化：在新疆和柬埔寨新设厂发生的各项费用都和之前原厂的规模一样摊薄。

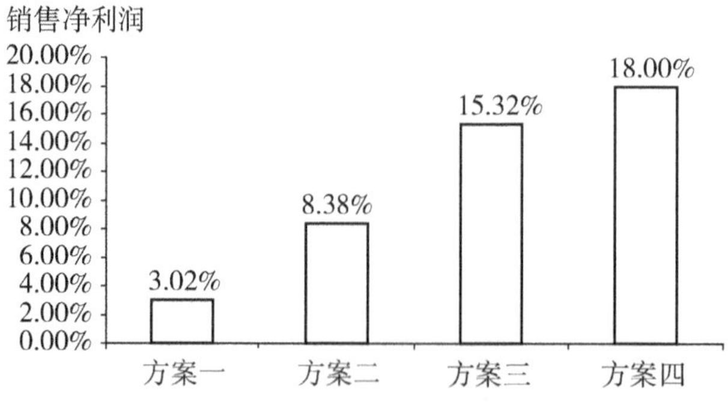

图 5 -11　销售净利率

数据来源：本案例资料整理所得。

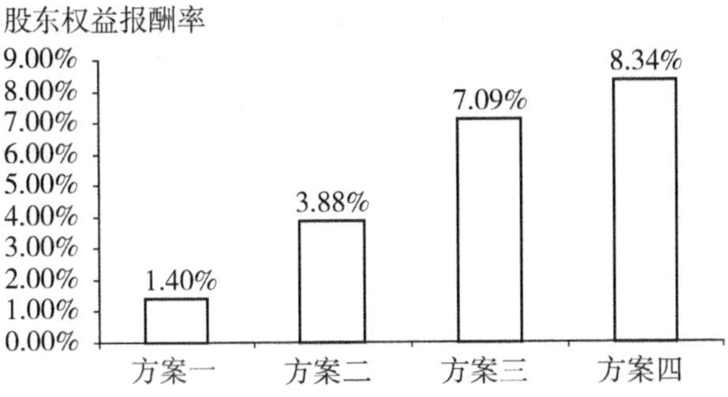

图 5－12　各个方案股东权益报酬率

数据来源：本案例资料整理所得。

3. 财税风险分析

从节税角度来看，方案四是最佳选择，但是实行方案四也会存在以下两大风险，所以企业选择使用该方案时也应该把风险纳入考虑范围。

（1）税收经营预测风险。市场的好坏有时无法预测，对于 YL 股份有限公司未来几年的产品市场，也存在较多不稳定因素。目前的方案设计是建立在企业稳定成长的假设上，如果未来 9 年里，企业接不到足够的订单，或者会出现较大动荡。企业成立子公司与分公司，在经营不善的情况下不但无法给企业减轻负担，跨国跨地区开设子公司与分公司会使企业管理乏力，所以跨国转移利润的方式会减轻企业一部分税负，但这是一把双刃剑，在企业经营不善的时候也会伤到企业自身。

（2）税收政策风险。中国与柬埔寨双边协定正在洽谈，所以企业存在 9 年后会被重复收税的风险。即企业在柬埔寨特区享受完 9 年优惠后，中柬双边协定还未实行。由于中国同时实施地域管辖权与居民管辖权，企业需向柬埔寨与中国同时缴纳税款。

（3）综合分析。

方案三：新疆霍尔果斯低税天堂，在新疆此地设厂，将 YL 总部的利润转移。新疆子公司可以独立核算所得税，并适用当地税率，享受优惠。但是，增值税上并无太大的优惠。即运用了两条国家政策："高新技术""西部大开发"。

方案四：相比起方案二，中间环节多植入新疆子公司，为了享受柬埔寨增值税低税率的同时，又能避开因"属人原则"而适用母体广州 YL 总部的"高税率"的缺陷。即运用了三条国家政策："高新技术""西部大开发""一带一路"。充分运用了国家的各项优惠政策。

方案一和方案三：虽然在纳税方案选择上，不如方案三和方案四有优势。但是，海外设厂前期准备费用颇高，对于一个正在不断扩张的企业而言，资金紧张。加之国家政策的不确定性，若 9 年后，重复征收税，方案一和方案二不需要考虑柬埔寨分公司退厂带来的预计负债，可以考虑用于主攻国内市场。

方案二和方案四：直接在柬埔寨出售产品到东南亚市场，可以结合中国和柬埔寨的出口关税进行考虑。柬埔寨经济水平比国内低，运输方面的费用以及运输费用的增值税等情况都可以加以考虑，利于主攻东南亚市场。

方案四虽在本案例中取得最优的税收优惠，但仍需考虑产品的利润率问题。霍尔果斯增值税优惠政策适用前提：主营业务收入占总收入的70%以上、一定额度的注册资金等。若企业的规模较大，主营业务产品利润高，增值税可抵扣项目多，留存到地方的增值税和附加税多，易达到较高的增值税奖励返还比例，适合直接在霍尔果斯开子公司即方案三的架构。若企业的规模小，增值税可抵扣项目少，则适合方案四的公司组织架构。

4种方案指标综合表见表5－7。

表5－7　4种方案指标综合表

	方案1	方案2	方案3	方案4
9年应纳税额（万元）	5 307.75	4 342.5	3 093.3	2 610
年均净利润（万元）	2 324.62	6 459.11	11 809.85	13 879.9 87
销售净利率（%）	3.02	8.38	15.32	18.00
股东权益报酬率（%）	1.40	3.88	7.09	8.34

数据来源：本案例资料整理所得。

四、启示

目前，国家正在大力建设“一带一路”，企业进攻海外市场也成为一种趋势。而高新技术企业算是拥有较大海外市场的一类企业。企业在开拓海外市场过程中，面临着由于附加值过高而需缴纳增值税与所得税，以及以增值税为基础的附加税税负过重的问题，过重的税收负担会拖慢企业的脚步。这对高新技术企业对外发展是一个巨大的制约因素。

面对这种情况，为提高企业的海外市场竞争力，企业在进行海外市场开拓的同时，纳税筹划必不可少。针对这个问题，在本案例中YL通过充分运用国家对地区的扶持政策，灵活转换公司组织架构、经营地，将纳税筹划运用到极致。在本案例中，YL通过在新疆霍尔果斯、柬埔寨西哈努克港经济特区设立相应的分/子公司，达到节税的目的。通过利润转移的方式，将利润转移到税收洼地新疆霍尔果斯降低所得税。利用新疆霍尔果斯、柬埔寨西哈努克港经济特区的优惠政策，减少增值税及相关附加税。充分利用国家政策，降低企业整体税负水平。本次的纳税筹划中取得了一定的成效，但是更要注意的是纳税筹划方案的选择不是一成不变的，企业在进行纳税筹划时要注意内部环境和外部环境等综合因素的变化，从企业当前面临的现实状况、自身业务规模、技术水平和战略设定等，以及一些更细致的抉择，比如：YL到柬埔寨西哈努克港进行跨国投资，应采用什么样的方式？以上的纳税筹划方案受时间限制存在时效性，即从长远的角度来看，方案中运用的税收优惠政策存在有效期，当企业在柬埔寨西哈努克港经济特区享受的免税期到期之后，将要何去何从？是撤场回国，还是留在本地继续经营？这些都是需要进一步斟酌的问题。

五、问题探讨

（1）YL到柬埔寨西哈努克港进行跨国投资，可以采用什么样的方式？

（2）以上的纳税筹划方案受时间限制存在时效性，即从长远的角度来看，方案中运用的税收优惠政策存在有效期，当企业在柬埔寨西哈努克港经济特区享受的免税期到期之后，将要何去何从？是撤场回国，还是留在本地继续经营？

（3）站在企业的角度，跨国投资除了税收因素之外，还有哪些需要考虑的积极因素和消极因素？

（4）对于合理合法的纳税筹划方案之间并没有优劣之分，企业的不同发展阶段，面对不同的外部内部环境，在对多个纳税方案进行选择的时候，应站在哪些角度上进行分析。

（5）本案例目标企业利用国家政策进行节税，在进行调整前，该企业存在哪些问题？而又具有哪些优势？该企业是如何将自身实际情况与国家政策有机结合？

六、附表

附表如表5－8、表5－9所示。

表5－8　霍尔果斯增值税奖励政策图

增值税＋附加税当年留存地方财政的总额（万元）	奖励比例（%）
100～300	15
300～500	20
500～1 000	25
1 000～2 000	30
2 000～5 000	35
5 000～10 000	45
>10 000	50

备注：财政总额单位：万元，兑现时间：一年兑现一次。增值税地方留存比例50%，附加税地方留存比例100%。

表5－9　计算过程设计的税种及其税负率相关图　　单位：元

年　份	2012	2013	2014	2015	2016
营业收入	749 911 314. 16	848 671 277. 67	971 711 483. 42	1 097 003 512. 37	770 942 502. 45
增值税	5 754 115. 21	27 997 428. 06	11 312 496. 33	34 960 246. 24	28 194 975. 84
所得税	9 956 149. 09	29 165 380. 38	16 943 178. 89	1 920 846. 54	1 149 521. 88
城市维护建设税	3 056 318. 09	3 672 868. 67	3 369 552. 08	6 209 197. 20	3 363 425. 57
教育费附加	2 188 783. 61	2 624 363. 20	2 383 053. 91	4 435 190. 94	2 166 533. 06
营业税	12 650 555. 78	152 898. 20	63 414. 46	61 590. 85	0. 00
同行增值税税负率历年情况	2. 65%	2. 02%	2. 15%	2. 56%	2. 93%
增值税税负率历年情况	0. 77%	3. 30%	1. 16%	3. 19%	3. 66%
所得税税负率历年情况	1. 33%	3. 44%	1. 74%	0. 18%	0. 15%

续上表

年　份	2012	2013	2014	2015	2016
城市维护建设税税负率	0.41%	0.43%	0.35%	0.57%	0.44%
教育费附加税负率	0.29%	0.31%	0.25%	0.40%	0.28%
营业税税负率	1.69%	0.02%	0.01%	0.01%	0.00%
YL 的总体税负率	4.48%	7.50%	3.51%	4.34%	4.52%

七、附注

表 5－9 的税负率计算过程如下：

以 2016 年为例：

增值税税负率＝增值税/营业收入＝28 194 975.84/770 942 502.45＝3.66%

所得税税负率＝所得税/营业收入＝1 149 521.88/770 942 502.45＝0.15%

城市维护建设税税负率＝城市维护建设税/营业收入＝3 363 425.57/770 942 502.45＝0.44%

教育费附加税负率＝教育费附加/营业收入＝2 166 533.06/770 942 502.45＝0.28%

YL 的总体税负率＝（增值税＋所得税＋城市维护建设税＋教育费附加＋营业税）/营业收入＝（28 194 975.84 ＋1 149 521.88＋3 363 425.57 ＋2 166 533.06）/770 942 502.45＝4.52%

八、参考资料

［1］罗雨泽．“一带一路”基础施舍投融资机制研究［M］．北京：中国发展出版社，2015．

［2］霍尔果斯经济开发区招商引资财税优惠政策．霍特管办发［2013］55 号．

［3］霍尔果斯经济开发区企业所得税税收优惠管理办法．霍特管办发［2013］33 号．

［4］2015 年高新技术产业发展状况调查报告．http：//www.wenku1.com/news/C487C0E7D2CC97C2.html．

［5］柬埔寨西哈努克港经济特区．http：//www.ssez.com/．

［6］蔡昌．税收筹划理论、实务与案例［M］．北京：中国人民大学出版社，2017．

［7］蔡昌．企业跨国投资的税收筹划［J］．全球化，2012（4）．

［8］符淼．广东省企业通过“走出去”跨国并购实现国际化发展的政策研究［J］．现代经济信息，2016（22）．

［9］牟哲军．如何应对跨国投资风险［J］．时代经贸，2016（22）．

［10］方慧，赵胜立．跨国并购还是绿地投资——对“一带一路”国家 OFD 模式的考察［J］．山东社会科学，2017（11）．

［11］蔡昌．税法［M］．北京：中国人民大学出版社，2017．

［案例说明书］

一、本案例要解决的关键问题

本案例旨在引导学生针对企业进行组织架构改变以及跨地区开设子/分公司时，结合国家优惠政策优化纳税方案的学习及实践。

税收方案的选择，对于一家正在成长企业而言起着至关重要的作用，尤其是在面临因税收成本差异而带来的资金压力时。学生可以在重点掌握特殊性税务处理、一般性税务处理等内容的基础上，进一步关注企业改变组织架构的成效，从企业全局去考虑方案的适用性及收益性。

1. YL 到柬埔寨西哈努克港进行跨国投资，可以采用什么样的方式？

跨国投资主要有以下几种方式：

绿地投资：又称新建投资，是指跨国公司通过在东道国新建厂房、设备的方式建立企业，实现对东道国的投资。这是一种比较古老的投资方式，由于政治、经济等各方面的因素，在东道国往往会受阻碍。但设立分公司或子公司的形式各有优势。设立分公司的情况下，在汇总纳税时，总分公司盈亏能够互抵，可以产生较好的亏损抵税效应。设立子公司的情况下，子公司向母公司汇回利润的方式、时间灵活，可以选择将利润长期留在子公司，也可选择在税负较轻时汇回。

建立合资企业：企业与东道国的投资者为了一个共同的投资项目，以东道国法律为标准在东道国内建立的企业。合资的方式较适用于跨国投资的企业对新兴市场经济国家进行初始阶段的投资。对于跨国投资方而言，与东道国当地企业进行合作，可以减少由于信息不对称、市场失灵、东道国政策等变动带来的外部风险成本，从而获得更多收益。

跨国并购：跨国投资企业通过一定的程序和渠道，按东道国的法律取得东道国现有企业的全部或部分资产所有权的投资行为。这种方式有利于优势互补、资源整合。另外，跨国收购不需要进行企业的登记注册，从而避免了一系列的手续和费用。

YL 应根据对自身战略的设定、规模和技术水平以及效益和成本的把握，来具体选择投资的方式。

2. 以上的纳税筹划方案受时间限制存在时效性，即从长远的角度来看，方案中运用的税收优惠政策存在有效期，当企业在柬埔寨西哈努克港经济特区享受的免税期到期之后，将要何去何从？是撤场回国，还是留在本地继续经营？

自“一带一路”倡议发起以来，我国税收协定谈签进程“大提速”，协定网络已覆盖全球 106 个国家和地区，并与“一带一路”沿线国家中的 54 个国家签订税收协定。双边税收协定的落实，为相关企业带来实惠。而投资目的地柬埔寨也在名单之内。2016 年 10 月 13 日，中国和柬埔寨签订了税收协定。虽然协定仍未生效，但是在未来几年内就能够实现，即在 YL 目前能享有的免税期内，税收协定就能得到落实。当特区免税期到，企业恰恰可以享受双边协定的保障，避免被双重征税，其效果与享受税收优惠是一样的。

3. 站在企业的角度，跨国投资除了税收因素之外，还有哪些需要考虑的积极因素和消极因素呢？

当企业决定进入某个市场时，考虑最多的不是纳税辅导，而是这个市场的潜力如何。

YL 在柬埔寨进行跨国投资，积极因素及消极因素大致如下：

积极因素：

（1）“一带一路”政策背景下，沿线金融业发展具有市场发展潜力，为 YL 的业务扩展创造了条件。

（2）东道国柬埔寨的政策优惠。

（3）劳动力成本低。

消极因素：

（1）企业缺乏有能力的跨国管理人才。

（2）存在文化差异，沟通交流可能会存在障碍。

（3）对外投资存在风险。包括东道国政策变动的国家风险、外汇风险以及经营风险。

（4）对境外市场的了解存在局限。

二、案例讨论的准备工作

为了有效实现本案例目标，学生应该具备下列相关知识背景：

（一）理论背景

本案例中涉及企业改变公司的组织架构、不同的设厂选址的地方优惠政策、利润转让而达到的总体节税最大化。主要设计的税种的所得税和增值税，以及跨境设厂时不同的税率规定和适用原则。

1. 公司组织架构的定义

广义上还包括组织之间的相互关系类型，如专业化协作、经济联合体、企业集团等。其中可以在集团内开设分公司、子公司。当企业发展到一定规模，通常会考虑在不同地区设立分支机构，可以设立分公司，也可以设立子公司。分公司是指公司在其住所以外设立的从事经营活动的机构，不具有独立的法人资格，不能独立承担民事责任。子公司则是指其一定税额的股份被其他公司持有而被其控制的公司，具有独立法人资格，能够独立地对外承担民事责任。这是分公司与子公司在经济上和法律上的不同。税收上，子公司以独立法人身份向新的注册地进行投资，可以享受当地政府提供的各种税收优惠政策，而分公司不具有法人身份，只是作为总公司的组成部分派往外地，因而不能获得当地政府给予的税收优惠。但是，分公司的收入、成本费用等财务数据都汇入总公司账目，与总公司实行汇总纳税申报，可以实现盈亏互抵，减少整体应纳税额。一言以蔽之，如果预计分支机构盈利，则应将其设立为子公司，充分享受当地的税收优惠政策。

2. 利润转让对公司税负影响的税务处理

税收上，子公司以独立法人身份向新的注册地进行投资，可以享受当地政府提供的各种税收优惠政策，而分公司不具有法人身份，只是作为总公司的组成部分派往外地，因而不能获得当地政府给予的税收优惠。分公司的收入、成本费用等财务数据都汇入总公司账目，与总公司实行汇总纳税申报，可以实现盈亏互抵，减少整体应纳税额。如果预计分支机构盈利，则应将其设立为子公司，作为专门的一个“销售部门”充分享受当地的税收优惠政策。

（二）行业背景

1. 国内行情

近年来，我国银行业在自助设备的采购上继续平稳增长。2011 年中国市场（不含港澳台地区，下同）实际销售各类 ATM 设备共约 7.5 万台，由各运营商布放的运营 ATM 共约 6 500 台，全年共新增 ATM 设备约 8.15 万台。通常情况下，国内银行 7～10 年就会更换 ATM，平均更换周期为 8 年，2011 年国内 ATM 更换数量约为 1.35 万台，减掉换机量，全年 ATM 保有量实际新增为 6.8 万台。也就是说，截至 2011 年底，中国 ATM 市场保有量已由 2010 年的 30.1 万台上升至 36.9 万台，加入全国联网的 ATM 数量为 34.9 万台，全年保有量增长率约 23%，较 2009 年 21.9% 的增幅略有回升，成为位于美国之后的全球第二大 ATM 市场。

自 2007 年起全球 ATM 每年增量均超过 15 万台，在 2011 年底全球 ATM 总数达到 240 万台。欧美等成熟市场的 ATM 安装量已趋饱和，但来自亚太地区和拉丁美洲的需求迅速增长，抵消了成熟市场的下降，其中以亚太地区的表现最为明显。

对于国内市场而言，我国 ATM 市场持续高速增长，每百万人拥有 ATM 数量 343 台。此外，从分布的区域看，中国的 ATM 主要集中布放在大中城市，在中小城市和农村的布放率还非常低。据初步统计，目前北京与上海布放的 ATM 数量分列全国的第一、第二位，每百万人拥有量分别为 765 台和 648 台，接近西欧国家平均每百万人拥有 795 台 ATM 的水平。

因此，在国内，ATM 设备的生产和研发面临着巨大且迅猛增长的需求。

2. 东南亚行情

随着东南亚各国的落地签等有助于发展旅游业政策的实施，旅游业发展迅猛。但是由于缺乏安全感，东南亚一些购物者不愿意共享银行卡信息，因此更倾向于使用线下付款方式，例如 ATM 转账、便利店或网上银行付款等。

以 YL 的最大出口商印度尼西亚（以下简称印尼）为例，印尼人口超过 2.48 亿（2013 年数据），是世界人口第四大国。印尼是东南亚国家联盟创立国之一，也是东南亚最大经济体。截至 2015 年第一季度，印尼境内共有超过 120 家商业银行，其中包括 4 家国有银行以及 117 家民营和股份制银行（Wiki）。与北美或其他成熟 ATM 市场不同，那些具有较低 ATM 机普及率的发展中国家和地区由于巨大的现金提款与现金交易需求率，近年来的 ATM 安装率已经出现了井喷式的增长。其中亚洲太平洋地区是全球 ATM 机部署增长的龙头，根据 KONCEPT ANALYTICS 的 2014 年全球 ATM 市场报告，截至 2013 年亚太地区拥有全球最多的 ATM 机市场份额，占全球份额的 31%，而绝大部分的 ATM 市场份额增长来自于中国。

而根据美国商业咨询机构 Allied Market Research 的全球 ATM 市场报告的数据，全球 ATM 市场价值预计将会在 2020 年达到 219 亿美元，年复合增长率（CAGR，2014—2020 年）将会达到 7.6%。其中亚洲太平洋地区作为增长最快的市场，年复合增长率预计将达到 10.6%（2014—2020 年），而作为贡献增长最多的三大地区之一的印尼市场潜力巨大难以估量。

3. 制度背景

由于世界各国和一国内各地社会经济发展存在不平衡，与之适应的税法必然也存在差异。这种税收待遇的地域性差异使得企业设立时注册地点的纳税辅导成为可能。

境内：

（1）利用西部大开发的税收优惠政策。西部大开发政策适用的范围包括重庆市、四川省、贵州省、云南省、西藏自治区、陕西省、甘肃省、宁夏回族自治区、青海省、新疆维吾尔自治区、新疆生产建设兵团、内蒙古自治区和广西壮族自治区，以及湖南省湘西土家族苗族自治州、湖北省恩施土家族苗族自治州、吉林省延边朝鲜族自治州，自 2011 年 1 月 1 日至 2020 年 12 月 31 日，对设在上述地区的鼓励类产业企业减按 15% 的税率征收企业所得税。

（2）利用新疆困难地区新办企业所得税优惠政策为支持新疆经济社会发展，2010 年 1 月 1 日至 2020 年 12 月 31 日，政府对在新疆困难地区新办的属于《新疆困难地区重点鼓励发展产业企业所得税优惠目录》范围内的企业给予税收优惠政策，自其取得第一笔生产经营收入所属纳税年度起，第一年至第二年免征企业所得税，第三年至第五年减半征收企业所得税。

（3）利用经济特区和上海浦东新区高新技术企业的税收优惠政策为促进经济特区和上海浦东新区新设立的国家需要重点扶持的高新技术企业的发展，对经济特区和上海浦东新区内在 2008 年 1 月 1 日（含）之后完成登记注册的国家需要重点扶持的高新技术企业，在经济特区和上海浦东新区内取得的所得，自取得第一笔生产经营收入所属纳税年度起，第一年至第二年免征企业所得税，第三年至第五年按照 25% 的法定税率减半征收企业所得税。

但必须注意的是，企业投资地点的选择需要充分考虑基础设施、金融环境等非税因素，而这些因素才真正起决定性作用。在其他条件相同的情况下，企业一般的做法是在低税区创办企业，即利用低税地区的各种优惠政策，其业务活动自然也可以扩大到非低税区；或在低税区设置关联机构，将更多利润留在低税区，以降低总体税负。

4. 居民管辖权

对于跨国投资者，还应考虑有关国家同时实行居民管辖权和收入来源地管辖权而导致对同一项所得的双重征税，以及为避免国际双重征税的双边税收协定中有关税收抵免的具体规定，以进行投资国或地区的选择。案例中，中国和柬埔寨都是使用居民管辖权。

居民管辖权的行使其关键是确定纳税人（包括自然人和法人）的居民身份。自然人居民身份的判定，各国主要以住所或居所为标准，其中居所标准又主要根据居住时间来鉴别。法人居民身份的判定，各国主要采用注册地标准、总机构标准和实际管理机构所在地标准。只要纳税人符合一国的居民身份判定标准，即被确认为具有本国居民身份。本国政府就有权对它的居民来自国内和国外的全部所得征税。即使其居民在本国无所得而仅在外国有所得，也要向本国履行纳税义务。居民管辖权并不注重外国居民来源于本国境内的所得。

三、教学组织方式

（一）问题清单及提问顺序、资料发放顺序

本案例讨论题目依次为：

1. YL到柬埔寨西哈努克港进行跨国投资，可以采用什么样的方式？

2. 以上的纳税筹划方案受时间限制存在时效性，即从长远的角度来看，方案中运用的税收优惠政策存在有效期，当企业在柬埔寨西哈努克港经济特区享受的免税期到期之后，将要何去何从？是撤场回国，还是留在本地继续经营？

3. 站在企业的角度，跨国投资除了税收因素之外，还有哪些需要考虑的积极因素和消极因素？

4. 对于合理合法的纳税筹划方案之间并没有优劣之分，企业的不同发展阶段，面对不同的外部内部环境，在对多个纳税方案进行选择的时候，应站在哪些角度上进行分析。

5. 本案例目标企业利用国家政策进行节税，在进行调整前，该企业存在哪些问题，而又具有哪些优势？该企业是如何将自身实际情况与国家政策有机结合？

本案例的参考资料及其索引，在讲授有关知识点之后一次性布置给学生。

（二）课时分配

（1）课后自行阅读资料：约3小时；

（2）小组讨论并提交分析报告提纲：约3小时；

（3）课堂小组代表发言、进一步讨论：约3小时；

（4）课堂讨论总结：约0.5小时。

（三）讨论方式

本案例可以采用小组式进行讨论。

（四）课堂讨论总结

课堂讨论总结的关键是：归纳发言者的主要观点；重申其重点及亮点；提醒大家对焦点问题或有争议观点进行进一步思考；建议大家对案例素材进行扩展研究和深入分析。

参考资料

[1] 霍尔果斯经济开发区招商引资财税优惠政策. 霍特管办发［2013］55号.

[2] 霍尔果斯经济开发区企业所得税税收优惠管理办法. 霍特管办发［2013］33号.

[3] 2015年高新技术产业发展状况调查报告. http://www.wenku1.com/news/C487C0E7D2CC97C2.html.

[4] 柬埔寨西哈努克港经济特区. http://www.ssez.com/.

[5] 符淼. 广东省企业通过“走出去”跨国并购实现国际化发展的政策研究［J］. 现代经济信息.

[6] 蔡昌. 税收筹划理论、实务与案例 [M]. 北京：中国人民大学出版社，2017.
[7] 蔡昌. 企业跨国投资的税收筹划 [J]. 全球化.
[8] 蔡昌. 税法 [M]. 北京. 中国人民大学出版社，2017.
[9] 罗雨泽. "一带一路"基础施舍投融资机制研究 [M]. 北京：中国发展出版社，2015.
[10] 牟哲军. 如何应对跨国投资风险 [J]. 时代经贸，2016 (22).
[11] 方慧，赵胜立. 跨国并购还是绿地投资？——对"一带一路"国家 OFD 模式的考察 [J]. 山东社会科学，2017 (11).

案例 6

“营改增”对 MT 公司财务绩效影响案例分析*

* 1. 本案例由广东工业大学管理学院的许慧、许世晓、关鹤、杨恩珂、李迪、唐丽、彭晓辉、魏姗琳、刘思等共同撰写，作者拥有著作权中的署名权、修改权、改编权。

2. 将本案例授权予广东工业大学产教融合 MPAcc 教学智库实验平台使用，广东工业大学产教融合 MPAcc 教学智库实验平台享有复制权、修改权、发表权、发行权、信息网络传播权、改编权、汇编权和翻译权。

3. 由于企业保密的要求，在本案例中对有关名称、数据等做了必要的掩饰性处理。

4. 本案例只供课堂讨论之用，并无意暗示或说明某种管理行为是否有效。

[案例封面]

专业领域：财务管理
适用课程：《税法》
选用课程：《中国税制》
编写目的：本案例旨在帮助学员通过研究、分析、理解和掌握“营改增”对交通运输业企业利润和税务的影响，结合公司实施“营改增”的后果分析，对公司“营改增”过程和利弊做出评价，突出相应的应对措施，从而为未来将其运用到经营活动的实践当中去。
知 识 点：营业税；增值税；营业收入；营业成本
关 键 词：“营改增”；交通运输业；税负；绩效
中文摘要：2012 年 1 月 1 日起，在上海市交通运输业和部分现代服务业开展的营业税改征增值税试点，拉开了中国“营改增”税制改革的序幕。MT 公司也是受本次“营改增”政策影响较大的企业。“营改增”前企业的主营业务是以缴纳营业税为主，“营改增”后基本上都已改征增值税。虽然同属于交通运输业的“营改增”，但是因为每个企业都有自己的特殊性，因此对于不同企业的影响还是有所不同的。本案例以 MT 公司税务数据为支撑，较为系统地研究“营改增”对交通运输业财务绩效的影响，尤其是对其利润与税负的影响，以期寻找出合理可行的解决途径和优化方案。

[案例正文]

一、背景简介

（一）“营改增”实施背景

长期以来，我国的税收制度一直同时对企业征收增值税和营业税，这就有可能导致对同一提供劳务行为或者商品销售行为实行二次甚至多次征税，存在着对各企业税收不公平的现象。所以国家为了方便税款的征收，一般把商品划分为两大类，即货物和劳务。对于货物，按照流转额的多少征收增值税；而对劳务则按照流转额的多少征收营业税。

虽然作为地方政府长期以来的主要税种和税收来源，但是由于重复征税这一弊端，营业税对当今社会经济发展的阻碍作用越来越明显。并且由于营业税在征收的过程中不能扣除所取得的各项收入的成本，即没有像增值税那样的抵扣项，所以相对于增值税企业来说，营业税企业所受到的不公平待遇越来越成为阻碍其发展的一个因素。

为了解决这一问题，国家开始考虑将营业税统一改成增值税，并由财政部和国家税务总局一起公布了营业税改成增值税的方案，并且为了保证政策的顺利实施，决定先在上海进行部分行业小范围的试点工作，如果达到预期效果，将再分批逐步推广到全国范围。从“营改增”实施的情况来看，上海试点行业取得的效果总体上还是良好的，达到了预期的目标，也为后期的全面推广打下了坚实的基础。

作为国民经济的基础性部门，交通运输业也是本次“营改增”的首批试点行业。交通运输业的职责是为整个社会提供运输服务，在国民经济体系中有着不可替代的作用，因此在这个行业推广“营改增”是十分必要的；此外，在交通运输业推行“营改增”也有着比较好的基底，因为企业为自己提供运输服务所付出的符合抵扣标准的费用，已经可以按照7%的抵扣率作为进项税进行抵扣，并且对运输发票等相关抵扣凭证的规范化管理也越来越完善。

营业税和增值税的不同之处主要在于计税依据。营业税采用的是普遍征收形式，即要把营业收入的全部金额一起作为计税的依据，所缴纳的税款也不能用来抵扣；但增值税则不同，增值税的计税依据不是营业额的全额，而是商品在交易或者流通的过程中所增值的那一部分，并且还可以用来抵扣。

其次是征收范围的不同。在我国，营业税针对的征收范围比较广泛，覆盖国民经济领域最广的第三产业大部分属于营业税的征收范围，包括餐饮业、金融业、保险业等；增值税的征收范围则主要集中在第二产业，建筑业除外，包括销售货物、提供劳务等。

最后是税率设置的不同。由于营业税要以企业当期营业额的总额作为计税依据，并且所缴纳的税款不能抵扣，所以营业税的税率相对来说都比较低，一般为5%和3%两个税率；而增值税由于所缴纳的税款可以抵扣，所以在对增值税征收时候其税率也会高一些，分别是17%和13%，这次“营改增”又针对不同行业企业的实际情况增加了11%和6%两种税率，交通运输业是按照11%的税率来征收的。通过表6-1我们可以很清楚地看出两者之间的区别。

表 6-1 营业税与增值税比较

税　种	计税依据	征收范围	税　率
增值税	以全部流转额为计税依据，属于价外税	除建筑业之外的第二产业	主要有 17%、13%、11%和 6%几种
营业税	以全部营业额为计税依据，属于价内税	大部分的第三产业	大部分是 5%或 3%

全面推行营业税改成增值税，是我们国家目前改革税制的工作重点。也是目前大多数国家，特别是发达国家都在采用的税制形式，符合国际惯例，也是我国深化税制改革的必经之路。在“营改增”之前，我们国家的交通运输业的税负主要包括营业税、所得税和以营业税为基础的附加税；在“营改增”之后企业应缴纳的税负变为由增值税、所得税和以增值税为基础缴纳的附加税三部分组成。在之前，所有的交通运输业都是按照 3% 的比例缴纳营业税的，改为增值税之后，为了更好地体现税收公平，区分了增值税一般纳税人与增值税小规模纳税人，纳税人属于什么类型的企业，将会直接影响到企业应承担税负的税率。

（二）案例背景

本案例研究对象——MT 公司成立于 1992 年，属于 GZ 市政府全资大型国有企业。该企业属于城市轨道运输行业，并且在行业内具有比较明显的代表性，而且轨道运输行业在我们所研究的交通运输业中代表性也很明显。

全面推行“营改增”的改革，对 MT 公司来说影响巨大，因为 MT 公司在之前是以缴纳营业税为主的，即企业要以全部收入的总额为计税依据来计征营业税，并且所缴纳的营业税不允许抵扣。这对一个企业来说是不公平的，因为同处于一个抵扣链条上，缴纳增值税的企业可以抵扣，而缴纳营业税的却不可以。在实行“营改增”之后，这个问题就可以得到有效的解决，缴纳增值税不仅可以使得抵扣链条得到改善，更有助于解决税收中重复征税的问题，从而在最大程度上保障了企业之间的公平竞争。

二、案例概况

（一）“营改增”对 MT 公司利润的影响

本次“营改增”对 MT 公司利润的影响主要体现在三个方面，即营业收入、营业成本以及营业税金及附加，此外还有对利润的影响。

1. 对营业收入的影响

MT 公司作为基础性的交通运输业企业，市场上的供给和需求都不会在短时间内出现较大的变化，其他各种商品和劳务的价格也一样不会有太大变动，再加上 MT 公司业务量和收费标准相对稳定，所以预计在“营改增”之后，其他外部条件暂时没有太大变化的前提下，MT 公司的营业收入是会较之前有所下降的（表 6-2）。

表6－2 营业税改增值税对2013年11—12月收入的影响 单位：万元

项目	11月			12月		
	营业税	改征增值税后	影响数	营业税	改征增值税后	影响数
经营收入	28 286	25 503	－2 783	31 191	28 221	－2 970
客运收入	27 816	25 059	－2 757	28 340	25 532	－2 808
广告收入	470	443	－27	2 851	2 690	－161
利润	－642	－922	－280	－11 201	－11 327	－126
现金流影响	960	0	－960	1 109	0	－1 109

数据来源：MT公司财务报表及测算。

MT公司在进行“营改增”之后，企业的各项收入有了比较明显的下降。但是这种收入下降的情况对很多企业来说也都只是暂时的，企业全面实行“营改增”之后，带来了一系列的税收政策优惠等利好，大大激发企业的能动性（见图6－1）。

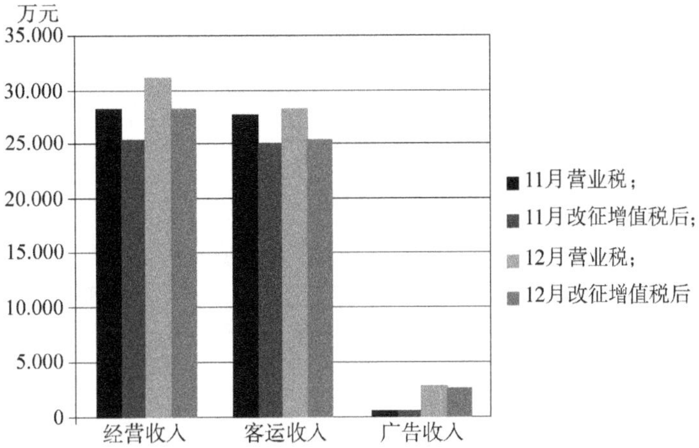

注：经营收入是指除了客运收入之外的各项收入，如物业租赁等。

图6－1 “营改增”对2013年11—12月收入的影响

为了加强对比，我们再选取2015年和2016年度的收入数据来做比较分析（见表6－3）。

表6－3 营业税改增值税后企业收入的变化情况 单位：万元

收入项目	2016年度	2015年度	增减幅度
公共交通运输业	357 989. 74	318 042. 91	13%
销售不动产	27 175. 27	17 304. 99	57%
广告业	33 272. 99	28 969. 78	1%
服务业	48 425. 65	50 616. 95	－4%
金融业	12 349. 44	28 294. 91	－56%
不动产租赁	17 701. 12	17 762. 23	－0. 3%
销售、设备租赁收入	4 025. 96	6 041. 77	－33%
合计	500 940. 17	467 033. 54	7. 3%

数据来源：MT公司财务报表及测算。

MT公司的收入是在以较高的幅度稳定增长的，尤其是作为主营业务的公共交通运输业务与销售不动产业务，这两个业务在“营改增”之前都是缴纳营业税的，在改征增值税之后都取得了较快的增长速度（见图6－2）。

2. 对营业成本的影响

MT 公司由于每年的基建成本很高，会有很多新的设备和车辆等固定资产的购入。例如在去年年底有两条新的线路投入运营，这就肯定会增加车辆和其他配套设施等设备的采购，因此“营改增”后每年固定成本减少的幅度就会比较明显；对于变动成本来说，人力和水电费等的变化比较平稳，但是由于原材料的购入成本要扣除增值税进项税额，所以变动成本较“营改增”之前的水平也是下降的。因此“营改增”之后 MT 公司的营业成本是减少的。

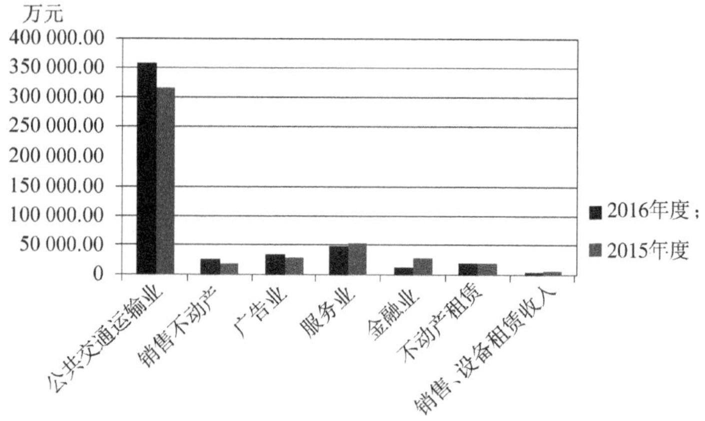

图 6 - 2 “营改增”对 2015 年和 2016 年收入的影响

以下是 MT 公司“营改增”初期营业成本的实际缴纳营业税的情况和同等条件下换算为增值税之后应有的情况（见表 6 - 4）。

表 6 - 4 营业税改增值税对 2013 年 11—12 月成本的影响 单位：万元

项 目	2013 年 11 月			2013 年 12 月		
	营业税	改征增值税后	影响数	营业税	改征增值税后	影响数
经营成本	28 928	26 425	- 2 503	42 392	39 548	- 2 844
运营成本	27 878	26 425	- 1 453	40 932	39 548	- 1 384

数据来源：MT 公司财务报表及测算。

MT 公司在实行“营改增”之后营业成本较之前有了明显的减少，这说明新的税收政策对 MT 公司的减负效果是立竿见影的。企业这个时候也可以采取措施继续扩大这种税收优惠的力度，比如加大设备的采购等，用以冲减之前的成本费用金额（见图 6 - 3）。

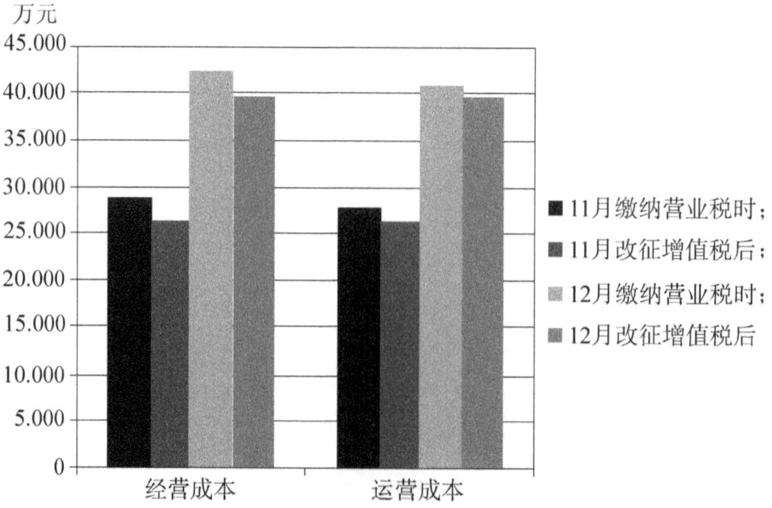

图 6 - 3 “营改增”对 2013 年 11—12 月成本的影响

3. 对营业税金及附加的影响

这里讨论的营业税金及附加包括营业税、城市建设维护税和教育费附加，在前面我们说过，营业税金及附加中的城市建设维护税和教育费附加不是主税种，它们金额的多少是要受增值税、消费税和营业税的变动而变动的，并且交通运输业是不需要缴纳消费税的，因此只考虑营业税改成增值税后的情况。在“营改增”之前，营业税是要计入营业税金及附加里的，但是“营改增”之后的增值税不需要计入，只需考虑两种附加税就行。根据前文的假设，“营改增”之后营业税金及附加既可能大于之前的，也可能等于之前的，当然，也可以小于之前的，营业税金及附加的变化也会直接引起利润总额的变化。

4. 对利润的影响

MT公司是于2012年11月1日开始，从缴纳营业税改为缴纳增值税的。图6－4和表6－5是MT公司2012年11月和12月相应的数据。

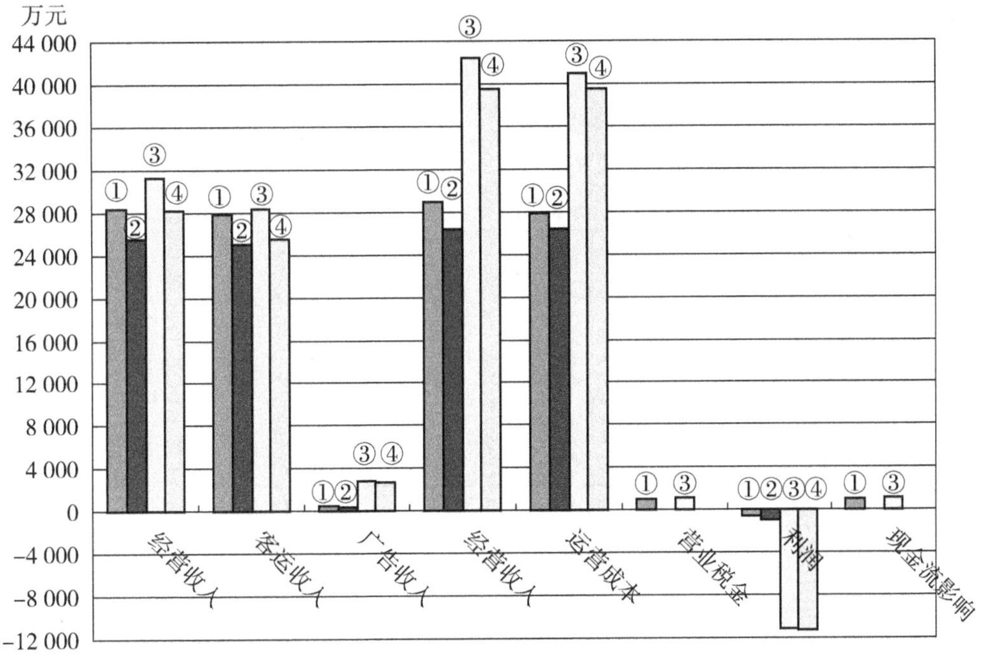

图6－4 “营改增”对2012年11—12月利润的影响

表6－5 营业税改增值税对2012年11—12月利润的影响 单位：万元

项 目	2012年11月			2012年12月		
	征收营业税时	改征增值税后	影响数	征收营业税时	改征增值税后	影响数
经营收入	28 286	25 503	－2 783	31 191	28 221	－2 970
客运收入	27 816	25 059	－2 757	28 340	25 532	－2 808
广告收入	470	443	－27	2 851	2 690	－161
经营成本	28 928	26 425	－2 503	42 392	39 548	－2 844

续上表

项　目	2012 年 11 月			2012 年 12 月		
	征收营业税时	改征增值税后	影响数	征收营业税时	改征增值税后	影响数
运营成本	27 878	26 425	-1 453	40 932	39 548	-1 384
营业税金	1 050	0	-1 050	1 109	0	-1 109
利润	-642	-922	-280	-11 201	-11 327	-126
现金流影响	960	0	-960	1 109	0	-1 109

数据来源：MT 公司财务报表及测算。

无论是 11 月份还是 12 月份，MT 公司在“营改增”之后的各项收入和成本都出现了下降的情况（图 6-5）。

选取 2016 年的经营数据和假设 2016 年仍然缴纳营业税的数据作对比，具体结果如表 6-6 所示。

表 6-6　营业税改增值税对 2016 年经营报表利润的影响　　单位：万元

项　目	营业税政策	改征增值税后	影响额
	金额①	金额②	③=②-①
营业收入总额	400 946	363 508	-37 438
票款收入	346 736	312 375	-34 361
GF 线运营服务收入	20 933	19 739	-1 194
广告业务收入	33 276	31 393	-1 883
营业总成本	420 247.74	386 909	-33 338.74
水、电费	86 124	72 610	-13 514
材料消耗	21 871	18 693	-3 178
委外维修费	14 247	12 176	-2071
税费	19 619	3 635	-15 984
劳动保护费	1991	1701	-290
其他可抵扣进项税成本	2 091	1 787	-304
营业利润	-19 301	-23 401	-4 100

数据来源：MT 公司 2016 年度财务报表及测算。

在 2016 年度中，使用增值税和营业税相比，同样是营业收入、营业成本以及营业利润都会有所减少。营业收入的下降还是因为增值税时候的营业收入 = 票款收入 - 增值税销项税额，营业成本的降低是因为要用购进成本 - 增值税进项税额，营业利润的下降是因为营业收入下降的金额多于营业成本下降的金额（见图 6-5）。

由此我们可以得出结论，当期看，报表的收入与成本都有下降，但因为收入的下降大于成本下降，导致当期报表利润下降。但是由于 MT 公司在“营改增”政策实施后，公司的增值税应税收入征收税率虽然都有上升，但对仍处于基建期的 MT 公司来说，从长期看，未来购进设备因进项税额的抵扣，会导致固定资产的账面价值降低，会降低未来经营

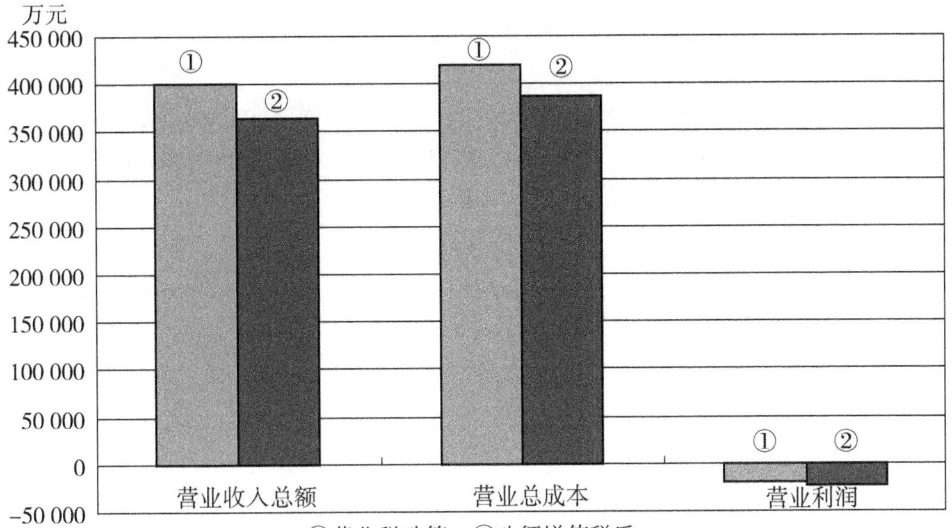

图6－5 “营改增”对2016年经营报表利润的影响

期的折旧，预计对公司远期的利润会产生有利影响。

（二）“营改增”对MT公司税负的影响

目前，MT公司涉税税项主要有：营业税、增值税、个人所得税、房产税、土地使用税、土地增值税、印花税、车船使用税、城市维护建设税、教育费附加、地方教育附加、文化事业建设费、堤围防护费、价格调节基金共十四项。本次“营改增”前后MT公司的税负变化是比较明显的，因为本次改革就是赋税，从征收营业税到改征增值税。税费里面变化最明显的当属增值税、营业税两个主税以及城市建设维护税和教育费附加等几个附加税。

1. 对流转税的影响

MT公司2016年度的收入总额接近60亿元，纳税总额约为30亿元，体量远远超过了一般纳税人的认定标准，因此MT公司属于增值税一般纳税人，并且按照11%的税率征缴增值税（见表6－7）。

表6－7 一般纳税人“营改增”前后税率变化情况对比

项　　目	“营改增”前	“营改增”后
营业税名义税率	3%	—
营业税实际征收率	3%	—
增值税名义税率	—	11%
增值税实际征收率	—	9.91%

注：此表暂不考虑增值税进项税的抵扣作用。

并且一般交通运输业的进项税额来源都比较少，抵扣效果不太明显，这些企业税负的提高也就不意外了。当然，如果企业在日常经营活动中能够取得足够多的增值税进项税发票来抵扣，是完全可以抵消较高税率带来的税收负担的。

MT 公司相对来说比较特殊一点，公司目前正处于基建期，设备和车辆的采购都比较多，所取得的增值税进项税额相对较多，所以“营改增”对 MT 公司的影响将会很大，而且对公司来说都是好的影响，我们可以通过 2015 年 12 月的税务数据和相同条件下应征营业税的金额来比较一下（见表 6－8）。

表 6－8　营业税改增值税 2015 年 12 月税费变化对比表　　单位：万元

项　目	营业税政策	改征收增值税后	影响数
票款收入	73 002.8	65 768.3	
广告收入	4 317.3	4 072.9	
应交营业税	2 796.3	0	－2 796.3
增值税销项税	0	7 478.9	
可抵扣进项税	0	16 360.5	
电费	0	2 386.8	
材料、设备采购	0	1 253.2	
其他可抵扣项	0	159.9	
车辆采购	0	6 034.6	
通讯设备采购	0	2 681.9	
建设总部采购	0	3 844.1	
应交增值税	0	－8 881.6	－8 881.6
税费合计	2 796.3	－8 881.6	－11 677.9

数据来源：MT 公司财务报表及测算。

在实行“营改增”之后，MT 公司在收入变化不太大的情况下，应缴的流转税税费有了比较明显的降低，增值税进项税发票取得的多，相应的所要实际承担的流转税就会减少。从这一点来看，“营改增”对 MT 公司还是利好的。

2. 对附加税的影响

MT 公司在“营改增”之后，企业的流转税总额较之前下降了不少，并且附加税的计算公式为：各项附加税之和＝（增值税＋消费税＋营业税）×附加税相应的税率之和，由于税率是固定不变的，MT 公司也不需要缴纳消费税，那么影响附加税的金额就只能是增值税、营业税之和。所以，“营改增”之后 MT 公司所缴纳的流转税总额的下降就肯定会导致附加税也随之下降。

3. 对其他税费的影响

除了营业税、增值税和各种附加税之外，MT 公司所需缴纳的个人所得税、房产税等税种都不会受本次“营改增”政策的影响，因为它们要么属于代收代缴，要么依附于其他业务，跟公司收入本身没有太大关系。

在 2012 年 11 月 1 日广东省实施“营改增”政策后，MT 公司增值税应税收入包含交通运输业收入、站场管理收入、广告业收入、水电转售收入和销售收入。其他收入项目暂时还按照营业税缴纳，MT 公司 2016 年度各项税费缴纳情况如表 6－9 所示。

表 6－9　MT 公司 2016 年度各项税费缴纳情况表

税　种	金额（万元）	比例（%）
个人所得税	8 662. 50	32. 19
房产税	7 920. 92	29. 44
营业税	3 804. 64	14. 14
土地使用税	3 260. 20	12. 13
印花税	1 408. 01	5. 23
文建费	1 058. 08	3. 93
城建税	266. 33	0. 99
防洪费	250. 48	0. 93
教育费附加	114. 14	0. 42
地方教育附加	76. 09	0. 28
代扣代缴	54. 68	0. 20
车船税	16. 89	0. 06
价格调节基金	13. 71	0. 05
土地增值税	1. 29	0. 01
合计	26 907. 96	100. 00

数据来源：MT 公司 2016 年度财务报表。

在同时期各主税种的缴纳比例如图 6－6 所示。占 MT 公司税负比例较大的是个人所得税和房产税，个人所得税属于公司代收代缴，和房产税一样，这二者基本上不会改变“营改增”前后 MT 公司应承担的税负。对其他各项税负的影响情况如下：

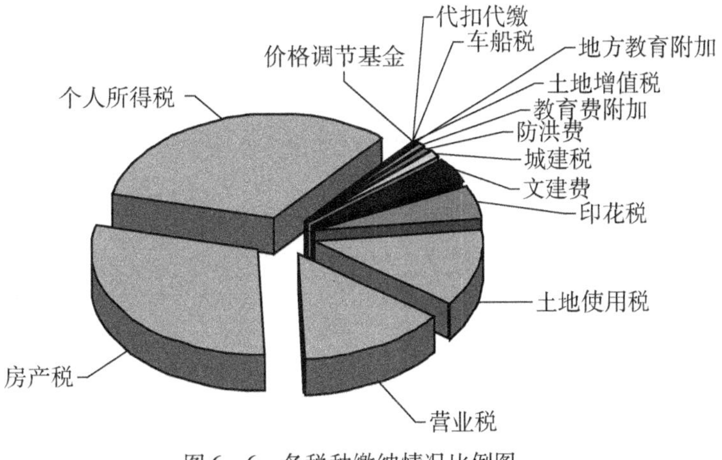

图 6－6　各税种缴纳情况比例图

轨道交通运输收入是运营的客运收入，“营改增”前按收入的 3% 缴纳营业税，“营改增”后按 11% 的增值税率征收增值税；另外，运营总部的另一大增值税应税收入是 GF 线站场管理收入，GF 线站场管理服务定义为现代服务业的物流辅助服务，改革前按 5% 缴纳营业税，改革后按 6% 的增值税税率征收。

广告业收入是按 6% 税率征收增值税，定义为现代服务业的文化创意服务，“营改增”前按 5% 税率征收营业税。

商品销售收入没有变化，改革前后同样按 17% 的增值税率缴纳。

水电转售收入在“营改增”前按广告业、租赁业的价外费用按5%税率征收营业税，而“营改增”后是按转售水电处理，分别按13%和17%的增值税税率征收增值税。

4. 对税负的影响

“营改增”对MT公司税负的影响总的来说还是比较明显的，主要体现在流转税和附加税两个大的税种上。而个人所得税和房产税等其他税种则基本上没有受到太大的影响。

表6-10、图6-7列出的是2014年11月到12月份税负变化情况，可以比较直观地看出“营改增”对MT公司税负的影响。

表6-10 营业税改增值税2014年11—12月税费变化对比表 单位：万元

项　目	营业税政策	改征收增值税后	影响数
票款收入	56 156	50 591	
广告收入	3 321	3 133	
应交营业税	2 151	0	-2 151
增值税销项税	0	5 753	
可抵扣进项税	0	12 585	
电费		1 836	
材料、设备采购		964	
其他可抵扣项		123	
车辆采购		4 642	
通讯设备采购		2 063	
建设总部采购		2 957	
应交增值税	0	-6 832	-6 832
税费合计	2 151	-6 832	-8 983

数据来源：MT公司财务报表及测算。

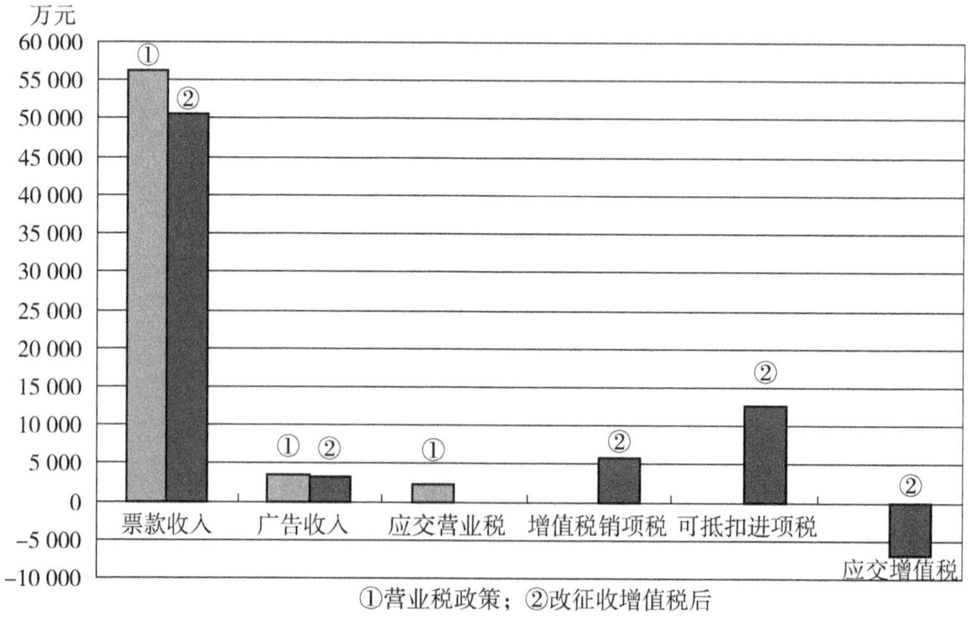

图6-7 “营改增”2014年11—12月税费变化对比表

"营改增"之后企业的税负是要比"营改增"之前的明显低很多的，这主要是因为企业在实施增值税之后，可以通过增值税进项税额来进行抵扣，从而使得实际的税负有效减少。这使得 MT 公司在"营改增"过程中获得了实实在在的收益，也符合国家当初推行"营改增"的初衷。而且通过查看 2014—2016 年的数据也不难看出通过"营改增"的实施，使得企业的税负确实有效减少。见表 6－11、图 6－8。

表 6－11　2013—2015 年应交增值税情况统计表　　单位：万元

项　目	2013 年			2014 年			2015 年		
	可抵扣进项税	销项税	应交增值税	可抵扣进项税	销项税	应交增值税	可抵扣进项税	销项税	应交增值税
水、电费	12 153			12 761			13 399		
材料采购	4 613			4 844			5 086		
设备投资	1 090			1 144			1 202		
设备维修费	378			397			417		
运营汇总	18 234	46 101	27 866	19 146	54 124	34 978	20 103	60 853	40 750
车辆中心	10 895			6 933			50 179		
通号中心	2 503			27 066			26 733		
建设总部	21 004			30 630			49 547		
基建汇总	34 403			64 629			126 459		
合计	52 637	46 101	－6 536	83 775	54 124	－29 651	146 562	60 853	－85 709

数据来源：MT 公司财务报表及测算。

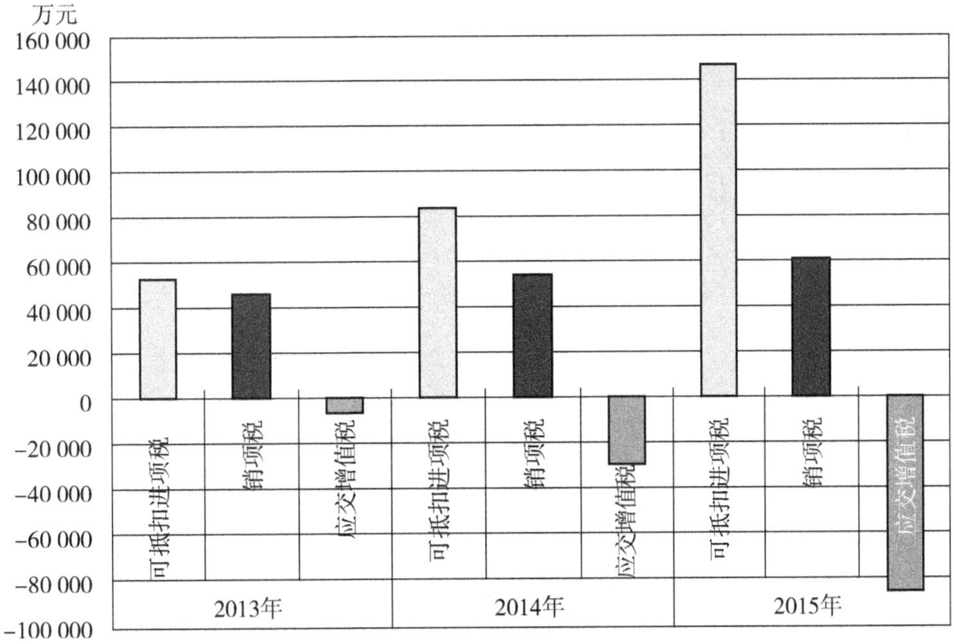

图 6－8　2013—2015 年应交增值税情况统计图

MT 公司每年总的进项税额都是要大于销项税额的，所以在改征增值税之后，MT 公司不需要再缴纳增值税税负。由于进项税远大于销项税的缘故，并且这三年的数据显示增值税进项税额与销项税额的差额有逐步加大的趋势，这也说明在可预见的未来，本次“营改增”对 MT 带来的减税效果将会一直持续，这对 MT 公司来说无疑是很有利的。

因此，通过以上分析我们可以得出这样的结论：以往轨道交通运输收入必须按 3% 缴纳营业税，现在虽然按 11% 缴纳增值税，但由于 MT 公司采购车辆和设备等取得的进项税足够抵扣此部分销项税，同样的，站场管理收入、广告业收入所产生的销项税也可以得到足够的抵扣，从而大大减少了 MT 公司实际应承担的税负。

（三）“营改增”对 MT 公司非主营业务的影响

由于 MT 公司的主营业务是交通运输，但是还有一些其他业务收入，所以在“营改增”之后所执行的税率也不完全一样。在“营改增”之前，公司的所有交通运输类的营业收入统一按照 3% 的税率缴纳营业税，而属于现代服务业的则按照 5% 的税率缴纳营业税。

“营改增”之后，改为交通运输服务的收入按照 11% 的税率缴纳增值税，部分服务业则按照 6% 和 17% 的税率分别缴纳增值税，这其中，属于鉴证咨询服务的咨询业务、属于文化创意服务的广告设计业务、属于物流辅助服务的仓储业务、属于信息技术服务的技术转让、属于研发和技术服务的科研研发等几项业务是按照 6% 的税率缴纳增值税的；而属于有形动产租赁服务的运营叉车、设备对外租赁等则是需要按照 17% 的税率缴纳增值税。

营业税改增值税后，公司的计税方法变为：应交增值税 = 当期销项税额 − 当期进项税额。其中当期销售税额是指应税收入 × 增值税税率，公司当期进项税额金额取决于公司各业务部门取得的可抵扣增值税的单据的金额。业务部门取得的增值税专用发票等可抵扣凭证直接决定了公司的整体税负。通过表 6 − 12 可以看出“营改增”前后公司计税方法的变化。

表 6 − 12　“营改增”后公司计税方法的变化

项　目	营业税	增值税
应纳税额计算	应纳税额 = 营业额 × 税率	应纳税额 = 销项税额 − 进项税额 = 销售额 × 税率 − 可抵成本费用 × 税率 − 可抵设备投资 × 税率（进项税“以票控税”，须取得增值税专用发票才可以抵扣税款）
税率	一般较低（3%、5% 等）	高（17%、13%、11%、6%）
发票开具	不区分普通发票、专用发票	增值税发票分为增值税专用发票和普通发票，公司抵扣增值税必须通过“金税工程”防伪税控系统开具增值税专用发票。

在实施“营改增”之后，MT 公司可抵扣增值税的凭证税率分为四种，即 17%、11%、6%、和 3%，各发票抵扣的有效期为 180 天，180 天之后尚未抵扣的发票就将会作废。规定可以抵扣的增值税凭证种类共有三种：运输发票、海关专用缴款书和增值税专用

发票。公司可以抵扣增值税的成本项目也有明确的规定，包括：车辆设备、通讯设备、系统设备、车辆段设备、维修耗材品备件、水电、技术服务设计咨询、办公设备等，超出此范围的将不允许抵扣。

这些计税方法的改变将会对公司的财务管理和发票管理制度提出一些新的挑战，比如发票如果未能在规定的期限内抵扣的将会作废、超出抵扣范围内发票不允许抵扣等，就要求公司相关部门制定符合公司情况、切实可行的发票管理制度。

（四）“营改增”对 MT 公司影响总结

总的来说，本次“营改增”对 MT 公司财务绩效还是产生了比较有利的影响，在“营改增”之后，公司的利润项目虽然会有暂时下滑，但是由于政策带来的利好，这种局面将在企业的后期经营中不断得到改善；而对于 MT 公司的税务影响更是立竿见影，由于企业正处于大规模的基础建设期，因此长期的进项税额都大于销项税额，对企业改征增值税后可以极大地减轻其流转税税负，同时企业也需要注意防范这其中的税务风险，加强发票的使用和管理制度。

三、参考资料

[1] 王如燕，吴丽梅. 邬展霞等. 对交通运输行业“营改增”试点问题的思考 [J]. 税务研究，2013 (4).

[2] 余学斌，柯鑫. 营改增对交通运输企业的影响 [J]. 会计之友，2014 (22).

[3] 高蕤. 浅谈营业税改增值税的意义 [J]. 企业研究，2013 (4).

[4] 贾康. 为什么要“营改增” [J]. 上海国资，2012 (1).

[5] 刘建民，蒋雨荷. “营改增”对交通运输行业财务绩效影响的实证研究 [J]. 会计之友，2016 (14).

[6] 张娇丹. 轨道交通企业对于“营改增”相关问题的应对 [J]. 中国商论，2013 (35).

[7] 李伟，李卫平. “营改增”对交通运输业上市公司税负和财务的影响研究 [J]. 上海经济研究，2016 (1).

[8] 张媛媛. “营改增”后影响交通运输企业利润的四个因素 [J]. 机构与行政，2013 (11).

[9] 周国光，武鸿留. “营改增”对交通运输企业税负及利润的影响 [J]. 铁道运输与经济，2015 (7).

[10] 纪金莲，祁成军，曹薇. “营改增”对交通运输业税负影响实证分析 [J]. 会计之友，2014 (19).

[案例说明书]

一、本案例要解决的关键问题

本案例要实现的教学目标是：引导学员进一步关注“营改增”对企业尤其是交通运输行业企业财务绩效的影响。根据本案例的资料，一方面学员可以了解我国“营改增”的实施背景，从公司利润和税负两方面分析“营改增”对MT公司财务绩效的影响，另一方面，学员在了解MT“营改增”的财务情况后，研究MT公司应对“营改增”的各项措施，同时思考MT公司的案例对同行业的其他同类型公司有哪些启示。

二、案例讨论的准备工作

为了有效实现本案例目标，学员应该具备下列相关知识背景。

（一）理论背景

增值税本身不是我们国家创立的税种。而是由国外引进的，它在20世纪50年代起源于法国，后来逐渐被其他国家所接受和采用。增值税的税收征收范围很广泛，覆盖了几乎所有的货物销售和服务行业。到2011年底，已经实施增值税的国家有166个。有一点需要注意的是，所有征收增值税的国家，交通运输业都会在增值税的征收范围之内。对交通运输业尤其铁路运输，各国均未按较高的税率征收，要么是按基本税率征收，要么是按较低的税率征收。因为交通运输业所提供的劳务服务在他们看来属于生活必需品的范围，例如法国、比利时、奥地利、德国等国家均对交通运输业实行较低的增值税税率，在丹麦、爱尔兰、意大利等国甚至还对交通运输业实行免税政策。

自2009以来，中国完成了生产型增值税向消费型增值税转型改革，国内学者的研究对企业转型和经济发展带来了良好的效果后，越来越多的国内外学者认为增值税的征收范围应进一步扩大，并且提出了各自的意见和建议。在此基础上，由于运输行业与国民经济基础的密切联系和其他相关产业的发展，研究人员认为，增值税的行业将与国际标准一起促进中国的税收制度建设，并与当前市场经济体制建立一致的增值税制度。正式实施“营改增”试点后，学者对实施效果、税收负担情况和应对措施也进行了广泛的研究。

经过四次税制改革后，营业税的税收管理得到了改善，但其弊端也逐渐凸显了出来。交通运输业是与生产经营密切相关的产业，如果对其征收营业税，将会导致抵扣“链条”的中断，导致征税不公和透明度降低等问题，从而阻碍税制的正常运行。正是在这种背景下，“营改增”的方案被提上日程：我国在交通运输业实行“营改增”税制改革。增值税的优势在于，可以分批抵扣外购的高价值的固定资产，从而减轻行业税负。当上海试点改革成功后，“营改增”在地方政府推动下，改革政策红利凸显越来越多，不仅仅是政府，采用增值税管理的运输业也乐意接受。

随着改革的实施，其不完善地方也逐渐显露出来。增值税转型可能对服务业产生一些不利影响。通过统计，制约改革的主要因素是：对财政能力的约束、对失业压力的约束等影响。针对改革的“双扩张”，学者们通过具体的企业财务报表后得出的结论是：由于较高的税收和后勤支持服务等进项税额的扣除问题，使得该集团的费用在改革之后有了较为显著的增加。所以，交通运输业营业税改增值税这项改革需要改进。

本次“营改增”案例所依据的相关理论主要有三个，具体如下：

1. 税制优化理论

税制优化理论是指在保证政府税收总额不减少的情况下，以高效率的资源配置和公平的收入分配和再分配为指导，对构建合理、高效、经济的税制体系进行系统分析研究的学说。税制优化理论主要有两大目标，一是税制的设置要符合效率的原则，二是在设置税制的时候既要满足效率原则，还要兼顾公平。

当今社会经济发展十分迅速，税收也是政府进行宏观调控的工具之一，并且在调节社会需求、促进社会资源的公平分配等方面发挥的作用也是越来越重要。这就要求政府在如何设置税制的问题上不仅仅要重视效率，降低由于不合理税制而导致的效率低下等问题，还要注重社会效益，使得税制的设置能够体现税收的平等和公平性，不能使得企业之间的利益相差太悬殊。效率与公平成为评价税制是否合理的两大参考指标，这样既可以避免由于税制的不合理带来的资源浪费或者分配不合理，又可以使收入接近的纳税人所缴纳的税款额也相近，避免造成人为的不公平现象。

本次“营改增”政策的实施，就是充分体现了税制优化理论的实施。“营改增”的主要目的就是给企业减负，为国家创收。由于增值税具有营业税没有的可以抵扣的优势，可以避免营业税重复征税，实现国家实施结构性减税的目的。

2. 税收中性理论

税收中性原则是西方学者所提出的税收原则之一，起源于17世纪古典经济学家亚当·斯密的学说思想。税收中性原则主张税收行为不得干预经济的正常运行、对待一切纳税人都要平等的税收准则。该原则的代表人物亚当·斯密主张要把国家的税收职能仅仅限定在能够满足国家管理职能所需的经费范围之内。经济学家D·李嘉图也认为，国家所征收的任何税费都不利于企业的扩大再生产，所以他比较反对国家税收对市场经济运行机制的影响和干预。19世纪末，新古典经济学派的代表代表——英国的A·马歇尔，通过“均衡价格理论”，得出国家所增收的每一种税都会影响资源的有效配置，继而对企业产生税收负担，只是影响的程度大小而已，因此他提出只要是某一种税收能够影响价格的均衡，那么它就是“非中性”的。

税收中性原则的主要含义是指：国家在对纳税人征税的时候，除了使纳税人因为纳税的本身而承担责任以外，最好不要让纳税人再因此而承担其他更多的经济负担以及别的损失。

税收中性原则是以市场经济为背景的。在西方，真正实行到税收中性原则是在1954年推行增值税政策以后，这也充分说明了增值税政策对经济正常运行和保障市场自由竞争的重要性。增值税特有的优势就是可以避免对企业的重复征税，使得产品在流转加工的每个环节的税收都不会被重复征税，也不会被遗漏。这样做可以保障各种资源在各行业的配置，从而提高经济运行效率，保证产业链中各环节企业的公平。

关于税收中性与“营改增”政策：自从税收中性原则被确认以后，很多国家和地区都直接或间接地实行了“营改增”政策。因为营业税具有其本身所特有的局限性，比如在流转的各个环节都要重复征税、以商品销售的全额作为纳税的基础等，造成了比较严重的重复征税现象，加重了纳税人的负担。但是如果征收增值税，商品在流转的环节中就不会被多次的重复征税，这样有利于实现税收中性。

我国在全面推行“营改增”政策之前，所在试点区域的行业普遍是以征收营业税为主，这就会使得征收营业税这类企业与征收增值税的上下游企业之间出现一个抵扣链条中断的情况。同时营业税的纳税依据是销售收入的全部金额，并且没有进项税可以抵扣，这就会导致交通运输业中重复征税的现象比较明显。所以说在交通运输业实行“营改增”政策能够改善这种税收不公平的情况，有利于保持税收中性。

3. 税收价格理论

价格理论是指通过价格的调节作用来优化市场经济条件下的资源配置，以达到在市场经济条件下资源配置的最佳形式，税收价格理论最早也是起源于17世纪的西方。该理论认为，在市场经济的发展过程中，价格与税收是调节经济的两个重要手段，二者在运行的过程中相互配合、相互影响并且缺一不可，二者只有共同发挥作用才能对市场经济、国民经济起到调节作用。

正常情况下，市场的价格主要是由市场本身来进行调节的，但是由于市场经济本身具有一定的盲目性与滞后性，因此出现市场失灵的情况是在所难免的，当市场自身的调节失效之后，政府就必须承担起自身应该承担的责任，即通过自己提供公共产品来维持市场经济的正常运营，保持物价水平的稳定。公共产品的支出是需要政府从社会成员身上取得一定的经济补偿的，而这种补偿的方式在经济学上来讲就是税收，或者说，税收是这种补偿得以保证的最佳途径。

在税收价格的理论下，纳税不仅是纳税人的义务，更是权利的一种表现。纳税人的权利之一就是要求政府提供一定的公共服务来满足自己生产经营或者日常生活的需要，与此同时，纳税人也必须缴纳相对等的税费作为代价。税收价格理论不仅确定了纳税人和政府双方之间的地位和身份，并且指出了政府和纳税人之间可以享受到的权利以及为此所需要承担必要的责任。

作为税收的一种，增值税在调节政府与纳税人之间的关系上作用尤为突出，政府在征收增值税的环节中，不会对同一件物品实行重复征税，当然更不会为同一件物品提供相同的重复服务，这样就可以充分做到企业与政府之间的权利义务对等，更好地发挥税收的调节作用。因此，企业如何调整自己的经营模式与方法，就成为自己节税的关键所在。

（二）行业背景

城市轨道交通运输业在交通运输业中有一定的代表性。城市交通运输是交通运输业的一个重要组成部分，一个城市的市内交通是否完善，通达度和便捷度是否高，是考验一个城市综合实力高低的一项重要指标。而在所有的市内交通设施里面，城市轨道交通运输更被视为一个城市综合实力的象征。

截至2016年末，我国已经累计有30个城市引入城市轨道交通，建成并投入营运的城市轨道交通线路共134条，运营总里程4 153公里。2016年新增福州、东莞、南宁、合肥4个运营城市，全国共新增18条运营线路总计535公里，创历史新高。

2011年是“十二五”开局之年，我国新增地铁线路288公里，但是“十三五”开局之年的2016年，新增线路却比五年前增多85.8%；同时2016年新增线路与2015年新增线路长度445公里相比，增长20.2%。从世界范围来看，城市轨道交通运输占整个城市交通运输运量的比例也越来越大。

在世界主要大城市中，轨道交通运输量占整个城市公共交通运量的50%到70%，有的甚至会更高。比如巴黎，巴黎的总人口有一千万，平均每年的客运总量达12亿次，其中轨道交通承担的运量为8.4亿次，占比约为70%。世界上第一个开通地铁的城市——伦敦，目前共有9条地铁线，总长500公里，平均日客运量300万人，占总共市内交通总运量的40%。在东京大都市圈，共有地铁280多公里，每天旅客数量达到3 000多万人次，占全部客运量的86%。在我国香港，城市轨道交通运量约占58%，而在内地，这个比例还相对较低，但在上海也达到了35%，北京为38%。由此可见，城市轨道交通运输业在交通运输业中还是非常具有代表性的。

MT公司在城市轨道交通运输业里面也具有典型性。MT公司现在共有11条线（段）在建，运营里程达309公里，居全国第三、世界前十。2016年全年乘客数量达到25.7亿人次，运送乘客效率全国第一，每天平均的客流量也到了702万人次，最高峰时期每天运量达到900万人次。

此外，GZ市MT公司还凭借行业领先的技术和管理经验，在全国城市轨道行业中积极拓展业务，其中，在全国范围内28个城市开展了设计业务，21个城市开展了监理业务，咨询业务更是遍布全国37个城市之多。此外，GZ市MT公司还为全国40家城轨企业和30家铁路院校提供培训服务。

作为国民经济的基础性部门，交通运输业是本次“营改增”的首批试点行业之一。交通运输业的职责是为整个社会提供运输服务，在国民经济体系中有着不可替代的作用，因此“营改增”在这个行业推广十分必要。在“营改增”之前，我们国家的交通运输业的税负主要包括营业税、所得税和以营业税为基础的附加税；在“营改增”之后企业应缴纳的税负变为由增值税、所得税和以增值税为基础缴纳的附加税三部分组成。在之前，所有的交通运输业都是按照3%的比例缴纳营业税的，改为增值税之后，为了更好体现税收公平，区分了增值税一般纳税人与增值税小规模纳税人，纳税人属于什么类型的企业，将会直接影响到企业应承担税负的税率。

（三）制度背景

2012年7月24日，财政部发布《营业税改征增值税试点有关企业会计处理规定》；该规定中对试点纳税人差额征税的会计处理方法、增值税期末留抵税额的会计处理方法、取得过渡性财政扶持资金的会计处理方法等问题给出了比较清晰的解读，有利于“营改增”下一步在交通运输业中的推广。

2013年7月10日，国家税务总局发布《关于在全国开展交通运输业和部分现代服务业营业税改征增值税试点税收政策的通知》（国家税务总局公告2013年第37号），明确说明在全国范围内开展交通运输业“营改增”试点，并在通知中明确了纳税人和扣缴义务人、应税对象、税率和征收率等细节问题，为“营改增”在全国交通运输业范围内顺利实施奠定了坚实的基础。

2016年3月24日，财政部、国家税务总局向社会公布了《营业税改征增值税试点实施办法》《营业税改征增值税试点有关事项的规定》《营业税改征增值税试点过渡政策的规定》和《跨境应税行为适用增值税零税率和免税政策的规定》；这些规定中再次对涉交通运输业“营改增”细则做了详细的说明，从税率的确定到计税方法的界定等做了全方位的说明，也是“营改增”在交通运输行业内全面展开的标志。

三、教学组织方式

（一）问题清单及提问顺序、资料发放顺序

本案例讨论的题目依次为：

（1）本案例中“营改增”后企业营业收入和营业成本的变化给你带来了哪些思考？

（2）“营改增”对企业利润带来的影响是有利的还是有弊的？

（3）“营改增”前后交通运输业企业应缴税费是增多还是减少？原因在哪里？

（4）如何应对“营改增”对企业财务效益带来的影响？

（5）MT 公司的案例对其他公司有哪些启示？

（二）课时分配

（1）课后自行阅读资料：约 3 小时；

（2）小组讨论并提交分析报告提纲：约 3 小时；

（3）课堂小组代表发言、进一步讨论：约 3 小时；

（4）课堂讨论总结：约 0.5 小时。

（三）讨论方式

本案例可以采用小组式进行讨论。

（四）课堂讨论总结

课堂讨论总结的关键是：归纳发言者的主要观点；重申其重点及亮点；提醒大家对焦点问题或有争议观点进行进一步思考；建议大家对案例素材进行扩展研究和深入分析。

案例7

久旱甘霖：华强销售环节节税策略分析*

* 1. 本案例由广东工业大学管理学院的张源、李惠方、杨雪姣等共同撰写，作者拥有著作权中的署名权、修改权、改编权。

2. 将本案例授权予广东工业大学产教融合 MPAcc 教学智库实验平台使用，广东工业大学产教融合 MPAcc 教学智库实验平台享有复制权、修改权、发表权、发行权、信息网络传播权、改编权、汇编权和翻译权。

3. 由于企业保密的要求，在本案例中对有关名称、数据等做了必要的掩饰性处理。

4. 本案例只供课堂讨论之用，并无意暗示或说明某种管理行为是否有效。

[案例封面]

专业领域：财务管理

适用课程：《财税管理》《税法》

选用课程：《税务筹划》《中国税制》

编写目的：本案例以华强公司（以下简称为华强）为例，介绍其公司背景、财务状况及税收状况。通过分析华强的销售情况，指出其在国家政策背景下，销售环节进行节税筹划的必要性和可行性，并通过节税策略的具体实操，降低该企业的税收成本及综合成本，实现企业税收效益最大化。本案例编写目的在于：①深入了解不同销售方法下的纳税模式；②了解不同折扣销售的经济效益及税收差异；③通过分析华强不同销售方式下的纳税筹划策略，让学生及时掌握涉税环节的相关国家优惠政策及应用，并实现企业的利润最大化。

知 识 点：增值税；企业所得税；高新技术企业

关 键 词：销售模式；折扣销售；纳税方案选择；税负

中文摘要：随着高新技术的快速发展，新能源产业如雨后春笋般迅速发展壮大，作为老牌的风电企业，华强虽有着稳固的根基，但发展后劲明显不足。如何在激烈的竞争中胜出，除了研发创新外，节约成本缩减开支费用也是十分重要的。华强通过对销售环节进行深入分析，充分应用国家相关税收优惠政策进行节税筹划，获取最大的税收效益。案例所探讨的节税策略有一定的启示作用。

[案例正文]

一、背景资料

（一）风电行业发展概况

中国风电行业在近些年来取得快速增长。中国目前正在大力发展风电产业，政府陆续出台支持政策，进一步扩大风电开发和应用领域，促进产业市场化进程，提高风电企业经营效益。过去几年，随着风电设备价格的降低，技术进步及装机容量的迅速增长，风电在新能源领域的商业竞争优势大大凸显，风电行业在中国未来能源结构调整占据着重要地位。在国家多项政策支持下，中国风电行业稳步增长。国家能源局及国家电网也加快了对清洁能源外送线路的规划和建设步伐。

2015 年，全国风电产业继续保持强劲增长势头，中国（除台湾地区外）全年风电新增装机容量 30 753MW，新增安装风电机组 16 740 台。相比 2014 年，新增装机容量再创历史新高，同比增长 32.6%。累计并网装机容量达到 145 362MW，累计安装风电机组 92 981 台。占全部发电装机容量的 8.6%（如表 7－1、图 7－1 所示）。2015 年，中国风电继续驱动全球增长，新增装机和累计装机均位居全球首位，新增装机占全球装机容量的 48.5%，累计装机占全球装机容量的 33.6%。从 2009 年到 2015 年，中国连续七年成为全球装机规模最大的市场。2015 年，风电发电量 1863 亿千瓦时，占全部发电量的 3.3%。2015 年，新增风电核准容量 4 300 万千瓦，同比增加 700 万千瓦，累计核准容量 2.16 亿千瓦，累计核准在建容量 8707 万千瓦。

表 7－1　2009—2015 年中国风电新增和累计装机容量

年　份	2009	2010	2011	2012	2013	2014	2015
新增装机容量（MW）	13 803	18 929	17 630	12 960	16 089	23 196	30 753
累计装机容量（MW）	25 805	44 734	62 364	75 324	91 413	114 609	145 362

数据来源：CWEA。

（二）华强公司的基本情况

华强有限公司（以下简称“华强”）成立于 1998 年，是新疆的一个高新技术企业，是中国最早从事风电机组研发和制造的企业之一，目前已发展成为全球领先的风电机组制造商，同时公司致力于成为国际化的清洁能源和节能环保整体解决方案的提供商。

公司主要业务包括：大型风力发电机组生产销售及技术引进与开发、应用；建设及运营风力发电场；制造及销售风力发电机组零部件；有关风机制造、风电场建设运营方面的技术服务与技术咨询；风力发电机组及其零部件与相关技术的进出口业务。华强是国内最早进入风力发电设备制造领域的企业之一，经过十余年发展逐步成长为国内领军和全球领先的风电整体解决方案提供商。

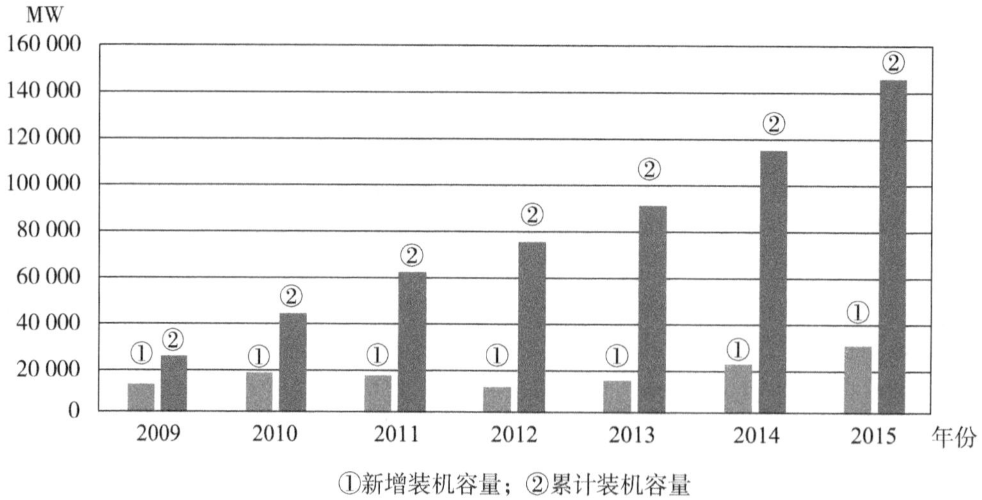

图 7－1　2009—2015 年中国风电新增和累计装机容量

数据来源：CWEA。

1. 华强的主要产品

公司主营产品有：750 kW、1.5 kW 、2.0 kW 、2.5 MW、3.0 WM 系列风力发电机组，并有低温型、高温型、高海拔型、低风速型及沿海型不同系列产品。

主打产品介绍如下：

（1）GW 15 kW 风力发电机组：单一传动技术不仅可靠性强，而且能够使风力发电机组的利用率得到提高；永磁发电技术可以提高风电整机的工作效率。无齿轮箱不仅可以降低设备传动机械的损失概率，而且能够降低整机的运行维护成本。发电机低转速时具备高可靠性。

（2）GW 2 500 kW 风力发电机组：机组设计紧凑，相同单机容量更大。发电机由叶轮直接驱动，故障率低，噪音也较小。润滑系统实现自动化，降低维护成本。

（3）GW 3 000 kW 风力发机组：新型传动技术，有效减小传动系统的体积和重量。发电机在低风速下发电效率更高。变流设计为全功率设计，具有低电压穿越能力，并网性能优越。

2. 华强销售网络

从销售层面看，华强当前销售网络已经遍布大陆地区，并延伸至澳大利亚、美国、巴拿马、罗马尼亚、埃塞俄比亚等 12 个国家（如图 7－2 所示）。国内领域，公司目前主要客户为天润、国电投、中广核、三峡集团等国内知名的风电投资商（如图 7－3 所示）。大致有七大片区作为其销售主要划片区域，分别是东北片区、重庆片区、四川片区、华北片区、华中片区、华东片区、华南片区及西北片区等区域。这些覆盖性的销售网络，已经为华强奠定良好的用户基础，为其未来更广泛进入市场发展提供保障。同时，华强在售后服务方面的贴心到位，也使得其拥有更多的回头客，产业发展规模不断扩展。

序号	国家	累计装机(MW)
1	澳大利亚	185.0
2	美国	167.5
3	巴拿马	107.5
4	罗马尼亚	52.5
5	埃塞俄比亚	51.0
6	巴基斯坦	48.0
7	智利	33.0
8	厄瓜多尔	16.5
9	泰国	7.5
10	古巴	4.5
11	玻利维亚	3.0
12	法国	11.25
总计		687

图7－2　2016年华强在国际市场装机分布情况

数据来源：CWEA。

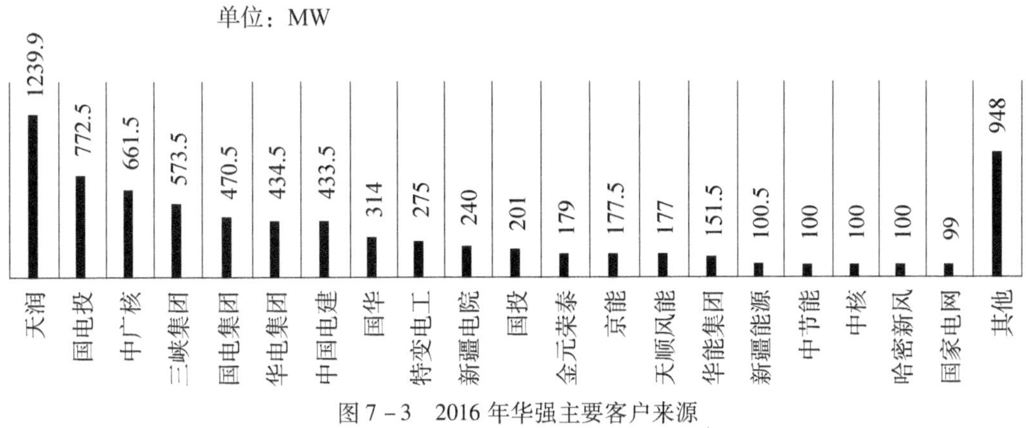

图7－3　2016年华强主要客户来源

数据来源：CWEA。

3. 华强财务分析

(1) 偿债能力

①流动比率、速动比率。流动比率和速动比率变化趋势一致，2014—2016年呈先下降后上升的趋势。这两个指标主要用于评价企业的短期偿债能力，这两个指标越高，偿还流动负债的能力就越强，流动负债得到偿还的保障就越大，但这两个数据并不是越多越好。流动比率在2左右比较合适，速动比率在1左右比较合适，由表7－2可以看出华强公司的速动比率属于较正常范围内，但是流动比率较低，说明企业有可能存在存货积压和商品滞销。

表 7－2　2014—2016 年华强主要财务指标

年　份		2014	2015	2016
偿债能力	流动比率（倍）	1.26	1.21	1.34
	速动比率（倍）	1.10	1.06	1.21
	应收账款周转率（次）	1.83	2.48	1.88
	资产负债比率（%）	66.74	66.92	67.88
盈利能力	销售毛利率（%）	27.03	26.51	29.26
	销售净利率（%）	10.47	9.56	11.77
	基本每股收益（元/股）	0.6790	1.0522	1.0841
	净资产收益率——加权平均（%）	13.00	18.13	16.87
营运能力	存货周转率（次）	3.88	6.61	6.00
	固定资产周转率（次）	3.11	3.40	1.98
	总资产周转率（次）	0.44	0.61	0.45
发展能力	销售增长率（%）	43.84	69.80	－12.20
	利润增长率（%）	317.17	53.95	9.40

数据来源：ichoice。

②应收账款周转率。应收账款周转率越高，说明企业回收应收账款的速度越快，可以减少坏账损失，提高资产的流动性，企业的短期偿债能力也会得到增强，这在一定程度上弥补了流动比率低的不利影响。如果公司的应收账款周转率过低，则说明企业回收应收账款的效率低，或者信用政策过于宽松，这样会影响企业资金的利用率和正常周转；如果公司的应收账款周转率过高，则表明公司奉行较紧的信用政策，付款条件过于苛刻，这样会限制企业销售量的扩大，影响企业的盈利水平。如图 7－4 所示从 2014 年到 2016 年先上升后下降表明企业在 2015 年奉行较紧的信用政策而在 2016 年则有所调整放宽了信用政策。

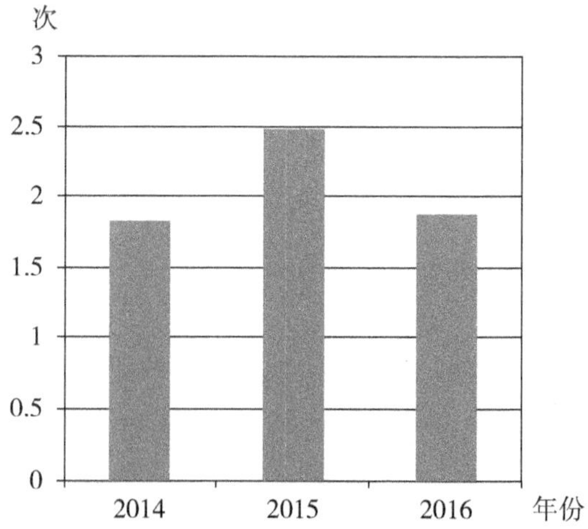

图 7－4　应收账款周转率

数据来源：ichoice。

③资产负债比率。该指标反映企业偿还债务的综合能力，资产负债比率越高，偿还债务的能力越差，财务风险越大；反之偿债能力越强。由表 7－2 可知 2014 年到 2016 年先升后降，幅度不大，基本维持在 67% 左右，处在合理范围内。

（2）盈利能力

①销售毛利率。销售毛利率反映了企业的营业成本与营业收入的比例关系，销售毛

利越大，说明在营业收入净额中营业成本所占比重越小，企业通过销售获取利润的能力越强。由图7－5可知2014年到2016年呈先下降后上升的趋势且2016年的毛利率较上一年涨幅较大，说明2016年企业营业收入净额中营业成本所占比重越小，表明营业成本有所下降。

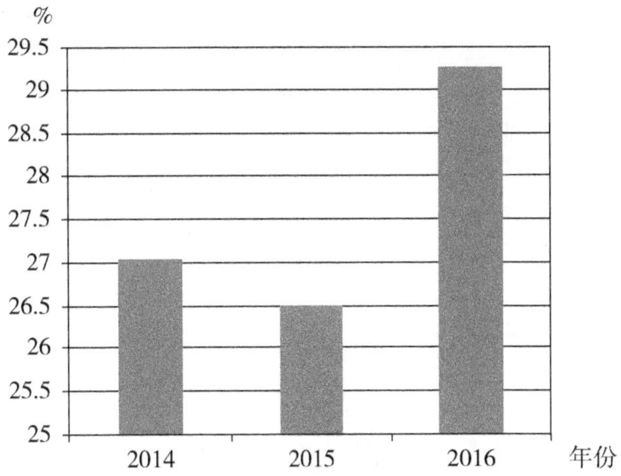

图7－5　销售毛利率

数据来源：ichoice。

②销售净利率。销售净利率说明了企业净利润占营业收入的比例，它可以评价企业通过销售赚取利润的能力。该指标越高，说明企业通过扩大销售获取报酬的能力越强。由图7－6可见2014年到2016年呈先下降后上升的趋势，说明在2016年企业通过销售赚取利润的能力有所增强。

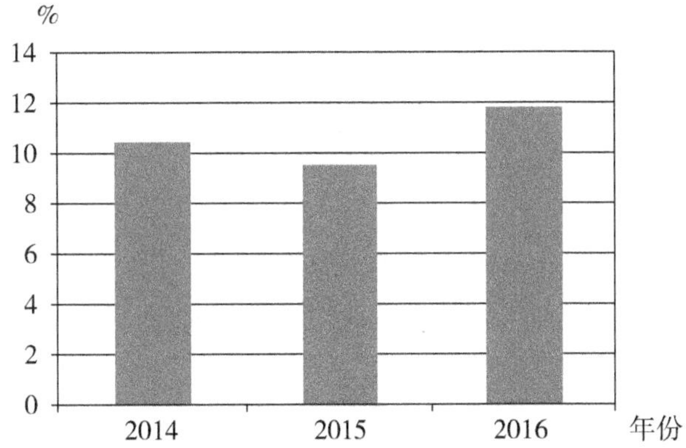

图7－6　销售净利率

数据来源：ichoice。

③每股收益。每股收益是普通股股东每持有一股所能享有的企业净利润或需承担的企业净亏损。每股收益通常被用来反映企业的经营成果，股东的报酬及投资风险，是评价企业盈利能力、预测企业成长潜力、进而做出相关经济决策的重要的财务指标之一。该指标反映了每股创造的税后利润。每股收益越高，说明股东的报酬越高。从表7－2中可以看出华强科技2014年至2016年的每股收益呈上升趋势，说明企业的股东报酬有所增加。

④净资产收益率（加权平均）。净资产收益率通常用来评价企业盈利能力，它反映了企业股东获取投资报酬的高低，净资产收益率越大，说明企业的盈利能力越强。由表7－2可以看到华强科技净资产收益率三年中先升后降，说明2015年企业盈利能力比2014年大幅增强，但2016年企业盈利能力比2015年有小幅下降。

（3）营运能力

存货周转率、固定资产周转率、总资产周转率趋势一致，2014—2016年先增后减，存货周转率、固定资产周转率、总资产周转率增长可能表示企业销售能力有所增强，资金利用率变高，固定资产利用率变高，管理水平变好，全部资产营运能力变好，反之，三项指标将减小。

（4）发展能力

①销售增长率。销售增长率是企业本年营业收入增长额与上年营业收入总额的比率。该指标反映了企业收入的变化情况，是评价企业成长性和市场竞争力的重要指标。该比率

大于零，表明企业本年营业收入增加；反之表明营业收入减少，该比率越高，说明企业营业收入的成长性越好，企业的发展能力越强。由图 7－7 可知 2014 年、2015 年营业收入均有所增加，2016 年营业收入则减少。

②利润增长率。利润增长率是指企业本年利润总额增长额与上年利润总额的比率。该指标反映了企业盈利能力的变化，该指标越高，说明企业的成长性越好，发展能力越强。由图 7－8 可知，企业利润增长率逐年下降，说明企业发展能力有所下降。

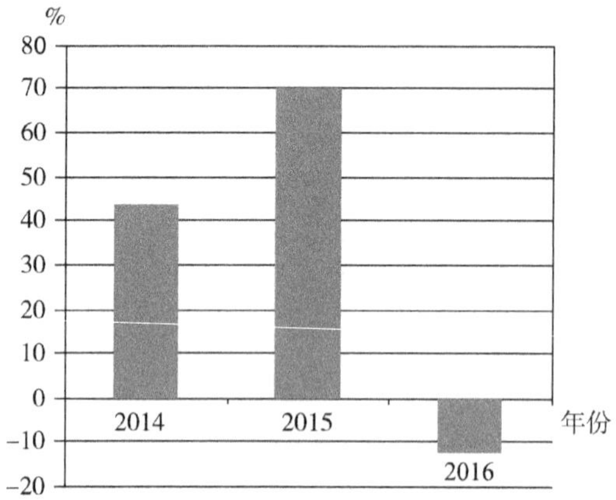

图 7－7　销售增长率

数据来源：ichoice。

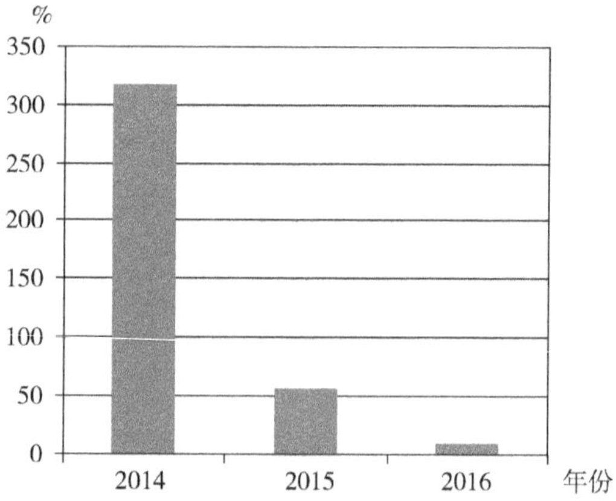

图 7－8　利润增长率

数据来源：ichoice。

综上，企业盈利能力略有下降，但股东报酬有所增强，发展能力有所下降，希望企业提升盈利能力并注意企业的成长与发展，切勿目光短浅。

（三）华强税收现状

1. 公司涉及的主要税项

增值税：华强主要业务是风力发电机产品及零件的生产和销售，对此按一定比例征收增值税。

企业所得税：经营所得执行《中华人民共和国企业所得税法》征收企业所得税。

城市维护建设税：按应缴增值税及消费税等流转税额的一定比例计征。

教育费附加：按应缴增值税及消费税等流转税额的一定比例计征。

其余税种占比较小不予考虑。如图 7－9 所示。

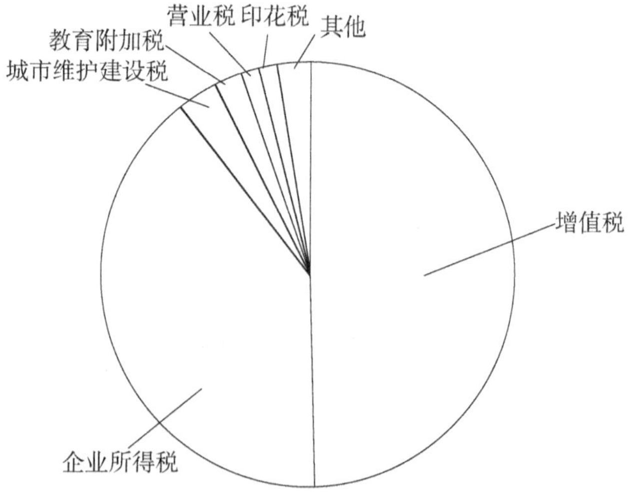

图 7－9　华强 2016 年税费结构

数据来源：2016 年华强年报数据。

2. 华强近五年纳税状况

华强近几年主要财务数据（如

表7-3所示）显示，华强的所有者权益呈不断上升趋势，企业资本在不断增加，规模不断扩大；企业在利润方面也是不断增长，尤其是近两年以来增长更为迅速。

表7-3　华强2012—2016年主要会计数据　　单位：万元

年　份	2016	2015	2014	2013	2012
资产总额	40 964 37	36 808 31	30 550 63	25 602 60	24 854 10
负债总额	24 543 13	23 300 70	17 938 97	13 437 17	13 073 61
所有者权益	16 421 23	13 507 61	12 611 66	12 165 42	11 780 49
营业收入	18 270 44	18 636 39	12 143 45	10 526 07	7 634 11
营业成本	15 167 27	15 267 15	10 023 04	8 948 68	6 801 87
营业利润	2 853 35	1 811 84	740 75	613 77	361 93
利润总额	2 941 29	1 851 92	774 49	629 24	366 82
净利润	2 782 48	1 638 26	661 84	532 95	374 82

数据来源：2012—2016年华强年报数据。

华强近两年来总纳税额增长迅猛（如表7-4所示），2015年更是创造增长新纪录。总体来说，公司税收增长率相对业绩增长率要快得多，税收支出占企业成本的比例不断上升。为了企业得到更好的发展，获得更多的利润，对税收进行管理势在必行。

表7-4　华强近五年纳税额

年　份	增值税（元）	企业所得税（元）	总纳税额（元）
2012	-329 398 760. 95	49 751 779. 84	-237 415 307. 09
2013	-798 921 760. 70	123 170 542. 90	-640 167 118. 36
2014	164 368 606. 95	230 025 037. 21	434 170 745. 55
2015	214 309 229. 77	439 426 704. 09	705 262 435. 31
2016	302 275 325. 98	242 758 914. 52	610 055 365. 44

数据来源：2012—2016年华强年报数据。

3. 华强税收节税现状

华强公司对节税筹划工作比较重视，目前公司虽然没有设立专门的节税筹划分析管理部门，但有财务部负责税收事宜。节税筹划方案在华强的具体应用主要体现在宏观大方向上，还没有深入到日常经营管理的细节中。公司对于税收利益数额较大的节税筹划工作比较重视，但在实际经营中有很多可以筹划的空间还没引起公司的重视。目前公司节税收益主要来源于税收优惠政策，从长远来看这一方法不可持久，企业必须寻求新的出路。风电行业日趋激烈的竞争迫使公司寻求盈利增长点，公司的业务在全国迅速扩张，并开始向国外发展，在这样的背景下，公司现有的纳税策划工作就显得有些跟不上公司发展的需要。

从公司纳税的主要税项来看，所得税和增值税占到95%左右，因此公司需要对所得税和增值税方面的筹划引起重视。综上所述，对所得税和增值税的筹划不仅要从宏观大方向上进行，还要深入到日常经营管理细节中。其中产品的销售直接决定企业是否纳税以及纳多少税，所以销售模式的选择影响着税源及税额，在企业节税策略中起着至关重要的作用，对销售模式进行节税筹划是华强获得税收效益的关键。在企业的经营过程中，采用的销售方式是多种多样的。在这些不同的销售方式下，销售者取得的销售额的大小和时间是不同的，承担的税负也有较大的差异。因此，可通过节税策略分析，采用合理合法的手段，降低企业当期销售额，减少应纳税额。

二、销售环节纳税筹划

（一）销售方式纳税筹划

1. 销售货款周转情况——“代人受过”

华强公司72%的销售收入是由总公司直接负责销售和追回货款。依据货款周转情况，可将公司的客户分为4类：第一类，由总公司直接供货的客户。这类客户主要是公司在周边区域新开发的中小客户，一般采用现款销售的方式，以中小企业为主。第二类，需要定期发货的客户。这类客户需要企业垫付较多的税金。这是因为，虽然公司的收款周期和对方的销售周期基本一致，但公司收款时间总是比供货时间晚一个周期。第三类，需要定期发货但货款回收相对不规律的客户。这类客户的货款视对方资金周转情况分批偿还，货款支付周期一般不会多于半年，因此也需要公司垫付税金。第四类，通过异地仓库供货的客户。而这类客户的回款情况，可能是前三类中的任何一种。为了更好地细分市场、加强销售管理，华强公司还在一些地区设立了专门负责销售的销售门店，销售额大概占公司全部销售收入的28%。这些销售门店从总公司按成本拿货，再按市场价格在当地市场销售，形成利润后上交总公司。

在前三类客户中，第二类、第三类都需要华强公司垫付税金。以销售额100万元为例，按销售毛利率24%、单位销售收入10%的直接人工费计算，公司需垫付的资金约为：100×（24%+10%）×17%×［1+（7%+3%）］=6.358（万元）。因此垫付的增值税及其附税为销售价款的6.358%。再按年销售收入3.6亿元（第一类占比很低，销售公司货款回收情况类同）、平均收款周期以4.8个月计算，华强公司常年需垫付的税金为：36 000×6.358%×4.8÷12=915.552（万元）。最后，按销售利润率11%、企业所得税率25%计算，形成利润后，公司需垫付的企业所得税：36 000×11%×4.8÷12=1 584（万元）。如此算来，华强公司合计需垫付各种税金2499.552万元。税款有法定的时限要求，不能超期滞纳，这与企业垫付的原材料成本不一样。公司垫付了原材料，同时也可采用“移花接木”之术，回过头来拖欠原材料供应商的货款，真正占用公司自身的资金并不多，而且具有一定的弹性和控制空间。但对垫付的税款，公司损失了资金的机会成本。而通过异地仓库完成的销售，由于采取的是总公司开票、仓库供货收款的模式，按照税法规定，在货物发出时即为纳税义务发生的时间，同样需要垫付税金。销售门店的特殊之处在于，其进货是按照总公司生产成本计算，因而几乎没有分担总公司的公共管理成本。

2. 销售方式再造——“异彩纷呈”

（1）对原有销售方式进行改造。

①第一类客户由于是采取现销模式，不存在垫付税金的问题，因此继续维持现行销售流程即可。

②第二类客户的特点，是华强公司的收款周期取决于购货单位的销售周期，收款周期和销售周期基本一致，但公司收款时间总比供货时间晚一个周期。对于特定的购货单位，根据以往销售记录，其采购周期或销售周期比较稳定。《中华人民共和国增值税暂行条例实施细则》（以下简称《细则》）第三十八条第三款规定，采取赊销……方式销售货物，为书面合同约定的收款日期的当天，无书面合同的或者书面合同没有约定收款日期的，为货物发出的当天。综合第二类客户的特点和上述规定，将第二类客户原有销售方式改造为赊销，合同约定的收款周期与购货单位的销售周期大致相当。经过改造，华强公司延后了纳税义务确认时间，收款时间和纳税义务发生时间趋于一致。

③第三类客户的特点，是对方付款的具体时间受欠款金额和对方现金流量情况两方面的影响，但货款平均收账时间在4.8个月左右。《细则》第三十八条第三款规定，采取……分期收款方式销售货物，为书面合同约定的收款日期的当天，无书面合同的或者书面合同没有约定收款日期的，为货物发出的当天。综合第三类客户的特点和上述规定，将原有销售方式改造为分期收款，合同约定货款按3次在140天内付清，40天内付款20%，80天内再付款30%，140天内全部付清。经过改造，分期收款的周期与购货单位现在的实际付款周期大体一致，华强公司延后了收入的纳税义务确认时间，而且分期收款的机构设计也是根据实际付款进度确定的，这样也不会推迟购货单位的实际付款时间。

（2）关于异地仓库。

根据《国家税务总局关于企业所属机构间移送货物征收增值税问题的通知》的规定，企业异地配货机构向购货方开具发票或向购货方收取货款的，应当向所在地税务机关交纳增值税，否则应由总机构统一缴纳增值税。依据这些规定，华强公司将异地仓库收取货款的权力收回，货款由供货方直接汇入总公司账户，这样就有效规避了上述规定，不会因为异地仓库的问题提前纳税义务的确认时间。

（3）关于销售门店。

《关于深入实施西部大开发战略有关税收政策问题的通知》第二条规定，自2011年1月1日至2020年12月31日，对设在西部地区的鼓励类产业企业减按15%的税率征收企业所得税。鼓励类产业企业，是指以《西部地区鼓励类产业目录》中规定的产业项目为主营业务，且其主营业务收入占企业收入总额70%以上的企业。华强公司年销售收入3.6亿元，其中3.1亿元来自《西部地区鼓励类产业目录》范围内的产品，占86.1%。据此，华强公司享受15%的优惠税率。然而，销售门店“成本进货、市价销售”的模式，将很大一部分利润从总公司转入销售门店，而销售门店的企业所得税税率为25%，比总公司税率高出了10%。而且，由于销售门店不用负担总公司的公共管理成本，销售净利率较高，企业整体所得税税负更重，经营动力也受到影响。针对这些情况，华强公司将对销售门店的销售方式改造为“收取手续费式代销”，手续费依据销售门店的业务需要而定，并加强对手续费和销售门店业绩的评定和考核。《细则》第三十八条第五款规定，委托其他纳税人代销货物，为收到代销单位的代销清单或者收到全部或者部分货款的当天。未收到代销清单及货款的，为发出代销货物满180天的当天。据此，总公司对销售门店发货时，不会提前销售门店的纳税义务发生时间。销售门店提取的手续费与其经营成本大体持平，几乎不缴企业所得税，公司利润整体适用税率仍为优惠税率15%。这就不会加重公司企业所得税税负，也有利于调动销售门店积极性，提高管理效率。

3. 再造之后华强公司的销售流程

再造之后华强公司的销售流程如图 7－10 所示。

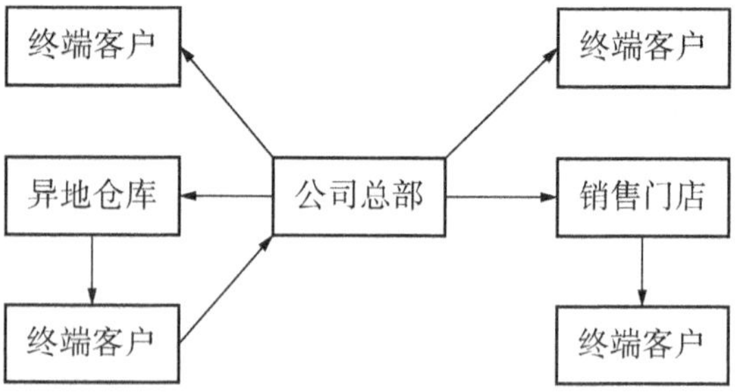

图 7－10　华强销售流程

企业的税负是税法依据其经济活动评定的结果，有什么样的经济活动，就有什么样的税负。销售方式是影响企业税负的重要因素。企业一定要树立事前管理的理念，在经济行为发生之前，认真研究税收及相关法律规定，巧妙设计销售方式，提出既能提高经营效率，又能合理避税的筹划方案，以达到延迟纳税时间、节约现金流的目的。

（二）折扣销售纳税筹划

企业在销售活动中，常常采取多种多样的折扣促销方式。在不同的折扣方式下，其销售额、税负以及税后净利润都不同。纳税人应当运用税法相关规定，选用适当的方式进行纳税筹划，以实现企业税后利润最大化。本案例从纳税筹划的角度，通过对五个方案的比较，找出最优的促销方案。

1. 折扣方式

（1）折扣类型。在市场经济条件下，企业采用的折扣方式，目前大致可分成折扣销售、销售折扣、销售折让三种类型。

折扣销售一般被会计人员称为商业折扣，是指销货方在销售货物或应税劳务时，因购货数量较大等原因而给予销售折扣的价格优惠。比如购买 5 台风电机，销售价格折扣 10%；购买 10 台，折扣 20%。

销售折扣被会计人员称为现金折扣，是指销货方在销售货物或应税劳务后，为了鼓励购货方及早偿还货款而协议许诺给予购货方的一种折扣优待。如为了尽快收回货款，在代理合同中规定：30 天内付款，货款折扣 2%；90 天内付款，货款折扣 1%；180 天内全价付款，即相当于收回销售货款而支付的利息。

销售折让，是指货物销售后，因为其品种、质量等原因购货物方未予退货，但销货方需给予购货方的一种价格折让。如风电机零件生产是通过几个连续工艺完成的，工艺和技术都比较复杂，或多或少都会产生一些不符合工艺、技术的产品。因此，通过价格上的优惠，来避免货物的退回。

（2）对纳税的影响。折扣销售，现行税法规定："如果销售额和折扣额在同一张发票上分别注明的，可按折扣后的余额作为销售额计算增值税；如果将折扣额另开发票，不论其在财务上如何处理，均不得从销售额中减除折扣额。"还需要注意的是，折扣销售仅限于货物价格的折扣，如果将自产、委托加工和购买的货物用于实物折扣的，则该实物款额不能从货物销售额中减除，且该实物应按《中华人民共和国增值税暂行条例》中的"视同销售货物"中的"赠送他人"计算征收增值税。

销售折扣发生在销货之后，是一种融资性质的理财费用，销售折扣不得从销售额中扣除。企业在确定销售额时应把折扣销售和销售折扣严格区分开。

销售折让也是在货物销售后发生的，但由于是作为已售产品出现品种、质量问题而给予购买方的补偿，其实质是销售额的减少，销售折让可以以折让后的货款为销售额。销售方应凭购货方退回的发票或购货方主管税务机关开具的“进货退出及索取折让证明单”开具红字发票后，冲减当期销售收入，但用实物减让需按视同销售处理。

2. 不同折扣方式的对比分析

例如：华强是增值税一般纳税人，购货均能取得增值税专用发票，为促销欲采用三种方式：一是产品八折销售；二是购货满 1 000 万元，赠送价值 200 万元的商品（购进价格为 14 万元，均为含税价，下同）；三是购货满 1 000 万元，返还 200 万元的现金。销售利润率为 30%，销售额 1 000 万元，成本 700 万元，则进项税额 = 700 ÷ （1 + 17%） × 17% = 101. 71（万元）。另外，甲企业每销售 1 000 万元产品可以在企业所得税前扣除的工资和其他费用 60 万元。问：企业同样销售 1 000 万元的商品，选择哪种方式最有利呢？（不考虑城建税及教育费附加）

（1）折扣销售：

方案一：产品八折销售，价值 1 000 万元的产品售价 800 万元。

增值税 = 800 ÷ （1 + 17%） × 17% − 101. 71 = 14. 53（万元）

应纳税所得额 = 800 ÷ （1 + 17%） − 700 ÷ （1 + 17%） − 60 = 25. 47（万元）

所得税 = 25. 47 × 25% = 6. 37（万元）

应纳税合计 = 14. 53 + 6. 37 = 20. 90（万元）

税后利润额 = 800 ÷ （1 + 17%） − 700 ÷ （1 + 17%） − 60 − 6. 37 = 19. 10（万元）

（2）赠送实物：

方案二：购物满 1 000 万元，赠送价值 200 万元的产品。

销售 1 000 万元产品应交增值税 = 1 000 ÷ （1 + 17%） × 17% − 101. 71 = 43. 59（万元）

赠送 200 万元产品视同销售，应交增值税 = （200 − 140） ÷ （1 + 17%） × 17% = 8. 72（万元）

合计应纳增值税 = 43. 59 + 8. 72 = 52. 31（万元）

应纳税所得额 = （1 000 − 700） ÷ （1 + 17%） − 60 = 196. 41（万元）

所得税 = 196. 41 × 25% = 49. 10（万元）

应纳税合计 = 52. 31 + 49. 10 = 101. 41（万元）

税后利润额 = （1 000 − 700） ÷ （1 + 17%） − 140 ÷ （1 + 17%） − 60 − 49. 10 = 27. 65（万元）

（3）现金返还方案：

方案三：购货满 100 万元返还现金 200 万元。

销售 1 000 万元产品应交增值税 = 1 000 ÷ （1 + 17%） × 17% − 101. 71 = 43. 59（万元）

应纳税所得额 = （1 000 − 700） ÷ （1 + 17%） − 60 = 196. 41（万元）

应交所得税 = 196. 41 × 25% = 49. 10（万元）

应纳税合计 = 43. 59 + 49. 10 = 92. 69（万元）

税后利润额 = （1 000 − 700） ÷ （1 + 17%） − 200 − 49. 10 = 7. 31（万元）

（4）销售折扣：

方案四：赊购货物满 1 000 万元，在 10 天内付款，给予 20% 的折扣，在 30 天内付款不给予折扣（若消费者选择该方案的话，假设一般在 10 天内付款）。

①在 10 天内付款：

销售 1 000 万元产品应交增值税 = 1 000 ÷ （1 + 17%） × 17% − 101. 71 = 43. 59（万元）

应纳税所得额 = （1 000 − 700） ÷ （1 + 17%） − 1 000 ÷ （1 + 17%） × 20% − 60 = 25. 47（万元）

所得税 = 25. 47 × 25% = 6. 37（万元）

应纳税合计 = 43. 59 + 6. 37 = 49. 96（万元）

税后利润额为 = （1 000 − 700） ÷ （1 + 17%） − 1 000 ÷ （1 + 17%） × 20% − 60 − 6. 37 = 19. 10（万元）

②如果对方未在 10 天内付款，则对方放弃了折扣，这样企业可收到 1 000 万元，

则应交增值税 = 1 000 ÷ （1 + 17%） × 17% − 101. 71 = 43. 59（万元）

应纳税所得额 = （1 000 − 700） ÷ （1 + 17%） − 60 = 196. 41（万元）

所得税 = 196. 41 × 25% = 49. 10（万元）

应纳税合计 = 43. 59 + 49. 10 = 92. 69（万元）

税后利润额为 = （1 000 − 700） ÷ （1 + 17%） − 60 − 49. 10 = 147. 31（万元）

（5）方案五：在方案四的基础上，企业主动将合同金额降低为 800 万元，相当于 20% 折扣后的金额，同时在合同中约定超过 10 天付款加收 200 元滞纳金。这样，企业收入没有降低。

①如果对方在 10 天内付款：

则增值税 = 800 ÷ （1 + 17%） × 17% − 101. 71 = 14. 53（万元）

应纳税所得额 = 800 ÷ （1 + 17%） − 700 ÷ （1 + 17%） − 60 = 25. 47（万元）

所得税 = 25. 47 × 25% = 6. 37（万元）

应纳税合计 = 14. 53 + 6. 37 = 20. 90（万元）

税后利润额 = 800 ÷ （1 + 17%） − 700 ÷ （1 + 17%） − 60 − 6. 37 = 19. 10（万元）

虽然结果同方案一，但由于延长了 10 天的付款时间，能够扩大销售量。

②如果对方未在 10 天内付款，企业可向对方收取 200 万元滞纳金，再以“全部价款和价外费用”，按 1 000 万元计算增值税销项税：

则应交增值税 = 1 000 ÷ （1 + 17%） × 17% − 101. 71 = 43. 59（万元）

应纳税所得额 = （1 000 − 700） ÷ （1 + 17%） − 60 = 196. 41（万元）

所得税 = 196. 41 × 25% = 49. 10（万元）

应纳税合计 = 43. 59 + 49. 10 = 92. 69（万元）

税后利润额为 = （1 000 − 700） ÷ （1 + 17%） − 60 − 49. 10 = 147. 31（万元）

（6）销售折让：在实际操作中销售折让产品（商品），使得当期同样销售量的销售额下降，但同时当期计算应缴纳的增值税也会相应减少，还包括城市维护建设税和教育费附加的减少；随着销售收入减少，当期企业所得税也会相应减少。因此，一方面会产生减少利润的负面效应，另一方面又会产生节约税务成本的正确效应。

方案对比分析（如表7－5所示）：

方案一将折扣销售进一步扩大，直接下调销售价格，这既未违反税法，又扩大了销售额，收到了双重效果。方案二和方案三却不然。方案二是在发生销售额的基础上进一步赠送商品，税法上属于视同销售行为，增加了税收负担。而方案三赠送现金，则是将自己的净利润都赠送出去了，这种促销行为必然会产生亏损。方案四采用了销售折扣的形式，与方案一的区别在于多交了增值税。方案五是销售折扣的进一步变换，通过订立合同时，对合同条款的某些字眼的处理，不仅达到了方案一的节税效果，而且为客户延长了10天的付款期限，进一步扩大了销售量，更好地达到了促销效果。而一旦客户10天后付款，不管是方案四还是方案五，企业都会获得更高的利润。

综上所述，假设在提供销售折扣的情况下，购货方一般会在10天内付款，方案五最优，其次为方案一、方案四、方案二、方案三。因此，一般来说，企业打算采用优惠方式来进行促销，折扣销售即直接对原有金额按一定的比例下调的方式能获得最大的税收优惠，同时通过对折扣方式综合利用也可获得效益。例如方案五先直接采用折扣销售方式进行降价，然后仿造销售折扣规定一定的还款期限，对超过还款期进行罚款处理从而获取税收效益和资金效益。所以，企业在进行商品促销之前，应当全面权衡，综合筹划，选择最佳的折扣方式，以降低税收成本，获取最大的经济效益。

表7－5　各方案税收负担比较表　　单位：万元

方案		增值税	企业所得税	企业税后利润
方案一		14.53	6.37	19.10
方案二		52.31	49.10	27.65
方案三		43.59	49.10	7.31
方案四	10天内付款	43.59	6.37	19.10
	10天后付款	43.59	49.10	147.31
方案五	10天内付款	14.53	6.37	19.10
	10天后付款	43.59	49.10	147.31

三、华强节税策略启示

华强公司原有的销售模式是现在很多企业共存的销售模式，华强的销售方式节税策略不是本企业独有的，其筹划方式对很多行业都是通用的，具有借鉴意义。例如在具体操作方面，可以将传统的定期发货、收款期与发货期不一致的销售方式改变为赊销以延后收款确认时间同时延后纳税时间；将收款期不稳定的，提前确认收入需要垫付税金的销售方式改变为分期收款方式，这样就改变了收款时间延后了纳税时间从而获得资金效益；将异地仓库和销售门店的收取货款的权利收回，避免异地和门店向所在地纳税，从而可以达到延后纳税时间和享受特殊地区的优惠税率。一般来说，企业可以将销售业务多一点转向具有优惠税率的子公司或销售点，以达到节税的目的。在优惠促销方面，一般来说，企业直接选择折扣销售即对原价按照一定的折扣进行降价会获得最大的效益：一方面可以直接按折扣后的余额来进行增值税计算缴纳，另一方面可通过降价效益吸引更多的顾客扩大销售。在特殊情况下，企业还可以采取折扣销售与销售折扣相结合的方法，先采取折扣销售即直接降价的方法，然后采用规定还款期的方式，在特定期限内不予还款给予相应的罚款处理，由于客户先获得了降价效益，因此他们也愿意接受特定期限还款的规定，如此一来不仅可以获得税收效益，吸引客户，同时还有可能获得超期罚款。

通过上述的不同的销售模式对比分析发现，对销售环节进行恰当的筹划可以为企业节约税收和成本，为企业带来经济效益。销售环节纳税筹划作为现代企业财务管理活动的重要组成部分，为企业财务管理目标的实现发挥了重要作用。但是税务筹划是一项复杂的决策过程，不仅涉及企业财务活动的各个环节，而且与征税机关、政府有关部门联系密切。因此，企业在进行税务筹划时应统筹大局，应时而变。企业要做到：依法纳税，悉心筹划；具体问题具体分析，全面系统综合筹划；坚持经济原则，综合衡量筹划方案；加强风险防范；全面提高有关人员素质。

四、参考资料

[1] 高玉．企业市场营销的创新问题探讨［J］．现代经济信息，2011（04）：24－26.

[2] 闫凌宇．国内风电产业概况和存在问题的初步分析［J］．电器工业，2008：12－14.

[3] 韩梅．国内外风电设备产业比较研究［J］．技术与市场，2012（06）：395.

[4] 杨会菊．新时期中小企业营销策略创新问题的研究［J］．中国商贸，2012（01）：97－98.

[5] 于建辉．我国风力发电的开发现状综述［J］．电力学报，2013（5）：417.

[6] 路正南，闻捷，王正明．我国风电设备产业链发展态势分析及其对策［J］．经济管理，2012（10）：51－57.

[7] 尹润锋．我国风电设备产业化关键技术预见研究［J］．科技管理研究，2013（08）：108－111.

[8] 魏光兴．营销组合理论的最新进展综述及简评［J］．现代管理学，2014（09）：66－68.

[9] 张建忠，程明．新型直接驱动外转子双凸极永磁风力发电机［J］．电工技术学报，2015（12）：22.

[10] 任振伟，孙强，张智勇，等．风力发电技术及发展前景．［J］山东电力技术，2012（01）：4－16.

[11] 梁文涛．折扣销售与纳税筹［J］企业管理，2007（09）：84－86.

[12] 赵餘清．基于全球视野的中国风电产业发展对策探析［J］．长春工程学院学报（社会科学版），2010（3）：40.

[13] 沈金花．现代企业财务管理中税收筹划探讨——以金风科技为例［J］．新疆大学学报，2010（05）：36－42.

五、问题探讨

1. 华强销售方式有哪些变化，怎样选择最优的销售方案？
2. 折扣销售有几种模式，各模式的应纳税额如何测算？
3. 折扣方式是否有优劣之分，如何选择最优的折扣方案呢？
4. 销售环节税筹略分析中应注意的问题有哪些？
5. 华强进行销售环节纳税策划的意义？
6. 如何提高我国企业的销售水平？

［案例说明书］

一、本案例要解决的关键问题

本案例的教学目的是：①深入理解不同销售方法的纳税模式；②了解不同折扣销售的经济效益及税收差异；③通过分析华强的销售方式纳税筹划策略，学习并掌握如何借助各种相关政策及方式合理减少企业税负；④让学生在案例教学过程中掌握如何在不同场景选择最有效的销售模式，以达到利润最大化，并产生最大的节税效益。图 7－11 是本案例的分析思路导图。

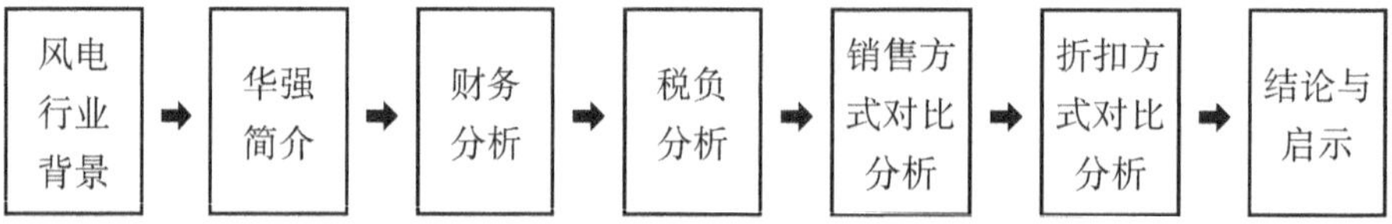

图 7－11　案例分析思路导图

第一部分总体介绍华强的企业背景、营业状况、财务状况、税负状况；风电行业的行业背景、发展前景。

第二部分主要介绍华强在销售方面纳税筹划的工作。该部分又分为两大节，第一节主要是从企业销售方式的选择：通过对原有和现有的销售方式进行对比，选择不同的销售方式进行纳税筹划的意义。第二节主要是对不同的折扣模式进行分析：通过设定华强公司的一个销售案例，从五个不同的方面对各种折扣模式进行计算分析，找出最适合的方式。

第三部分主要是对整个案例进行总结分析。企业进行纳税筹划，最直接的效果就是税负降低。“纳税筹划”又称“合理避税”，是一种法律和制度允许的企业合法筹划行为。通过纳税筹划的一系列相关操作，企业的税负相对来说能够下降，可支配收入增加，应交税费减少，使得企业的可支配收入大大提高，更利于生产经营规模的扩大。企业的纳税筹划方式不是一成不变的，而是要应时而动，因地制宜。企业在纳税筹划时要注意在法律的合法范围内进行。

二、准备工作

（一）理论背景

本案例中涉及企业改变公司的销售架构，选择不同的折扣方式达到总体节税最大化。主要涉及的税种包括所得税和增值税，以及跨地区设立销售点不同的税率规定和适用原则。

赊销方式销售货物，为书面合同约定的收款日期的当天，无书面合同的或者书面合同没有约定收款日期的，为货物发出的当天。原有销售方式改造为赊销，合同约定的收款周期与购货单位的销售周期大致相当。经过改造，延后纳税义务确认时间，收款时间和纳税义务发生时间趋于一致。

分期收款方式销售货物，为书面合同约定的收款日期的当天，无书面合同的或者书面合同没有约定收款日期的，为货物发出的当天。将原有销售方式改造为分期收款，分期收款的周期与购货单位现在的实际付款周期大体一致，延后了收入的纳税义务确认时间。

异地仓库纳税义务确认时间：将异地仓库收取货款的权力收回，货款由供货方直接汇入总公司账户，不会因为异地仓库的问题提前纳税义务的确认时间且可以享受15%的优惠税收政策。

折扣销售一般被会计人员称为商业折扣，是指销货方在销售货物或应税劳务时，因购货数量较大等原因而给予销售折扣的价格优惠。比如购买5台风电机，销售价格折扣10%；购买10台，折扣20%。折扣销售，现行税法规定："如果销售额和折扣额在同一张发票上分别注明的，可按折扣后的余额作为销售额计算增值税；如果将折扣额另开发票，不论其在财务上如何处理，均不得从销售额中减除折扣额。"还需要注意的是，折扣销售仅限于货物价格的折扣，如果将自产、委托加工和购买的货物用于实物折扣的，则该实物款额不能从货物销售额中减除，且该实物应按《中华人民共和国增值税暂行条例》中的"视同销售货物"中的"赠送他人"计算征收增值税。

销售折扣被会计人员称为现金折扣，是指销货方在销售货物或应税劳务后，为了鼓励购货方及早偿付还货款而协议许诺给予购货方的一种折扣优待。如为了尽快收回货款，在代理合同中规定：30天内付款，货款折扣2%；90天内付款，货款折扣1%；180天内全价付款，即相当于收回销售货款而支付的利息。销售折扣发生在销货之后，是一种融资性质的理财费用，销售折扣不得从销售额中扣除。企业在确定销售额时应把折扣销售和销售折扣严格区分开。

销售折让，是指货物销售后，因为其品种、质量等原因购货方未予退货，但销货方需给予购货方的一种价格折让。如风机电机零件生产是通过几个连续工艺完成的，工艺和技术都比较复杂，或多或少都会产生一些不符合工艺、技术的产品。因此，通过价格上的优惠，来避免货物的退回。销售折让也是在货物销售后发生的，但由于是作为已售产品出现品种、质量问题而给予购买方的补偿，其实质是销售额的减少，销售折让可以以折让后的货款为销售额。销售方应凭购货方退回的发票或购货方主管税务机关开具的"进货退出及索取折让证明单"开具红字发票后，冲减当期销售收入，但用实物减让需按视同销售处理。

（二）公司背景

华强有限公司（以下简称"华强"）成立于1998年，是新疆的一个高新技术企业，是中国最早从事风电机组研发和制造的企业之一，目前已发展成为全球领先的风电机组制造商，并致力于成为国际化的清洁能源和节能环保整体解决方案提供商。

主要经营大型风力发电机组生产销售及其技术引进与开发、应用；建设及运营风力发电场；制造及销售风力发电机组零部件；有关风机制造、风电场建设运营方面的技术服务与技术咨询；风力发电机组及其零部件与相关技术的进出口业务。华强是国内最早进入风力发电设备制造领域的企业之一，经过十余年发展逐步成长为国内领军和全球领先的风电整体解决方案提供商。

公司主营产品有：750 kW、1.5 kW、2.0 kW、2.5 MW、3.0 WM系列风力发电机组，并有低温型、高温型、高海拔型、低风速型及沿海型不同分系列产品。

从销售层面看，华强当前销售网络已经遍布大陆地区，并延伸至澳大利亚、美国、巴拿马、罗马尼亚、埃塞俄比亚等 12 个国家（见图 7－2）。国内领域，公司目前国内主要客户为天润、国电投、中广核、三峡集团等国内知名的风电投资商（图 7－3）。大致有七大片区作为其销售主要划片区域，分别是东北片区、重庆片区、四川片区、华北片区、华中片区、华东片区、华南片区及西北片区等区域。这些覆盖性的销售网络，已经为华强科技奠定良好的用户基础，为其未来更广泛进入市场发展提供保障。同时，华强科技在售后服务方面的贴心到位，也使得其拥有更多的回头客，产业发展规模化不断扩展。

（三）制度背景

（1）赊销的确认：《中华人民共和国增值税暂行条例实施细则》（以下简称《细则》）第三十八条第三款规定，采取赊销……方式销售货物，为书面合同约定的收款日期的当天，无书面合同的或者书面合同没有约定收款日期的，为货物发出的当天。原有销售方式改造为赊销，合同约定的收款周期与购货单位的销售周期大致相当。经过改造，延后纳税义务确认时间，收款时间和纳税义务发生时间趋于一致。

（2）《细则》第三十八条第三款规定，采取……分期收款方式销售货物，为书面合同约定的收款日期的当天，无书面合同的或者书面合同没有约定收款日期的，为货物发出的当天。将原有销售方式改造为分期收款，分期收款的周期与购货单位现在的实际付款周大体一致，延后了收入的纳税义务确认时间。

（3）异地仓库纳税义务确认时间：将异地仓库收取货款的权力收回，货款由供货方直接汇入总公司账户，不会因为异地仓库的问题提前纳税义务的确认时间。

（4）西部大开发企业所得税优惠政策，根据《财政部、海关总署、国家税务总局关于深入实施西部大开发战略有关税收政策问题的通知》（财税［2011］58 号），西部大开发税收优惠政策可继续沿用至 2020 年。该文件第二条规定："自 2011 年 1 月 1 日至 2020 年 12 月 31 日，对设在西部地区的鼓励类产业企业减按 15% 的税率征收企业所得税。上述鼓励类产业企业是指以《西部地区鼓励类产业目录》中规定的产业项目为主营业务，且其主营业务收入占企业收入总额 70% 以上的企业。"《西部地区鼓励类产业目录》于 2014 年 10 月 1 日开始执行。

（5）折扣销售，现行税法规定："如果销售额和折扣额在同一张发票上分别注明的，可按折扣后的余额作为销售额计算增值税。

（6）销售折扣不得从销售额中扣除。

（7）销售折让可以以折让后的货款为销售额，冲减当期销售收入，但用实物减让需按视同销售处理。

三、教学组织形式

（一）问题清单及提问顺序

本案例讨论题目依次为：

（1）华强销售方式有哪些变化，怎样选择最优的销售方案？

（2）折扣销售有几种模式，各模式的应纳税额如何测算？

（3）折扣方式是否有优劣之分，如何选择最优的折扣方案？

（4）销售环节税策略分析中应注意的问题有哪些？

（5）华强进行销售环节纳税筹划的意义？

【参考答案】

1. ①将原来的销售方式改为赊销，经过改造，合同约定的收款周期与购货单位的销售周期大致相当。延后纳税义务确认时间，收款时间和纳税义务发生时间趋于一致。

②将原来的收款方式改为分期收款，分期收款的周期与购货单位现在的实际付款周大体一致，延后收入的纳税义务确认时间。

③将异地仓库收取货款的权力收回，货款由供货方直接汇入总公司账户，不会因为异地仓库的问题提前纳税义务的确认时间。

④将销售门店的销售方式改为代销，将纳税业务直接转移到位于西部的总公司，享受西部大开发的税收优惠政策。

2. （1）折扣类型：

折扣销售一般被会计人员称为商业折扣，是指销货方在销售货物或应税劳务时，因购货数量较大等原因而给予销售折扣的价格优惠。比如购买 5 台风电机，销售价格折扣 10%；购买 10 台，折扣 20%。

销售折扣被会计人员称为现金折扣，是指销货方在销售货物或应税劳务后，为了鼓励购货方及早偿付还货款而协议许诺给予购货方的一种折扣优待。如为了尽快收回货款，在代理合同中规定：30 天内付款，货款折扣 2%；90 天内付款，货款折扣 1%；180 天内全价付款，即相当于收回销售货款而支付的利息。

销售折让，是指货物销售后，因为其品种、质量等原因购货物方未予退货，但销货方需给予购货方的一种价格折让。如风机电机零件生产是通过几个连续工艺完成的，工艺和技术都比较复杂，或多或少都会产生一些不符合工艺、技术的产品。因此，通过价格上的优惠来避免货物的退回。

（2）应纳税额计算：

折扣销售，现行税法规定："如果销售额和折扣额在同一张发票上分别注明的，可按折扣后的余额作为销售额计算增值税；如果将折扣额另开发票，不论其在财务上如何处理，均不得从销售额中减除折扣额。"

销售折扣发生在销货之后，是一种融资性质的理财费用，销售折扣不得从销售额中扣除。企业在确定销售额时应把折扣销售和销售折扣严格区分开。

销售折让也是在货物销售后发生的，但由于是作为已售产品出现品种、质量问题而给予购买方的补偿，其实质是销售额的减少，销售折让可以以折让后的货款为销售额。销售方应凭购货方退回的发票或购货方主管税务机关开具的"进货退出及索取折让证明单"开具红字发票后，冲减当期销售收入，但用实物减让需按视同销售处理。

3. 折扣方式主要有：折扣销售、销售折扣、销售折让三种类型。

三种方案没有优劣之分：折扣方式的区别主要在于应纳税额的确认基础不同：折扣销售，现行税法规定："如果销售额和折扣额在同一张发票上分别注明的，可按折扣后的余额作为销售额计算增值税。"销售折扣发生在销货之后，是一种融资性质的理财费用，销售折扣不得从销售额中扣除。销售折让其实质是销售额的减少，销售折让可以以折让后的货款为销售额冲减当期销售收入，但用实物减让需按视同销售处理。三种销售方式的选择应结合具体情景，不能单从某方面来判断孰优孰劣。

4. 对销售环节进行恰当的筹划可以为企业节约税收和成本，为企业带来经济效益。销售环节税收管理作为现代企业财务管理活动的重要组成部分，为企业财务管理目标的实现发挥了重要作用。但是税务筹划是一项复杂的决策过程，不仅涉及企业财务活动的各个环节，而且与征税机关、政府有关部门联系密切。因此，企业在进行税务筹划时应统筹大局，应时而变。企业要做到：依法纳税，悉心筹划；具体问题具体分析，全面系统综合筹划；坚持经济原则，综合衡量筹划方案；加强风险防范；全面提高有关人员素质。

5. （1）纳税筹划有利于降低企业的经营风险

企业进行纳税筹划是在不违反税法规定的前提下进行的，这样企业就不会因为偷、逃税而担惊受怕或被处罚，从而规避了因为违反税法而带来的经营风险。

（2）纳税筹划有利于、有助于实现纳税人的财务利益最大化

纳税筹划不但可以减少纳税人的税收成本，还可以防止纳税人因违反税法而缴更多的税款和罚款，有利于纳税人实现财务利益的最大化。

（3）纳税筹划有利于优化产业结构和资源的合理配置

纳税人根据税法中的税基与税率的差别，根据税收的各项优惠、鼓励政策，进行销售调整决策，尽管在主观上是为了减轻自己的税收负担，但在客观上却是在国家税收经济杠杆的作用下，逐步走向了优化产业结构和生产力合理布局的道路，有利于促进资本的合理流动和资源的合理配置。

（二）课时分配

本案例可以作为专门的案例讨论课来进行，需要学生在课前进行认真准备。如下是按照时间进度提供的课堂时间安排建议。

课前计划：提出启发思考问题，请学员在课前完成阅读和初步思考。

课中计划：

背景资料（5 分钟）；

理论背景（5 分钟）；

需要学生识别的关键问题（5 分钟）；

华强的纳税筹划分析（10 分钟）；

分组汇报，告知发言要求（25 分钟）；

对小组汇报进行评析，并做总结（10 分钟）；

同学提疑问（5 分钟）。

（三）讨论方法

本案例可以采用小组式进行讨论。

（四）课堂讨论总结

学生需要在课堂学习并讨论本案例中涉及的各种纳税筹划的方案及解决方法，同时查阅相关资料，将有疑问的地方提出并汇总，最后由指导老师完成疑难解答，达到彻底掌握销售环节的纳税筹划知识为止。

案例 8

以智生利：CL 集团进军智利的税收管理战略选择*

* 1. 本案例由广东工业大学管理学院的张源、崔雪松、李溥洋和刘广海共同编写，作者拥有著作权的署名权、修改权、改编权。
2. 将本案例授权予广东工业大学产教融合 MPAcc 教学智库实验平台使用，广东工业大学产教融合 MPAcc 教学智库实验平台享有复制权、修改权、发表权、发行权、信息网络传播权、改编权、汇编权和翻译权。
3. 由于企业保密的要求，在本案例中对有关名称、数据等做了必要的掩饰性处理。
4. 本案例只供课堂讨论之用，并无意暗示或说明某种管理行为是否有效。

[案例封面]

专业领域：财务管理

适用课程：《财税管理》《税法》

选用课程：《税务筹划》《中国税制》

编写目的：本案例通过介绍中国－智利自贸区以及CL集团的发展战略，结合《中华人民共和国政府和智利共和国政府自由贸易协定》的各项优惠政策对CL集团进军智利的经济影响，引导学生分析和思考CL集团利用智利的税收优惠政策，实施战略税收筹划的实践，让学生了解并掌握企业税收管理的战略选择，提高其理论知识及实操能力。

知 识 点：关税；所得税；国际税收

关 键 词：自由贸易；出口；战略管理；税收管理

中文摘要：2017年党的十九大胜利闭幕后，中国和智利签订了自由贸易补充协定，中国－智利自贸区建设取得重大进展。本案例以CL集团为例，通过对其经营状况及财务状况进行分析，并结合智利的税收优惠政策，探讨了CL集团海外战略税收选择，以此提供给纳税人及相关机构作为理论参考及实践借鉴。

［案例正文］

近几年，随着经济的进一步发展和生活水平的提高，汽车在智利的普及率逐年增加，已接近一些发达国家的水平。2017 年党的十九大胜利闭幕后，中国和智利的自贸区建设取得了重大突破。CL 公司是我国著名的汽车制造企业，该企业应如何制定走向智利的海外发展战略，而智利的税收优惠政策又会给企业带来怎样的影响？这将给其他企业开拓海外市场带来怎样的启示？这些都是本案例重点关注的问题。

一、案例背景

（一）政策背景

2017 年 11 月 11 日，在国家主席习近平和智利总统米歇尔·巴切莱特的共同见证下，商务部部长钟山与智利外交部部长埃拉尔多·穆尼奥斯分别代表两国政府，在越南岘港正式签署中国—智利自贸区升级谈判成果文件——《中华人民共和国政府与智利共和国政府关于修订〈自由贸易协定〉及〈自由贸易协定关于服务贸易的补充协定〉的议定书》（以下简称《议定书》）。《议定书》是党的十九大胜利闭幕后我国签署的第一个自贸区升级协定，是落实十九大提出的"促进自由贸易区建设，推动建设开放型世界经济"和党的十八届三中全会提出的"以周边为基础加快实施自贸区战略，形成面向全球的高标准自贸区网络"的重要内容，充分体现了中国积极推动形成全面开放新格局，坚定支持自由贸易和经济全球化的态度和意愿。《议定书》也是我国继中国－东盟自贸区之后，在现有自贸区基础上达成的第二个升级协议，是我国与拉美国家的第一个自贸区升级协定，涵盖货物贸易、服务贸易、经济技术合作及规则等领域，体现了双方深化和拓展经贸关系的共同愿望和现实需求。《议定书》的达成和签署，将为中智双方经济发展提供新的助力，并将为充实中智全面战略伙伴关系提供重要支撑，对进一步发掘中智双边经贸合作潜力，深化我国与拉美国家互利经贸合作具有重要意义。

（二）中国－智利自贸区的基本情况

中国和智利一直以来都是友好的关系。21 世纪以来，双边贸易更是步入一个高速发展的阶段。在 2000 年至 2004 年间，中国对智利的出口年均增长率达 22%，中国对智利的进口年均增长率达 42%，相继超过日本、阿根廷等国成为智利第二大贸易伙伴。为此，智利也成了第一个同中国签署双边自由贸易协定的拉美国家。中国－智利自贸协定于 2005 年 11 月签署，并于 2006 年 10 月开始实施。协定纳入了与货物贸易相关的所有内容，包括市场准入、原产地规则、卫生与植物卫生措施、技术贸易壁垒、经济合作、中小企业、文化、教育、科技、环保、劳动和社会保障、知识产权、投资促进、矿产业和工业，并通过消除关税及非关税等贸易壁垒增强中国和智利间的贸易流量。中国－智利自贸协定签署较为顺利，具体签订历程详见表 8－1。

表 8－1　中国－智利自贸协定具体签订议程

时　间	签订内容
2004 年 11 月 18 日	中智自贸区谈判正式启动
2005 年 11 月 18 日	《中国－智利自由贸易区协定》签署
2006 年 10 月 1 日	《中国－智利自由贸易区协定》正式实施，并正式启动服务贸易和投资谈判
2008 年 4 月 13 日	《中华人民共和国政府和智利共和国政府自由贸易协定关于服务贸易的补充协定》签署
2012 年 9 月 9 日	《中华人民共和国政府和智利共和国政府自由贸易协定关于投资补充协定》签署
2016 年 11 月 22 日	《中华人民共和国商务部和智利共和国外交部关于启动中国－智利自由贸易协定升级谈判的谅解备忘录》，宣布启动升级谈判

数据来源：自由贸易区服务网。

中智自贸协定的签署和实施带动了双边经贸关系快速发展。从 2012 年起，我国已从协定实施前的智利第二大贸易伙伴、第三大出口市场和第四大进口来源地，成为并一直保持为智利第一大贸易伙伴、第一大出口市场和第一大进口来源地，智利则成为我国在拉美地区的第三大贸易伙伴。据我国海关统计，2017 年 1—9 月，智利货物进出口总额为 909.3 亿美元，其中出口 474.3 亿美元，进口 434.9 亿美元，贸易顺差 39.4 亿美元，增长 19.5%。中国是智利的第一大出口、进口市场，在 2017 年度前三季度，智利对中国的进口额达到了 9787 万美元，同比增长了 6.7%，占据总进口额的 22.5%，超第二名的美国近2 000万美元；智利对中国出口额达到了 12 259 万美元，同比增长了 4.2%，超第二名美国近5 000万美元，占总出口额的 25.8%。智利 2017 年具体进出口情况见图 8－1。

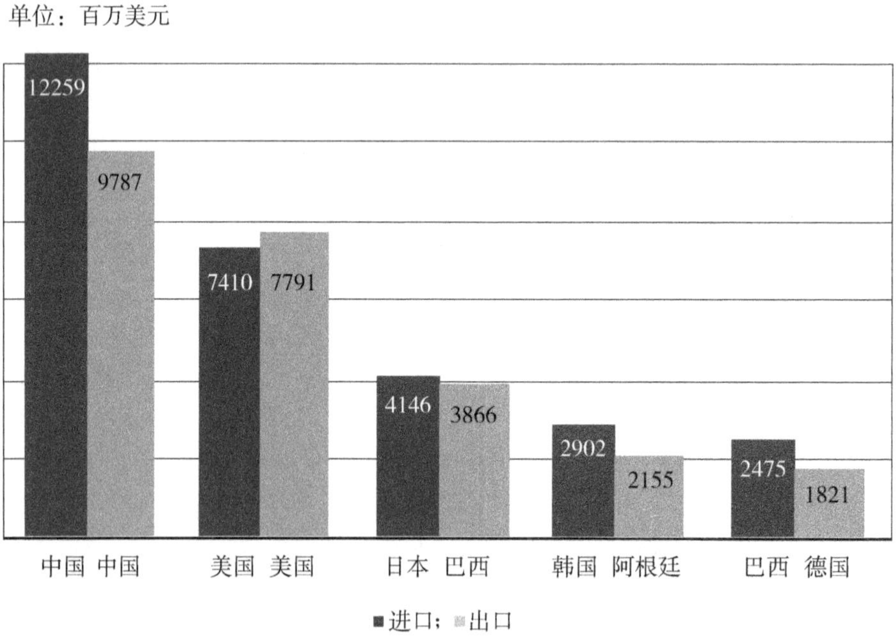

资料来源：驻智利经商参处。

图 8－1　智利对主要贸易伙伴进出口额（2017 年 1—9 月）

中国和智利自由贸易区成立后，两国的贸易有了巨大的发展，给双方企业和消费者带来了实实在在的好处。从双边贸易总量来看，呈现出了逐年上升的趋势。从双方的贸易伙伴来讲，中国是智利第一大贸易搭档，同时也是智利的第一大进口市场和出口市场，智利对于中国来讲，贸易潜力巨大。智利的车厘子、葡萄酒、三文鱼等农产品陆续登陆中国市场，丰富了中国消费者的餐桌。目前智利已成为中国鲜果第一大来源国、葡萄酒第二大来源国。而来自中国的手机、电脑和汽车等产品也越来越为智利消费者所接受和喜爱。在汽车方面，中国自主品牌乘用车在智利市场份额已达到13%，卡车市场份额达到22%。自2011年起智利基本保持中国汽车前5大出口目的地的地位。近年来中国对智利贸易情况见图8－2。

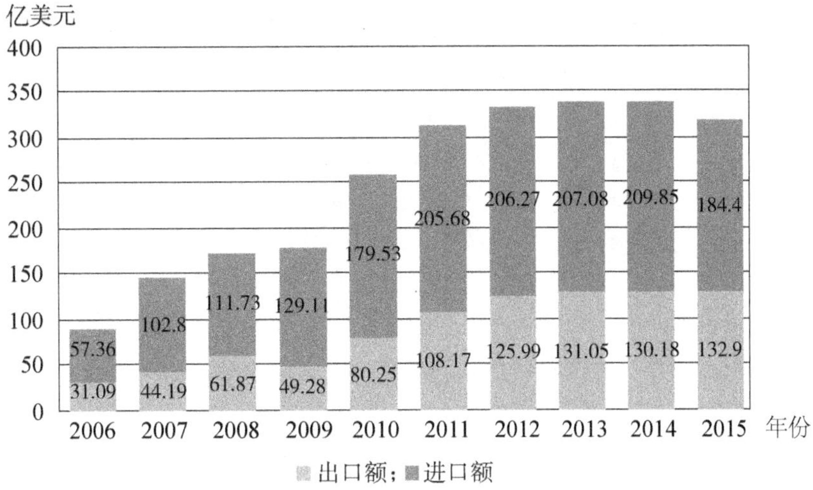

资料来源：中国统计年鉴。

图8－2　2006—2015年中国对智利贸易情况

从图8－2可以看出，从2006年到2015年中国自智利进口额整体呈增长状态，除去2015年相较于2014年有了一定的下降。而出口方面，在2008年受金融危机的影响，智利经济遭受创伤，所以2009年中国对智利的出口额从61.87亿美元降到了49.28亿美元，但在2010年有了升温。而根据近几年的数据可以看出，中国对智利的进出口额差距在慢慢缩小，进出口额也是平缓上升，所以，随着两国经济发展和贸易结构的变化，两国将会逐渐实现贸易平衡。

（三）智利汽车市场分析

智利位于南美洲西南部，是全世界最狭长的国家。北面和东北面与秘鲁和玻利维亚接壤；南面与南极洲隔海相望；东面是纵贯南美洲的著名的安第斯山脉，隔山与阿根廷相邻；西面濒临浩瀚的太平洋，如图8－3所示。

图8－3　智利地图

智利共和国国土面积756 626平方公里，是世界上地形最狭长的国家，国土横跨38个纬度，而且各地区地理条件不一，以至于智利的气候复杂多样，包括多种形态。智利人口约1 800万，2015年人均GDP已达到23 564美元而领跑整个拉丁美洲。作为南美洲国家联盟的成员国，智利在南美洲与阿根廷及巴西并列为前三强国。智利拥有较高的国际竞争力和生活质量，具有稳定的政治环境，全球化的、自由的经济环境，以及较少的腐败现象和相对较低的贫困率，被世界银行视为高收入经济体。它有别于其他拉美国家，20世纪90年代回归民主政治以来，政局稳定，政府更迭有序，经济政策和各个法律延续性十分稳固，社会治安排在拉美国家前列。智利汽车产业繁荣期出现在20世纪90年代，但随着南美经济整体衰退和智利汽车产业政策调整，1997年至2007年，原本为数不多的外资品牌汽车制造商纷纷停产和撤资，造成智利汽车产业整体水平迅速衰退。目前智利没有汽车产业，汽车完全依赖进口。由于市场开放程度较高、限制措施较少，进口汽车可以满足智利国内市场的需求。近几年，随着经济发展和生活水平的提高，汽车在智利的普及率正逐年增加。汽车的普及率居拉美前列，接近一些发达国家的水平。近几年智利汽车销售情况见图8－4。

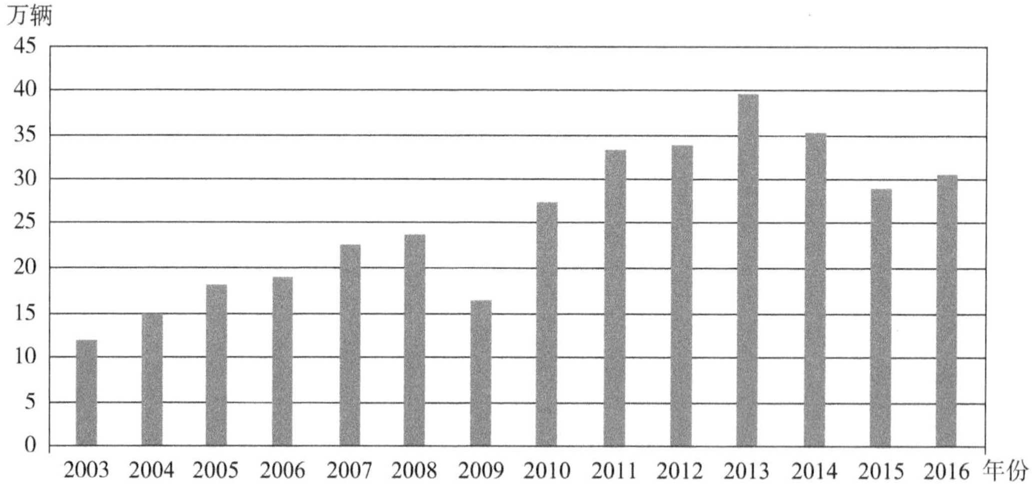

图8－4　2003—2016年智利汽车销售情况

资料来源：智利汽车制造商协会（ANAC）

（四）智利税收制度介绍

1. 智利的税收制度

智利的税收系统实行归集抵免制，营业利润按照35%的税率征税①。智利向居民企业2015年度就其营业利润按照22.5%的税率缴纳第一类所得税（2016年税率达到24%），向非居民纳税人分配股息应还原成税前利润（即股息加上相应的第一类所得税），并按照35%的税率缴纳附加税。非居民纳税人可以从附加税中扣除已缴的第一类所得税，使得其累计实际税率为35%。

---

① 关于《国家税务总局关于<中华人民共和国政府和智利共和国政府对所得避免双重征税和防止逃避税的协定>及议定书生效执行的公告》的解读附注

自2017年1月1日起，智利推行了一套双重税收系统，智利企业可以根据其法人实体的类型选择下述其中一种缴纳方法。

（1）综合所得税缴纳法

智利居民企业就其营业利润按25%缴纳第一类所得税。智利非居民企业年末无论是否实际发生利润分配，均应就其利润按35%的税率缴纳附加税。非居民可以从中扣除本年度相应已缴纳的第一类所得税以确保其本年度所得税的实际税率为35%，且向非居民股东分配股息时再无其他应税项目。

股份有限公司和由其他智利公司拥有的智利子公司不能选择综合所得税缴纳法，只能选择部分归集抵免所得税缴纳法。

（2）部分归集抵免所得税缴纳法

智利居民企业就其营业利润按照25.5%缴纳第一类所得税（2018年税率达到27%）。向非居民分配股息应还原成税前利润（即股息加上相应的第一类所得税），并按照35%的税率缴纳附加税。若股息支付给予智利签订税收协定国家的税收居民，全部已缴第一类所得税可以从附加税中扣除，否则只能扣除已缴第一类所得税的65%。

2. *智利的主要税种介绍*

智利税收制度比较健全，建立了一整套税制税则和相关法规。智利税收分间接税、直接税和其他税种三大类。值得一提的是，关税曾一度是智利主要税收来源之一，所占比例在12%左右，但随着智利每年主动下调进口税率以及对外签署的自由贸易协定零关税条款生效，关税在逐年下降，其所占比例在2001年已降至7.02%。为了增加税收，政府于2001年初出台了“反逃税法”，效果明显，追缴的税款连续两年超额完成任务，为扭转经济不景气而导致税收下降的局面做出了重要贡献。2001年，智利税收总收入为121.16亿美元，同比增加了6.05%。最终智利的关税调整为6%。另外，智利的增值税为19%。智利主要的税负和税率情况见表8-2。

表8-2　智利主要税赋和税率

税种	税　目	税率（%）	纳税人
所得税	第一类所得税（企业所得税）	21	公司企业
	第二类所得税（个人工资收入所得）	4～40（累进税率，起征点为13.5UTM以上）	个人
	第三类所得税（个人其他收入所得）	4～40（累进税率，起征点为13.5UTA以上）	个人
附加税		35	企业或个人
增值税		19	所有
进口关税		6	公司及个人

资料来源：驻智利经商参处。

二、CL集团介绍

CL汽车集团有限公司于1998年成立，经过了20年的合资合作与自主创新共同发展，

CL集团成为一家世界500强汽车制造企业，目前拥有员工超过7.7万人，是国内首家实现A+H股整体上市的大型国有控股股份制汽车集团。其业务涵盖整车（汽车、摩托车）及零部件研发、制造、汽车商贸服务、汽车金融流等，成为国内产业链最为完整的汽车集团之一，也是国内汽车行业首家拥有保险、保险经纪、汽车金融、资本、财务、融资租赁等多块非银行业金融牌照的企业集团。目前，CL集团旗下共有CL乘用车、CL研究院等数十家知名企业与研发机构。2017年上半年，CL集团旗下自主品牌、日系合资、欧美系合资三大整车核心业务板块实现全面增长，汽车销量达98.62万辆，同比增长30%，高于行业平均水平约26个百分点。产销等主要经营指标均创下近年来最佳水平。

（一）CL集团业务发展

CL集团业务发展的业务分为5个板块，如图8－5所示。

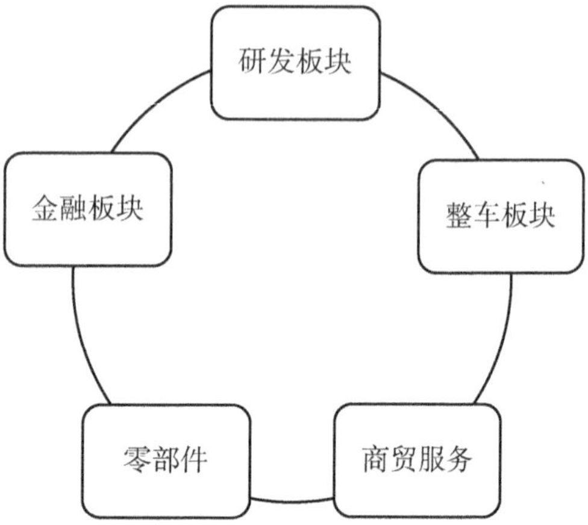

图8－5　CL集团业务板块闭环

1. 研发板块

本集团研发以CL研究院为主体，是本公司直接投资、管理，并在授权范围内相对独立运营的分公司和战略事业部，主要负责集团新产品、新技术的总体发展规划并具体实施重大的研发工作。

2. 整车板块

汽车整车主要通过合营公司及子公司生产。乘用车产品包括16个系列的轿车、14个系列的SUV及2个系列的MPV。商用车主要产品为轻重型卡车、工程车、大中型客车等。摩托车主要产品包括跨骑式摩托车、弯梁式摩托车以及踏板式摩托车等。

3. 商贸服务板块

本集团围绕汽车行业上下游产业链，开展汽车销售、物流、国际贸易、二手车、拆解、资源再生、配套服务等业务。此外，通过子公司大圣科技搭建集修车、用车、买车、租车、换车一站式平台，构建开放共享的汽车互联网生态圈。

4. 零部件板块

本集团主要生产的零部件包括发动机、变速器、座椅、HVAC系统、汽车灯具、自动操作配件、转向器、减震器及配件等，产品75%左右为本集团整车配套。

5. 金融板块

本集团主要通过子公司提供金融投资、保险、保险经纪、融资租赁、汽车信贷等相关服务。

（二）CL集团财务情况分析

随着新产能的逐步释放，自主研发实力进一步增强，新产品推出加快，CL集团近三年的销量持续增长，特别是2016年CL乘用车自主品牌产销量持续高速增长，较上年同期分别大幅增长101.84%和90.66%。而受自主品牌及合营企业产销量的提升，产业链上下游的金融服务、汽车部件及商贸服务等配套业务也相应扩大，促进业绩增长，各业务板块协同效应增强。集团财务状况见表8－3～表8－5。

表8－3　CL集团近三年资产负债表简表

时　间	2016/12/31	2015/12/31	2014/12/31
资产：货币资金	213亿元	165亿元	184亿元
应收账款	11.5亿元	7.32亿元	10.6亿元
其他应收款	5.82亿元	8.57亿元	8.07亿元
存货	24.9亿元	19.3亿元	26.6亿元
流动资产合计	350亿元	280亿元	270亿元
长期股权投资	226亿元	185亿元	187亿元
累计折旧	—	—	6.47亿元
固定资产	110亿元	79.5亿元	79.2亿元
无形资产	49.5亿元	42.4亿元	35.4亿元
资产总计	821亿元	672亿元	624亿元
负债：应付账款	90.0亿元	66.7亿元	46.0亿元
预收账款	13.3亿元	12.6亿元	4.98亿元
存货跌价准备	—	—	—
流动负债合计	243亿元	187亿元	203亿元
长期负债合计	129亿元	90.6亿元	59.6亿元
负债合计	373亿元	277亿元	262亿元
权益：实收资本（或股本）	64.5亿元	64.4亿元	64.4亿元
资本公积金	87.7亿元	89.5亿元	90.0亿元
盈余公积金	26.1亿元	22.7亿元	18.8亿元
股东权益合计	448亿元	394亿元	362亿元

资料来源：CL集团近三年财务报告。

表8－4　CL集团近三年利润表简表

年　份	2016	2015	2014
营业收入	494亿元	294亿元	224亿元
营业成本	396亿元	248亿元	190亿元
销售费用	33.7亿元	18.6亿元	18.3亿元
财务费用	3.06亿元	2.81亿元	3.03亿元
管理费用	27.5亿元	20.5亿元	19.1亿元
资产减值损失	9.83亿元	2.76亿元	1.17亿元
投资收益	58.5亿元	48.4亿元	42.1亿元

续上表

年　份	2016	2015	2014
营业利润	68.3 亿元	40.6 亿元	26.9 亿元
利润总额	70.5 亿元	44.1 亿元	30.7 亿元
所得税	7.54 亿元	4.00 亿元	1.31 亿元

资料来源：CL 集团近三年财务报告。

表 8－5　合并主营业务收入分产品情况

年　份	2016	2015	2014
乘用车（亿元）	334	175.34	111.55
汽车相关贸易（亿元）	147.9	105.66	96.51
金融及其他（亿元）	12.28	13.18	15.7
合计（亿元）	494.18	294.18	223.76

资料来源：CL 集团近三年财务报告。

CL 集团近三年整体经营规模一直在扩大，2014 年，该集团连同合营、联营公司共实现汽车产销分别为 100.85 万辆和 100.23 万辆，汽车出口 8.6 万辆。2015 年，该集团连同合营、联营公司共实现汽车产销 127.97 万辆和 125.39 万辆，汽车出口 12.3 万辆。2016 年，该集团连同合营、联营公司共实现汽车产销分别为 150.96 万辆和 150.01 万辆，汽车出口 17.2 万辆。CL 集团近年来越来越重视海外市场的开发，尤其是智利市场的拓展。商品对智利的出口量也是在逐年递增。经过这些年经营的积累，在智利汽车市场上的份额也是逐年上涨（见图 8－6）。

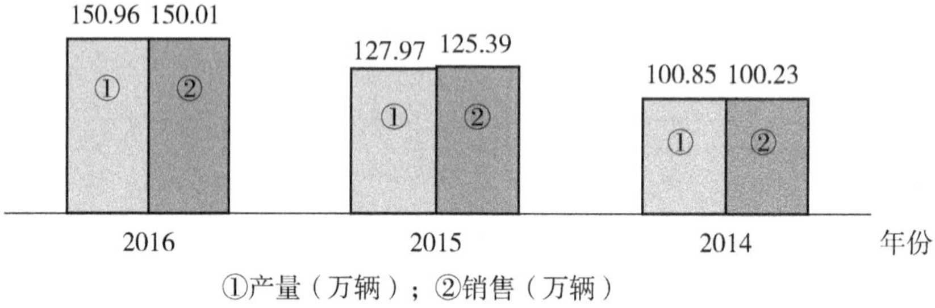

资料来源：CL 集团近三年财务报告。

图 8－6　CL 集团近三年国内汽车产销量

由上面的数据可知，从 2014 年到 2016 年，CL 集团汽车的产量、收入都呈递增状态，这说明 CL 集团的经营状况也越来越好，而相对应的税收收入也逐年增加（见表 8－6）。

表 8－6 CL 集团近三年纳税情况

税　种	2014 年	2015 年	2016 年
教育费附加税（元）	57 116 705.00	96 076 684.00	159 235 097.00
营业税（元）	96 042 358.00	95 445 399.00	31 118 057.00
消费税（元）	542 845 075.00	592 732 780.00	996 323 180.00
增值税（元）	1 265 002 733.67	2 514 377 954.33	4 280 395 329.67
增值税税负率（%）	5.83	8.77	8.78
所得税（元）	126 094 389.00	400 066 622.00	754 341 512.00
整体税负率（%）	13.13	16.00	14.82

资料来源：CL 集团近三年财务报告。

当然，政府对于鼓励类产业以及高新技术企业等也有税收优惠，CL 集团旗下的子公司在所得税税收上享受的税收优惠有：高新技术企业按 15% 实际税率，国家鼓励类产业按 15% 实际税率，以及西部大开发优惠按 15% 实际税率。随着“一带一路”的发展，CL 集团把视线放在更广阔的世界舞台，南美国家中与中国最为和谐的当属智利，因此该国成为我国车企开拓南美市场的首选国家之一，CL 集团自然也将出口战略转向智利。

（三）CL 集团发展战略

1. CL 集团国内战略

在“十三五”期间，CL 集团将秉承“内部协同创新、外部开放合作”的发展原则，完成 1 个目标、夯实 5 大板块、突出 1 个重点、实现 3 大突破；力争“十三五”期末实现汽车产能 300 万辆，产能利用率达到 80%，成为先进的汽车集团目标；做强做实研发、整车、零部件、商贸服务和金融服务五大板块；全力发展自主品牌，实现自主品牌跨越式发展；实现电动化、国际化、网联化三个方面的重大突破。集团具体经营计划见图 8－7。

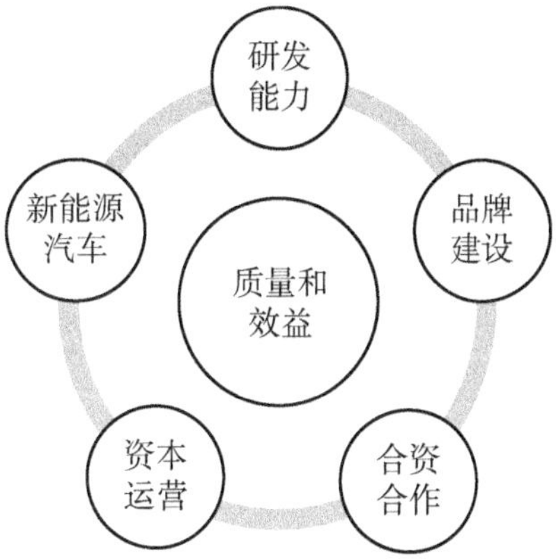

图 8－7 CL 集团经营计划

不仅如此，CL 集团下属企业 CL 乘用车于 2016 年在乌鲁木齐市经济技术开发区（头屯河区）成立 CL 乘用车新疆分公司，投资兴建 CL 自主品牌新疆项目。这也是 CL 集团结合自身发展积极响应国家“一带一路”倡议，践行“供给侧改革”的关键举措。该项目将为当地提供更多就业机会，贡献产值和税收。至此，CL 自主品牌形成了覆盖华南、华东、西北市场，辐射全国的战略格局。

2. 海外发展战略

CL 集团从 2008 年开始发展其海外业务，至今也形成了一个较为完整的海外战略。从最开始的直接出口汽车或者汽车零部件，发展到了海外投资合作建厂、独资建厂等方式。如在 2011 年 3 月，CL 集团在俄罗斯成立了第一个海外子公司，该年 8 月，CL 集团在俄罗斯的 SKD 工厂投资，进入俄罗斯市场。2012 年开始陆续进军科威特、阿联酋、柬埔寨、尼日利亚等 14 个国家及地区，构建了销售和服务渠道营销网络。CL 集团的海外战略主要有三个阶段：第一阶段是在一些发展中国家和新兴市场建立健全销售服务网络；第二阶段是在一些海外重要市场建立生产基地，并使这些基地具备一定的周边辐射能力；第三阶段是使海外市场的总体销量达到一定规模，占到集团自主品牌整体规模的10%～20%。集团经营采取的策略详见图 8－8。

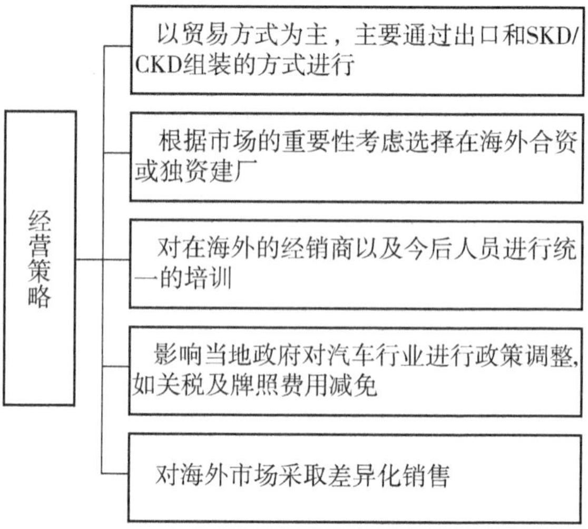

图 8－8　CL 集团海外经营策略

（四）CL 集团进军智利的战略

在奋力抢占国内市场份额的同时，CL 集团要重点突破中东、东欧、亚洲、非洲及南美市场。为此，CL 将目标指向智利。选择智利的其中一个重大原因是智利为南美洲最狭长国家，该国无汽车工业，对于车辆的需求基本上全靠进口。由于当地没有汽车零部件生产，所有汽车零部件也都靠进口，直接进口约占总量的 75%，原厂零部件进口占 25%。根据中国与智利签署自贸区协议规定，中国向智利出口汽车将免征进口关税。目前中国汽车价格比智利其他同档汽车价格低 10%～30%，这一价格上的优势，将使中国汽车在智利具有更强的市场竞争力。此外，智利政府鼓励新能源汽车发展，重点是电动车以及氢气混合动力车等环保型汽车。为了促进消费者选择环保型车辆作为代步工具，智利政府制定了包括环保车辆使用者行驶许可费等优惠政策。而 CL 集团在企业发展中也将新能源汽车领域的资源投入作为一项重点经营计划，这正符合 CL 集团发展策略。

三、智利税收政策对 CL 集团的支持

CL 集团进军智利另一大原因是智利与中国签订的各项协定中包括各类税收优惠政策，这些优惠政策都为 CL 集团提供了政策支持。

（一）所得避免双重征税政策

我国与智利于 2015 年 5 月 25 日签署了《中华人民共和国政府和智利共和国政府对所得避免双重征税和防止逃避税的协定》，于 2016 年 8 月 8 日生效，2017 年 1 月 1 日开始执行。该协定明确了缔约国一方企业的利润应仅在该缔约国征税（但该企业通过设在缔约国另一方常设机构在该缔约国另一方进行营业的除外）。如果该企业通过设在缔约国另一方的常设机构在该缔约国另一方进行营业，则其利润可以在缔约国另一方征税，但应仅以归属于该常设机构的利润为限。在确定常设机构的利润时，应当允许扣除为常设机构营业目的发生的各项费用，包括行政和一般管理费用，不论其发生于该常设机构所在国还是其

他地方。缔约国一方企业通过设在缔约国另一方的常设机构在缔约国另一方进行营业，应将该常设机构视同在相同或类似情况下从事相同或类似活动的独立分设企业，并同该常设机构所隶属的企业完全独立处理，该常设机构可能得到的利润在缔约国双方应归属于该常设机构。这一协定在正式执行之后也为CL集团进军智利市场提供了政策上的支持。

另外，该协定第二十三条规定"非歧视待遇"明确指出，缔约国一方的国民在缔约国另一方负担的税收或者有关要求，在相同情况下，不应与该缔约国另一方的国民负担或可能负担的税收或者有关要求不同或比其更重；缔约国一方企业在缔约国另一方常设机构的税收负担，不应高于缔约国另一方对从事同样活动的本国企业征收的税收。这一规定明确了在智利市场所交的所得税一定是采用两国的最低标准，这也为CL集团进军智利市场提供有力支持。

（二）关税上的减免与优惠

1. 出口智利关税优惠政策

根据2006年10月1日开始实施的《中华人民共和国政府和智利共和国政府自由贸易协定》，任一缔约方不得对另一缔约方的货物增加任何现存的进口海关关税，或者加征任何新的进口海关关税。

具体的智利从中国进口的产品所适用的关税优惠减免类别如下：

"一年"：在协定生效当日，进口海关关税即全部消除至零。优惠幅度见表8－7。

表8－7　一年内关税优惠减免类别

类　别	协定生效日
1年	100%

资料来源：中智自由贸易协定。

"五年"：从协定生效日起，进口海关关税在五年内按等比例降税，从第5年1月1日降为零。每年优惠幅度见表8－8。

表8－8　五年内关税优惠减免类别

类别	协定生效年份	2007年	2008年	2009年	2010年
5年	20%	40%	60%	80%	100%

资料来源：中智自由贸易协定。

"十年"：从协定生效日起，进口海关关税在十年内按等比例降税，从第10年1月1日降为零。每年优惠幅度详见表8－9。

表8－9　十年内关税优惠减免类别

类别	协定生效年份	2007年	2008年	2009年	2010年	2011年	2012年	2013年	2014年	2015年
10年	10%	20%	30%	40%	50%	60%	70%	80%	90%	100%

资料来源：中智自由贸易协定。

产品税目中除汽车用旧破轮胎被列为例外产品，其他商品的关税均在1—10年内逐步降为零。整车产品中，半挂牵引车、乘用车、特种车和底盘产品关税在协议当年降为零；客车产品和载货车产品关税在2015年之前全部降为零。汽车零部件（除了部分轮胎产品）关税根据产品竞争力的不同在协议生效后1—10年内全部降为零。汽车轮胎除部分例外产品外，其他均在协议生效后五年或十年内降为零；发动机机器零部件、汽车空调、汽车照明及信号装置、汽车音响产品关税在协议生效当年降为零；汽车关键零部件和车身零部件关税大多数在协议生效五年降为零，少数则在协议生效当年或十年内降为零，见表8－10。

表8－10　智利汽车及相关产品关税减让情况

<table>
<tr><th colspan="2">产品类型</th><th>基础税率</th><th>降税情况</th></tr>
<tr><td rowspan="7">整车</td><td>乘用车（8703）</td><td rowspan="7">6%</td><td>当年降为零</td></tr>
<tr><td>大中型客车（8702）</td><td>1—10年降为零</td></tr>
<tr><td>载货车（8704）</td><td>1—10年降为零</td></tr>
<tr><td>特种车（8705）</td><td>当年降为零</td></tr>
<tr><td>底盘（8706）</td><td>当年降为零</td></tr>
<tr><td>半挂牵引车（8701.2）</td><td>当年降为零</td></tr>
<tr><td>其他汽车用轮胎</td><td>5—10年降为零</td></tr>
<tr><td rowspan="2">零部件</td><td>汽车关键和车身零部件（8707/8708）</td><td rowspan="2">6%</td><td>大多数在协议生效第五年降为零，少数在协议生效当年或十年内降为零</td></tr>
<tr><td>发动机及其零部件、汽车空调、汽车照明及信号装置、汽车音响产品</td><td>当年降为零</td></tr>
</table>

资料来源：中智自由贸易协定。

由表8－10可清晰地看到在汽车出口智利情况，无论是整车还是汽车零部件，实际上都于2015年全面实现了关税全免政策。得益于中智自由贸易协定，CL集团可以逐年大力发展智利市场，取得更好的效益。

2. *原产地关税优惠政策*

《中华人民共和国政府和智利共和国政府自由贸易协定》中指出各缔约方应当规定，如果符合原产地标准的货物在进口到某一缔约方境内时无法提供本协定规定的原产地证书，进口方海关可以视情况对该货物征收适用的普通关税或保证金。在这种情况下，进口商可以在货物进口之日起，在关税征收一年内或保证金收取三个月内，申请退还由于该货物未能享受优惠关税待遇而多付的关税或保证金，但需提交：关于货物符合原产资格的进口书面声明；在出口前或出口后30天内签发的原产地证书正本；以及进口方海关要求提供的与货物进口相关的其他文件。针对原产地的划分，自由贸易区内实行双边累积规则，具有40%区域价值成分的产品即可获得原产地资格。

3. *行政费用和手续的减免*

《中华人民共和国政府和智利共和国政府自由贸易协定》中指出各缔约方应该依照

《关税及贸易总协定》第八条第一款以及其解释性注释的规定，确保所有的在进口或出口时征收的或者与进口或出口有关的任何性质的手续费或者费用（除了进口海关关税、等同于国内税的收费或者其他符合《关税及贸易总协定》第三条第二款规定的适用的国内费用，以及反倾销和反补贴税）将被限制在所提供的服务的大概成本范围内，并且不能被作为国内货物的间接保护措施或者出于财政目的考虑而对进口或出口货物征收的一种税。第二款规定任一缔约方不得要求与另一缔约方任何货物的进口有关的领事交易，包括相关的手续费和费用。第三款规定各缔约方应该通过国际互联网或者相当的基于计算机的通信网络，相互提供目前其所征收的与进口或者出口有关的手续费和费用的清单。智利是我国南美洲最大的客户，中智双方通过协定也明确了行政费用和手续的减免，最大限度地拓宽中智的贸易往来。这也为CL集团进军智利市场打下了良好的基础。

4. 中国、智利互免海运税收

文件中明确了根据平等互利的原则，悬挂中华人民共和国国旗或智利共和国国旗的客船、货船、邮船和其他商船，凡属于中华人民共和国企业或智利共和国企业所经营，都有权享受企业经营的商船从事海洋运输的收入，免除一切税收的待遇。

（三）增值税与消费税退税政策

目前在我国汽车整车与零部件出口是有增值税与消费税退税政策的。出口退税是指对出口商品已征收的国内税部分或全部退还给出口商的一种措施，这也是国际惯例。1994年1月1日开始施行的《中华人民共和国增值税暂行条例》规定，纳税人出口商品的增值税税率为零，对于出口商品，不但在出口环节不征税，而且税务机关还要退还该商品在国内生产、流通环节已负担的税款，使出口商品以不含税的价格进入国际市场。根据《增值税暂行条例》规定，企业货物出口后，税务部门应按照出口商品的进项税额为企业办理退税，由于税收减免等原因，商品的进项税额往往不等于实际负担的税额，如果按出口商品的进项税额退税，就会产生少征多退的问题，于是就有了计算出口商品应退税款的比率——出口退税率。出口退税，就是指对出口货物退还其在国内生产和流通环节实际缴纳的增值税、消费税。出口货物退税制度，是一个国家税收的重要组成部分。出口退税主要是通过退还出口货物的国内已纳税款来平衡国内产品的税收负担，使本国产品以不含税成本进入国际市场，与国外产品在同等条件下进行竞争，从而增强竞争能力，扩大出口创汇。

从CL集团的角度来看，首先，退税可以增加其出口收入；其次，正因为有了国家的退税政策，CL集团也可以利用价格上的优势打入市场，这样大大增加了其产品在智利市场上的竞争力，在价格上占据了优势，再利用自身过硬的产品质量，这样就很容易拥有大量的市场份额。这些都促进了CL集团良性循环发展。

本案例对CL集团进军智利的税收管理战略选择总结如下（见图8-9）：

中国与智利两国有着良好的经济贸易往来基础，党的十九大召开后，中国-智利自贸区取得了重大突破。本案例在研究中国-智利自贸区基本情况及其发展现状的基础上，对CL集团经营状况和财务状况进行了分析，并探讨智利的税收优惠政策对CL集团进军智利的影响。

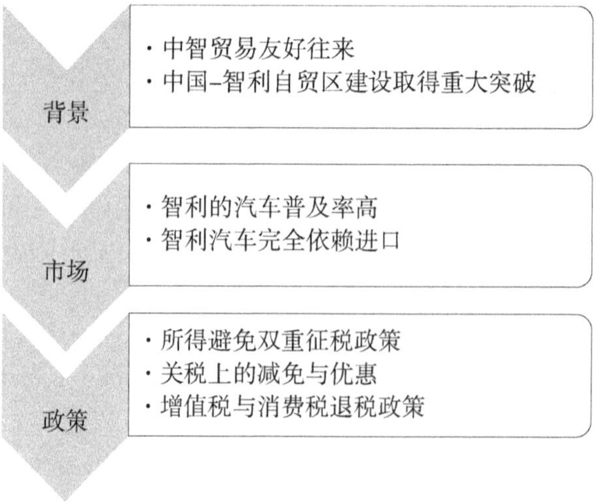

图 8 –9　CL 集团进军智利的税收管理战略选择

四、讨论问题

请学员根据本案例的描述，结合参考资料，重点思考如下问题：

1. 汽车行业在我国的发展状况如何？有怎样的发展趋势？

2. CL 集团应如何制定走向智利的海外发展战略？

3. CL 集团应如何选择进军智利的税收管理战略？试分析不同税收管理策略的影响。

4. CL 集团的税收管理策略是否会存在税收风险？企业应如何面对进军智利的税收风险？

5. 本案例对企业进行国际贸易有什么启示？

五、参考资料

[1] 中华人民共和国政府和智利共和国政府自由贸易协定 [S]. 2017.

[2] 曲婕，吴松泉. 中国 – 智利自贸协定为中国汽车出口带来新机遇 [J]. 汽车与配件，2012 (25)：33 –35.

[3] 沈庆. 我国汽车产品进入智利市场现状及对策建议 [J]. 汽车与配件，2013 (30)：48 –50.

[4] 冯萱. 中国汽车出口产业竞争力的影响因素分析 [J]. 经营管理者，2016 (15)：67 –68.

[5] 张磊. 浅析中国新能源汽车出口现状问题及对策 [J]. 中国经贸，2016 (23)

[6] 李勤昌，钱思源. 中国汽车产品出口增长的三元边际及其影响因素 [J]. 财经问题研究，2017 (10).

[7] 孙秀洁，王静. “一带一路” 战略对汽车工业产生的影响分析 [J]. 汽车与配件，

2015 (42): 44 - 47.
[8] 冯勇鹏, 李永卫, 杨振涛, 等. 浅谈智利市场汽车认证制度 [C]. 河南省汽车工程科技学术研讨会, 2014.
[9] 欧岩. 投资拉美莫错过巴西与智利 [J]. 进出口经理人, 2011 (9): 77.
[10] 李亚波. 中国与智利双边货物贸易的潜力研究——基于引力模型的实证分析 [J]. 国际贸易问题, 2013 (7): 62 - 69.
[11] 张娟. 智利降关税来华引投资 [J]. 国际市场, 2009 (12): 67 - 68.
[12] 张恬熙. 智利: 零关税高潮回落, 进口量额涨幅稳定 [J]. 葡萄酒, 2017 (4): 40 - 41.
[13] 吴凌畅. 自贸区建设背景下的税收协定制定——论中智税收协定对 BEPS 成果的最新借鉴 [J]. 河南财政税务高等专科学校学报, 2015, 29 (5): 1 - 7.
[14] 田浩国. 我国汽车出口问题及对策研究 [J]. 现代商贸工业, 2016, 37 (1): 34 - 35.

[案例说明书]

一、案例目标

本案例要实现的教学目的在于：通过CL集团进军智利市场的案例，引导学生分析CL集团应该如何利用智利税收优惠政策来制定企业进军智利的战略以及进行税务风险管理。一方面，学生要及时关注国际最新的税收政策，分析国际经济形势，培养学生的国际税收视野。另一方面，学生要学会制定进出口业务的税务风险管理方案。

二、案例讨论的准备工作

为了实现本案例目标，学生应该具备下列相关知识背景。

（一）理论背景

国家税务总局注册税务师管理中心在其编写的《税务代理实务》中，把税收管理明确定义为：在遵循税收法律、法规的情况下，企业为实现企业价值最大化或股东权益最大化，在法律许可的范围内，自行或委托代理人，通过对经营、投资、理财等事项的安排和策划，以充分利用税法所提供的包括减免税在内的一切优惠，对多种纳税方案进行优化选择的一种财务管理活动。税收管理主要基于以下三种理论。

1. 经济理性人理论

经济学里，“合乎理性的人”的假设通常简称为“理性人”或者“经济人”。理性人是对在经济社会中从事经济活动的所有人的基本特征的一个一般性的抽象。这个被抽象出来的基本特征就是：每一个从事经济活动的人都是利己的。也可以说，每一个从事经济活动的人所采取的经济行为都是力图以自己的最小经济代价去获得自己的最大经济利益。

2. 自由与法制理论

法无禁止即自由，在不违反税法等法律的情况下，企业有权利自由地利用各种手段进行税收管理。

3. 资本逐利性理论

亚当·斯密在《国民财富的性质和原因的研究》中曾提到：我们每天所需的食物和饮料，不是出自屠户、酿酒商或面包师的恩惠，而是出于他们自利的打算。每个使用资本和劳动的个人，既不打算促进公共利益，也不知道他自己是在什么程度上促进那种利益。他受一只看不见的手的指导，去尽力达到一个并非他本意想要达到的目的。通过追逐自己的利益，而促进了社会的利益。资本，自然会流向创造更多利润的地方，如果外国政府创造了更好的创造利润的条件，资本自然就流向海外。

（二）行业背景

我国汽车行业在最近十几年得到了迅猛的发展，出口规模不断扩大，2015年中国汽车出口额上涨到842.06亿美元，这一时期的年均增长率为27.8%。我国整车出口的主要目的是满足发展中国家低端汽车市场的需求。在出口量上面，排名前三的是亚洲、拉丁美洲和非洲，一共占总出口量的94.9%，其中对亚洲出口实现24.7%的增幅。由于西方国家放宽了对伊朗的经济制裁，伊朗成为中国最大的汽车出口市场，出口量9.2万辆；越南和埃及分别位居第二、第三位；阿尔及利亚受新车进口政策影响，出口量退居第四位，同比下降57%。我国加快实施“一带一路”倡议和自由贸易区建设对我国汽车出口成效显著，我国对中东、南亚、东南亚的汽车出口增长均呈现大幅增长势头。中国汽车产品出口情况见表8－11。

表8－11　中国汽车产品出口情况

年　份	出口额（万美元）	出口增长率（%）
2011	71 965	32.9
2012	80 051	11.2
2013	85 074	6.3
2014	91 496	7.5
2015	84 206	－8.0

数据来源：2016年中国汽车工业年鉴。

目前，由于中国汽车技术水平与发达国家有一定差距，因此普遍价格适中，比较受发展中国家消费者青睐，中国整车出口情况见表8－12。

表8－12　2015年中国整车出口前五的国家

序号	国家	出口数量（辆）	同比增长（%）	出口金额（亿美元）	同比增长（%）
1	伊朗	108 437	－5	12.01	－6.6
2	越南	72 343	92.8	17.14	99.8
3	委内瑞拉	39 536	26.5	8.95	41.3
4	智利	39 500	－1.5	3.24	－8.5
5	哥伦比亚	38 567	－27.4	2.31	－26.7

数据来源：2016年中国汽车工业年鉴。

从控制权问题来看，先后有数十家汽车企业分别进入到我国的传统汽车品牌中，这一入资使得企业内部的管理结构和经营方式发生变化，但对于全国汽车市场，并没有产生太大的影响。在国家政策的鼓励和引导下，汽车制造业的变革效应正在日益显现；智能网联汽车呈现蓬勃发展势头；中国制造战略将推动汽车制造水平全面升级。环保汽车已成为汽车行业的新风向。

未来行业的竞争格局和发展趋势将呈现以下特点：首先，竞争进一步加剧。随着汽车保有量基数不断增大，新车型的不断推出以及合资品牌汽车价格的进一步下探，汽车市场的竞争将进一步加剧。其次，机遇与挑战并存。2017年，汽车行业处于自主崛起与智能新能源带来的双变革中，政策支持、消费需求预计将会延续，但像购置税按7.5%征收、后补贴时代、国V排放标准等一系列的汽车新政策的正式实施，以及互联网公司跨界投资汽车产业，将为汽车产业未来发展带来新的挑战。同时，自主品牌汽车进一步强化，并呈逐级上升势头，在海外市场中存在结构性机会；国家强化机动车尾气治理，基本淘汰黄标车，加快淘汰老旧机动车，鼓励使用清洁能源汽车将继续促进新能源汽车的发展；此外，随着互联网与汽车产业进一步融合，智能化网联化、销售与金融保险领域的线上线下平台、汽车租赁及共享服务等都形成了汽车产业发展的机遇。据中汽协数据显示，2016年我国汽车产销均超2 800万辆，再创历史新高，已连续八年蝉联全球销量第一，新能源汽车产销同比增幅均超过50%，继续保持良好的发展势头。自主品牌乘用车年销量首次突破1 000万辆大关，市场占有率连续两年呈增长态势，标志着自主品牌乘用车的全面崛起。摩托车全年产销分别同比下降10.70%和10.80%，产销量已连续五年下滑。汽车产业正在经历能源革命、互联网革命和智能网联革命，这三大革命共同驱动着汽车产业的全面重构，并将带来产业本身六大革命性的变化：移动工具变为交通服务，信息孤岛变为智能终端，耗能机械变为移动能源，汽车制造变为汽车智造，人驾驶车变为车辆自动驾驶，拥有使用变为共享使用。在产业重构的前景下，挑战必然存在，但也为我们发展和整合新型产业提供了前所未有的机遇。汽车行业将按照“十三五”规划部署，积极推动智能网联新能源汽车在关键技术方面的重大突破，并探索形成研发、制造、销售、服务及汽车品牌、文化体验的全产业链开放的生态体系。

CL汽车集团有限公司于1998年成立，经过了20年的合资合作与自主创新共同发展，CL集团成为一家世界500强汽车制造企业，目前拥有员工超过7.7万人，是国内首家实现A+H股整体上市的大型国有控股股份制汽车集团。其业务涵盖整车（汽车、摩托车）及零部件研发、制造、汽车商贸服务、汽车金融流等，成为国内产业链最为完整的汽车集团之一，也是国内汽车行业首家拥有保险、保险经纪、汽车金融、资本、财务、融资租赁等多块非银行业金融牌照的企业集团。CL集团积极推进供给侧改革，1.6升及以下乘用车购置税减半政策和升级换代需求的增加共同促进汽车全年销量增长。

（三）制度背景

由于中智双边拥有良好的政治基础和经济往来，签订中智自贸协定是两国人民的共同愿望。因此，中国－智利自贸协定签订较为顺利，具体的签订历程见表8－13。

表8－13　中国－智利自贸协定具体签订议程

时　间	签　订　内　容
2004年11月18日	中智自贸区谈判正式启动
2005年11月18日	《中国－智利自由贸易区协定》签署
2006年10月1日	《中国－智利自由贸易区协定》正式实施，并正式启动服务贸易和投资谈判
2008年4月13日	《中华人民共和国政府和智利共和国政府自由贸易协定关于服务贸易的补充协定》签署
2012年9月9日	《中华人民共和国政府和智利共和国政府自由贸易协定关于投资补充协定》签署
2016年11月22日	《中华人民共和国商务部和智利共和国外交部关于启动中国－智利自由贸易协定升级谈判的谅解备忘录》，宣布启动升级谈判

数据来源：自由贸易区服务网。

中国－智利自贸协定特点如下：

1. 协定内容全面，涉及的领域广

《中国－智利自由贸易协定》的内容广泛，涉及众多的领域，差不多包含了与货物贸易相关的全部内容，主要包括产品市场准入的原产地规则、贸易救济的解决机制、植物卫生和卫生措施、贸易壁垒。同时经济、企业、教育、科技、文化、环保、劳动、基本的社会保障、知识产权的保护、贸易投资、矿产业和工业领域的合作与学习都包含在自贸协定。

2. 货物税率以循序渐进的方式逐步降低，直至降为零关税

中国和智利在具体的降税措施上采用了不同的方法。

中国方面，主要分为四个阶段来降低关税，分别是1年、2年、5年、10年，其中1年自协定生效日优惠幅度为100%；2年的优惠幅度分为协定生效日优惠50%，2007年优惠幅度为100%，主要是指纺织品、家用电器、鞋子和箱包，占总商品税目的63%；5年的优惠幅度为协定生效日优惠20%，2007年优惠幅度为40%，2008年优惠幅度为60%，2009年优惠幅度为80%，2010年优惠幅度为100%，主要是指玻璃制品、皮革橡胶制品，占总商品税目的12%；10年的优惠幅度为协定生效日优惠10%，2007年优惠幅度为20%，2008年优惠幅度为30%，2009年优惠幅度为40%，2010年优惠幅度为50%，2011年优惠幅度为60%，2012年优惠幅度为70%，2013年优惠幅度为80%，2014年优惠幅度为90%，2015年优惠幅度为100%，主要包括数字电视、冻鱼，占总商品税目的22%。

智利方面，主要分为三个阶段来降低关税，分别是1年、5年、10年，其中1年自协定生效日优惠幅度为100%；5年的优惠幅度为协定生效日优惠20%，2007年优惠幅度为40%，2008年优惠幅度为60%，2009年优惠幅度为80%，2010年优惠幅度为100%，主要是指化学制成品、橡胶以及纺织品，占总商品税目的12%；10年的优惠幅度为协定生效日优惠10%，2007年优惠幅度为20%，2008年优惠幅度为30%，2009年优惠幅度为40%，2010年优惠幅度为50%，2011年优惠幅度为60%，2012年优惠幅度为70%，2013年优惠幅度为80%，2014年优惠幅度为90%，2015年优惠幅度为100%，主要包括纸制品和部分纺织制品。

中国与智利1995年至2015年的具体进出口额情况见表8－14。

表8－14　中智贸易发展情况

年份	中国自智利进口额（亿美元）	中国自智利出口额（亿美元）	进出口总额（亿美元）
1995	2.30	4.10	6.4
1996	4.55	4.64	9.19
1997	4.15	5.62	9.77
1998	4.21	6.20	10.41
1999	6.64	6.05	12.69
2000	13.39	7.84	21.23
2001	13.03	8.14	21.17

续上表

年份	中国自智利进口额（亿美元）	中国自智利出口额（亿美元）	进出口总额（亿美元）
2002	15. 67	9. 98	25. 65
2003	22. 48	12. 83	35. 31
2004	36. 67	16. 88	53. 55
2005	49. 92	21. 49	71. 41
2006	57. 36	31. 09	88. 45
2007	102. 8	44. 32	147. 12
2008	111. 73	61. 87	173. 6
2009	127. 91	49. 28	177. 19
2010	179. 35	80. 25	259. 6
2011	205. 78	108. 17	313. 95
2012	206. 32	126. 01	332. 33
2013	207. 08	131. 05	338. 13
2014	210. 10	130. 19	340. 29
2015	186. 80	132. 96	319. 76

数据来源：联合数据库网站。

三、教学组织方式

（一）问题清单及提问顺序、资料发放顺序

本案例讨论题目依次为：

（1）汽车行业在我国的发展状况如何？有怎样的发展趋势？

（2）CL 集团应如何制定走向智利的海外发展战略？

（3）CL 集团应如何选择进军智利的税收管理战略？试分析不同税收管理策略的影响。

（4）CL 集团的税收管理策略是否会存在税收风险？企业应如何面对进军智利的税收风险？

（5）本案例对企业进行国际贸易有什么启示？

（二）课时分配

（1）课后自行阅读资料：约 3 小时；

（2）小组讨论并提交分析报告提纲：约 3 小时；

（3）课堂小组代表发言、进一步讨论：约 3 小时；

（4）课堂讨论总结：约 0. 5 小时。

（三）讨论方式

本案例可以采用小组式进行讨论。

（四）课堂讨论总结

课堂讨论总结的关键是：归纳发言者的主要观点；重申其重点及亮点；提醒大家对焦点问题或有争议观点进行进一步思考；建议大家对案例素材进行扩展研究和深入分析。